JN439792

'지금'을 사는 것이 중요합니다.

님께 드립니다.

최성환 수필집

다시 누군가의 등을 밀어주고 싶다

최성환 수필집

다시 누군가의 등을 밀어주고 싶다

책마을

목 차

제1부

보은의 선순환을 꿈꾸며

제2부

세상에서 가장 행복한 발걸음

제3부

마음아 마음아

제4부

싸움에서 이기는 법

제5부

내 생의 마지막 연수

제6부

길 위에서의 날들

제1부

보은의 선순환을 꿈꾸며

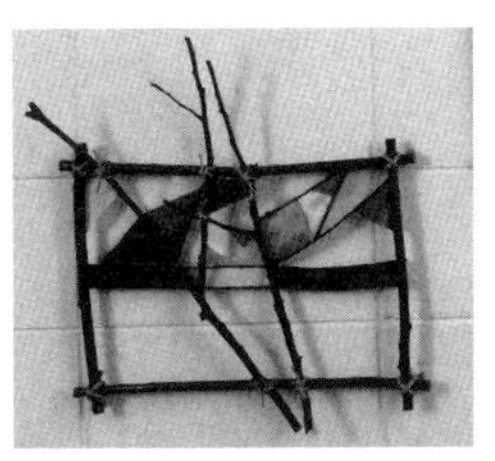

사람은 선한 인연을 만나면 덩달아 마음이 선하게 되고 나쁜 인연을 만나면 마음이 나빠지게 됩니다. 사람 마음의 본바탕은 선도 악도 아니며, 선과 악은 인연에 따라 일어날 뿐이라 하지 않습니까. 안개 속에 있으면 자신도 모르게 옷이 젖는 것처럼 말입니다. 어떤 인연을 만나는가에 따라 살아가는 모습이 달라집니다. 그만큼 인연이란 소중한 것입니다. 성보인들 중에도 선한 인연을 짓는 사람이 너무도 많습니다.

선연善緣을 위한 기도

8월이지만 알싸한 공기가 정신을 번쩍 들게 하는 날입니다. 언뜻언뜻 불어오는 바람결이 여름의 끝자락에 묻어오는 초가을 기운을 느끼게 합니다.

성보재활원과 성보학교는 두 기관이 통과하는 비탈진 내리막 입구 기둥에 명패가 나란히 붙어있습니다. 그래서인지 이곳을 처음 방문하는 사람들은 별개의 시설임에도 같은 재단이라는 오해를 하기도 합니다.

재활원으로 탄원을 요청하는 한 통의 편지가 왔습니다.

발신자는 한때 성보마을에서 거주했던 성보학교 졸업생이었습니다. 그가 마트에서 돈을 훔치다가 붙잡힌 사건이 있었고, 검찰에 송치되어 재판을 기다리는 중인데 탄원서가 재판에 영향을 준다는 것

모든 사람들이 선한 인연을 만나 선한 물이 들고, 또한 주변에 선한 물을 들일 수 있게 되기를 간절한 마음으로 기도합니다.

을 알고 보내온 사연이었습니다. 알고 보니 이와 유사한 일이 한 두 번 아니었기에 놀랐고, 마음이 아파 종일 많은 생각을 할 수밖에 없었습니다.

성보聖保란 '성스러운 마음으로 지켜주고 보호해 주라'는 말이 아니겠습니까.

사람은 선한 인연을 만나면 덩달아 마음이 선하게 되고 나쁜 인연을 만나면 마음이 나빠지게 됩니다. 사람 마음의 본바탕은 선도 악도 아니며, 선과 악은 인연에 따라 일어날 뿐이라 하지 않습니까. 안개 속에 있으면 자신도 모르게 옷이 젖는 것처럼 말입니다. 어떤 인연을 만나는가에 따라 살아가는 모습이 달라집니다. 그만큼 인연이란 소중한 것입니다. 성보인들 중에도 선한 인연을 짓는 사람이 너무도 많습니다.

언제부턴가 바자회 때마다 시계수리 전문인인 성보학교 출신의 총동창회장을 만날 수 있었습니다. 그는 목발에 의지해 생활하면서도 행사 때마다 후원을 하거나 격려를 해줍니다. 비록 장애를 가졌지만 재활을 통하여 당당하게 인생을 살아가는 분이기에 재활의지와 함께 삶에 임하는 태도를 무언으로 가르쳐주는 고마운 선연善緣입니다.

점심식사 시간이면 두 팔을 쓰지 못하는 지체장애 친구를 위해 4

년째 식사도우미를 하고 있는 고등부 서양희라는 학생이 있었습니다. 누가 시킨 일도 아닌데 귀찮아하지 않고 스스로 불편한 친구들을 위해 식사를 돕는 것입니다. 어머니가 사랑하는 자식에게 밥을 떠 먹여주듯 정성을 다하는 그에게서 천사의 모습을 보았습니다. 그가 지금은 학교의 배려로 학습도우미로 활동하고 있습니다. 선한 인연을 지어 선한 과보를 받은 것이지요.

성보학교에 다녔던 민수는 맑은소리 하모니카 팀의 멤버로 벌써 미국에서도 2번이나 공연을 했던 친구입니다. 발가락으로 그림을 그리는 재능을 가졌으며 화가를 꿈꾸고 있지요. 자신이 발로 직접 그린 그림을 오바마 대통령께 전달하는 것이 그의 꿈입니다. 지금도 민수는 하모니카 연주와 그림으로 많은 선연을 짓고 있겠지요.

재활원 원장실에 앉아 탄원요청 편지를 받고 우울한 기분이 되어 성보학교 쪽으로 고개를 돌려봅니다. 성보학교 역시 전에 근무했던 학교라 누구보다 잘 알지요. 성보재활원에서 성보학교를 향하여 '밥 먹으로 와'라고 소리치면 곧바로 들을 수 있는, 엎어지면 코 닿을 거리에 두 기관이 있습니다. 이렇듯 성보재활원과 성보학교는 같은 재단이 아니면서도 하늘이 맺어준 한가족의 인연이라 생각됩니다.

우울한 기분을 기도 에너지로 바꾸어봅니다.

앞으로 성보학교와 성보재활원이 함께하는 더 좋은 인연으로 거듭나기를, 모든 거주인들이 재활로 거듭나길 기도합니다.

모든 사람들이 선한 인연을 만나 선한 물이 들고, 또한 주변에 선한 물을 들일 수 있게 되기를 간절한 마음으로 기도합니다.

보은의 선순환을 꿈꾸며

서울 KBS방송국 강연100도C 제작팀에서 전화가 왔다.

강연100도C 강사로 추천한다고 했다. 뜻밖에도 나에 대해서 잘 알고 있다는 말에 머쓱함보다 고맙다는 생각이 먼저 들었다. 방송 출연이 가능하냐고 물어왔다. 속마음은 OK하고 싶었지만, 내가 무슨 고난과 역경을 이겨낸 인물도 아니고 인품이 훌륭한 것도 아닌 지극히 평범한 사람이라 거절했다. 하지만 제작팀의 능숙한 권고 솜씨와 함께 속에서 인정받고 싶은 욕구가 스멀스멀 발동하면서 OK하라고 부추겼다. 제작팀은 통화 말미에 '추천되었다고 다 출연하는 것은 아니니 회의를 거쳐 결정이 되면 다시 연락하겠다'는 말을 덧붙였다. 사실 확인과 검증절차의 과정을 거쳐야하기 때문일 터였다.

장시간 전화인터뷰를 하고 난 며칠 후 출연이 확정되었다는 소식이 왔다. 곧바로 PD와 작가 2명이 내려왔다. 지금껏 해온 목욕봉사

녹화를 미칠 때까지 아내는 '오른 손이 한 일을 왼손 모르게 하라'는 예수의 말을 몇 번이나 인용하면서 걱정을 했다. 잘못하여 겸손하지 못한 사람으로 비치거나 자기 자랑이 되어버릴까 봐 두렵다고 했다.

가 사실인지 아닌지 따지기도 했고, 혹시 정치에 관여하는지 아니면 출연을 빌미로 사업에 잇속을 차리려고 하는지 알아보기도 했다. 그 과정에서 짜증이 나기도 했지만 확인과 검증을 통한 신뢰가 방송의 생명 아닌가. 워낙 젊은이들이라 편하고 만만했지만 그들의 생각이나 말의 예리함이 놀랍고 믿음직했다. 정식 인터뷰가 끝나고 며칠 후 촬영 팀이 내려올 것이라고 귀띔을 해주었다.

촬영 팀은 세 명이었다. 자정이 넘어서야 촬영을 끝낼 수 있었다. 녹화 당일 의상은 뭘 입고 올 것인지 사진을 찍어 보내달라고 했다.

녹화를 위해 서울로 가는 열차를 타자마자 방송작가가 보내준 원고 외우기에 정신이 없었다. 건강 문제를 안고 있는 중이었기에 그런 나를 보고 아내가 걱정과 불만을 퍼부었다.

"건강을 잃으면 모든 것을 다 잃는데…… 녹화가 무슨 대수라고……."

하지만 나는 나대로 짜증이 났다. 원고내용도 작가가 의도하는 대로 따라야 했고 의상도 마음대로 입지 못했기 때문이다. 강연주제도 못마땅했다. 보잘 것 없는 작은 친절일 뿐인데 일방적으로 '보은報恩'이라는 거창한 주제를 정해 주었기 때문이다. '보은'이라면 너무 거창하고 대단한 것 아니냐고 작가에게 따졌다가, 대답을 듣고 나서야 전문가와 보통사람의 사고차이를 깨닫고 편하게 받아들이기로 한 것이다. 하지만 시간이 흐를수록 불편함이 커졌다.

녹화시간이 가까워오자, 실수 없도록 충분한 연습이 필요하다던

작가의 말도 큰 부담이 되었다. 평소 일이 임박해서야 부랴부랴 챙기는 고약한 버릇이 이 나이까지 그대로 남아있는 탓이다. 마침 리허설을 한다기에 어찌되겠지 하고 태평하기로 했다. 매사에 이런 식이니 친구들이 좋게 말해 낙천적이라고 하나보다.

평소엔 녹화를 대수롭지 않게 생각했는데 직접 해보니 장난이 아니었다. 세세한 부분까지 관심을 가지고 지켜보는 제작진도 신경을 날카롭게 했고, 눈부신 조명과 함께 600여 명의 관객 앞에 서니 정신이 아뜩했다. '머릿속이 하얗다'라는 수험생들의 말에 공감이 갔다.

임성훈 MC가 19년이란 세월동안 매일 변함없이 남의 등을 밀어주기란 결코 쉽지 않은데 어떻게 한결같이 그리 해왔냐고 물었다. 좋아서 하는 일이라서 그런지 고통이나 스트레스가 따르지 않아 그리 할 수 있었다고 대답했다.

끝나고 보니 아쉬움이 남았다.

19년 세월을 함축시켜 얘기한다고 하긴 했지만 짧고 한정된 시간이라 제대로 말을 못한 것 같았다. 수많은 사람들 앞에 서니 떨려서 뜻대로 말이 나오지 않았다. 워낙 말주변이 없는데다가 간추려 말하려니 전달이 잘 되었는지 어땠는지 알 수도 없었다. 어떻게 녹화를 했는지 나중에 생각해 봐도 기억나는 것이 별로 없었다. 단지 때밀기를 거절하는 유형에 대한 분석과 거절당했을 때의 심경, 기억에 남는 사람들 중 캐나다 청년과 등에 문신이 있던 사람에 대한 추억, 나를 따라하는 사람들이 생겼다는 얘기 정도만 어렴풋이 떠오를 뿐

녹화를 미칠 때까지 아내는 '오른 손이 한 일을 외손 모르게 하라'는 예수의 말을 몇 번이나 인용하면서 걱정을 했다. 잘못하여 겸손하지 못한 사람으로 비치거나 자기 자랑이 되어버릴까 봐 두렵다고 했다.

이었다.

때밀이로서의 인연은 1995년도로 거슬러 올라간다.

당시 중학교 교사로 근무했는데, 횡단보도를 건너다 음주차량에 교통사고를 당하게 되었다. 깨어나 보니 병원이었다. 머리와 척추를 다치고 다리와 발목이 바스러져 결국 장애판정까지 받게 되었다. 세월이 흘렀고 남들 눈에는 아주 멀쩡하게 보이지만 지금도 아침에 일어나려면 허리가 아파 30여 분씩 워밍업을 해야만 하는 고통을 안고 산다. 당시 의사는 절대 무거운 것을 들지 말라고 했다. 하반신 마비가 되어 휠체어신세를 질 수 있다고 경고를 했다. 또 등 근육 붙이는 운동을 많이 하라고 했다. 그때부터 목욕탕이 딸린 헬스클럽에서 피나는 재활운동을 해왔다. 1년 반을, 목발 짚고 간신히 출근했다가 퇴근하면 헬스장과 목욕탕에 가는 일과를 되풀이 했다.

그 무렵이었다. 그날도 아픈 몸으로 힘들게 목욕탕으로 갔는데, 탕 안으로 들어서는 내가 안쓰럽게 보였던지 낯선 사람이 얼른 부축을 하여 자리에 앉혀주고 등까지 밀어주었다. 고마움에 울컥했다. 나는 지금까지 다른 사람을 위해 뭘 해본 적이 있었나…… 없었다. 부끄러웠다. 그 날 마음을 먹었다. 몸이 회복되면 작은 일부터 해보기로.

그 후 지금까지 19년 동안 퇴근 후면 매일 헬스장과 목욕탕을 오가면서 남의 등을 밀어주고 있다.

방송국에서 처음 전화가 온 이후부터 녹화를 마칠 때까지 아내는 '오른 손이 한 일을 왼손 모르게 하라'는 예수의 말을 몇 번이나 인용하면서 걱정을 했다. 잘못하여 겸손하지 못한 사람으로 비치거나 자기 자랑이 되어버릴까 봐 두렵다고 했다. 심지어 나를 두고 '철없는 애를 물가에 세워놓은 것 같다'며 불안해하기까지 했다.

지금도 누가 강연 100도C에 나를 추천했는지는 알지 못한다.

오늘 아침에도 모르는 사람의 등을 밀어주면서 보은과 선순환에 대해 생각을 했다. 모르는 이로부터 받은 도움과 친절이 얼마나 나를 따뜻하게 만들고 힘나게 해주는지 체험을 통해 알고 있다. 그래서 나도 그 따뜻함을 누군가와 나누고 싶어 모르는 사람의 등을 민다. 보은이란 것이 먼 곳에만 있거나 거창하기만 한 것이 아니지 않는가. 누군가의 등을 밀어주었을 때, 그 사람도 또 다른 사람의 등을 밀어줄 것이라고 막연하게 생각했다. 등을 밀어주는 단순한 행위에 국한된 얘기가 아니다. 보잘 것 없는 작은 친절이지만 그 친절을 또 다른 누군가에게 갚아나간다면, 그런 선순환善循環이 일어나 고리가 만들어지고 그 고리가 튼튼하게 이어져나간다면, 세상은 점점 더 밝고 명랑하고 살맛나는 곳이 되지 않을까. 그런 작은 소망이 때밀이 이야기와 함께 많은 사람들의 마음에 가 닿고 번졌으면 하는 바람으로 방송을 했다. 하지만 채 다스려지지 않은 '인정받고 싶은 욕구'와 어눌한 말솜씨가 본심을 전하는 데 걸림돌이 되지나 않았는지 모르겠다.

녹화를 미칠 때까지 아내는 '오른 손이 한 일을 외손 모르게 하라'는 예수의 말을 몇 번이나 인용하면서 걱정을 했다. 잘못하여 겸손하지 못한 사람으로 비치거나 자기 자랑이 되어버릴까 봐 두렵다고 했다.

선택과 망설임

외출하려고 옷장 문을 연다. 마땅히 입을 옷이 없다. 이 옷 저 옷 내놓고 입어본다. 넥타이도 마땅치 않아 선뜻 골라잡지 못하고 망설인다. 하긴 산다는 자체가 갈등과 선택의 연속 아닌가.

백화점엔 아내와 함께 가지 혼자는 가지 않는다. 쇼핑을 여자의 전유물인양 생각하는 탓도 있지만, 내 판단의 결과보다 아내의 그것이 더 낫다는 생각을 은연중 하고 있기 때문이다. 아내는 마음에 드는 물건이 눈에 띄어도 매장을 돌아다니면서 더 좋은 것이 있나 이곳저곳 둘러보고 내 눈치까지 살펴가며 살까 말까 고민해보는 등 신중하게 결정하기 때문이다.

사람들은 누구나 당면한 문제를 어떻게 해결할까 생각하고 고민하다가 결정을 한다. 간혹 즉흥적인 기분에 따라 판단을 하기도 하지만 이 경우는 망친 판단이 되기가 쉽다. 심사숙고하여 어느 것이 더 합리적이고 타당한가를 따져 결정해야 멋진 판단을 할 확률이 높다. 사적인 문제도 판단을 잘 해야겠지만 공적인 경우엔 더더욱 신중해야 한다. 잘못되었을 경우 관련된 사람들뿐만 아니라 주변에 미치는 영향이 엄청나기 때문이다.

아내는 농담처럼 말을 한다. 물건을 살 때 살까 말까, 음식을 더 먹을까 말까, 어디를 갈 때 갈까 말까, 하고 싶은 말이 있을 때 할까 말까, 그렇게 판단이 안 되어 망설여질 때는 대체로 No를 하면 별 탈이 없다는 것이다. 우선순위, 개인의 실리, 나중에 미치는 영향을 따져봐야 한다는 말이다. 그래서 대체적으로 No를 하는 것이 무난하다는 결론이다.

Yes가 좋을 때도 많다. 경험으로 미루어 보아 아끼던 물건을 상대에게 줄까 말까 망설일 땐 과감하게 Yes를 하면 후회하지 않는다. 그러니 상대에 대한 배려에 속하면 망설이지 말고 Yes하는 것이 후회를 줄이는 길이 되겠다.

살면서 빈번하게 마주치는 망설임 중에는 '초대 받았을 때'와 '초대할 때'가 있다. 그중에서도 나는 초대를 할 때가 더 어렵다. 그래서 나름대로 기준을 정했다. 이기적인 '내'가 앞서 망설여질 때는 내 생각에 No를, 상대방의 문제가 걸려있는 경우에는 가능한 한 Yes를

이기적인 '내'가 앞서 망설여질 때는 내 생각에 No를, 상대방의 문제가 걸려있는 경우에는 가능한 한 Yes를 선택한다. 그러면 지나고 나서도 잘한 판단이었다는 생각을 하게 된다.

선택한다. 그러면 지나고 나서도 잘한 판단이었다는 생각을 하게 된다.

그래도 어려울 땐 현자들을 생각한다. 보통의 경우 나에게 관대하고 상대에게는 엄격한데, 현자들은 자신에게 엄격하고 상대에게는 관대하지 않은가. 그러니 현자들에 기대어 그 지혜를 빌릴 수밖에.

하늘에서 보내온 장학금

'나눔의 집' 목사님이 장학금 180만 원을 들고 교장실로 찾아 왔다.

전혀 예상치 못했던 일이었다. 팍팍하기만 한 요즘 세상에 너무나 신선한 충격이라 보도 자료를 내게 했다

얼마 뒤에 '하늘나라에서 보내온 장학금'이란 타이틀로 내가 근무하는 학교에서 일어난 이야기가 기사화되어 모 일간지에 실렸다. 화창하고 싱그러운 5월이었다.

정년퇴임을 1년 앞 둔 봄이었다.

1박2일 일정으로 제주도 수학여행이 예정되어 있었다. 어느 날, 시설을 운영하는 목사가 그 시설에서 거주하는 초등부 K군을 데리고 직접 학교로 왔다. 수학여행 때 잘 부탁한다고 했다. 며칠 전부터

K의 장례를 치르고 남은 돈인데 장학금으로 써달라고 했다. 함께 있던 선생님들까지도 깜짝 놀랐다.

K의 몸이 좀 좋지 않지만 한 번 뿐인 수학여행이고 또 곧 낫겠지 하는 생각에 무리한 부탁을 한다고까지 했다. 하지만 담임과 상의 끝에 몸 상태가 수학여행을 갈 수 있을 정도는 아닌 걸로 판단하고, 그 길로 K를 데리고 병원으로 다시 돌아가 치료를 받게 되었다.

그로부터 7일 만에 K는 다시 못 올 길로 떠나고 말았다.

K의 장례식장에 문상을 갔다.

목사님이, 마지막으로 K를 볼 사람은 입관하기 전에 보라고 했다. 선뜻 나서는 이가 없었다. 함께 온 직원들도 시신을 보기는 꺼려하는 눈치였다. 순간 곤혹스러웠다. 기관장으로서 예만 갖추려고 했지만 학교를 대표하면서 그런 티를 내선 안 될 것 같았다. 짐짓 아무렇지도 않은 것처럼 시신이 누워있는 방에 들어갔다.

긴 속눈썹을 가진 K는 잠든 듯 편안한 모습이었다. 평화스러워 보였다. 나이도 어린 우리학교 학생이, 인생을 꽃피워보지도 못하고 일찍 죽음을 맞이하여 안타깝고 애석했다. 영안실 분위기는 경건하고 엄숙했다. 들리는 말로는, 병원에서 치료받을 때 K의 어머니가 인륜을 잊고 자식을 모르는 사람처럼 시치미를 떼었다고 했다. 아버지는 병원에 찾아와 '멀쩡한 아이한테 어찌했기에 이 꼴로 만들었느냐'고 시설장인 목사에게 따졌다고 했다. 그 말을 들으니 아차 싶었다. 만약 K를 수학여행단에 딸려 보냈다면 어찌 되었을까. 아찔했다. 어린 주검 앞에서 이런 생각을 한다는 자체가 어른으로서 미안하고 부끄럽고 안타까웠다. 누군가 소리죽여 울었다. 그 울음이 미묘한 여러 감정들과 뒤섞여 나를 휘감았다. 'K는 하느님의 부름을 받아 천국에 갔다'고 생각을 했다. 그러자 이상하게도 마음이 조금 편안해졌다.

목사는, K가 마지막 가는 길이니 이승에서 다녔던 교정을 둘러보게 하고 싶다고 했다. 얼핏 오지랖 넓은 목사란 생각이 들기도 했지만 거절할 이유는 없었다.

알고 보니 목사는 시설 아이들에 대한 사랑이 지극한 사람이었다고 했다. 목사의 사랑이 그렇게 깊은 줄 미처 몰랐다. K가 입원하기 전, 수학여행 갈 때 입으라고 사준 새 옷을 입고 밤늦도록 기뻐했다는 얘기도 들었다.

수학여행 전날이었다.

유 · 초 · 중 · 고 · 전공과 학생 등 전교생이 시간 맞춰 운동장에 도열했다. K의 장의차가 교문으로 들어왔다. 그렇게 학교를 둘러본 후 모두의 배웅을 받으면서 어린 K는 돌아올 수 없는 길로 영영 떠났다.

어느 날 시설의 그 목사가 교장실로 찾아왔다.

K의 장례를 도와주어 고맙다는 말과 함께 180만 원이란 돈을 불쑥 내밀었다. K의 장례를 치르고 남은 돈인데 장학금으로 써달라고 했다. 함께 있던 선생님들까지도 깜짝 놀랐다.

"받을 수 없습니다. K를 위해 아무것도 한 일이 없습니다. 그렇잖아도 지난번에 전해드린 그 돈이 십시일반으로 모은 것이라 액수가 적어 부끄럽고 송구한 마음입니다."

K의 장례를 치르고 남은 돈인데 장학금으로 써달라고 했다. 함께 있던 선생님들까지도 깜짝 놀랐다.

재정도 넉넉하지 않은 시설에 보태라고 하니 목사가 펄쩍 뛰면서 한 마디로 잘랐다.

"내 개인의 생각이 아닙니다. 시설 이사들의 뜻이니 존중해주셨으면 합니다."

그의 말은 단호했다.

학교에서 모금한 얼마 되지 않은 돈을 전해주러 시설에 갔을 때, 그는 앞치마를 두르고 설거지를 하던 중이었다. 이마엔 땀이 흐르고 있었다. 적은 성금을 받아들고 고맙다며 몇 번이나 허리 굽혀 인사를 했다. 그날의 목사 얼굴이 떠올랐다. 평소 매스컴에서, 시설장의 부도덕이나 부정으로 인한 사건 사고를 종종 보아 와서 그런지 그 목사가 새삼 커 보였다.

시설여건도 별로 좋지 않다고 들었는데, 좋은 뜻으로 모금해 시설에 기부한 돈인데 오히려 더 많은 액수로 돌려받으니 많이 미안하고 고맙고 마음이 따뜻했다.

아름다운 이 얘기가 널리 퍼지길 바라는 마음으로 이 글을 쓰고 퍼트린다.

습관이 운명을 바꾼다

교장자격지명 대상자가 되어 팔공산 연수원에서 연수를 받던 중 화장실에서 나폴레옹이 말했다는 글귀를 읽은 적이 있다.

'생각이 바뀌면 행동이 바뀌고 행동은 습관을 바꾼다'

습관은 성격을 바꾸며 성격은 그 사람의 운명까지도 바꾼다고 했다. 좋은 생각, 좋은 습관, 좋은 성격은 사람의 운명까지 바꿀 수 있다는 말이다.

성공한 사람을 보면 좋은 습관을 하나씩 갖고 있는 것을 볼 수 있다.

'전쟁과 평화' '부활' 등 수많은 걸작을 남긴 소설가이며 사상가인 세계적 대문호 톨스토이는 열아홉 살부터 시작해서 60년간 일기를 썼다고 한다. 평생 이어진 이 일기 쓰기 습관이 문학적 결실을 이루

수업시간에 소리 내어 읽어보면 구성이 엉성하거나 이상한 문장이나 어색한 부분들이 여지없이 드러났다. 많은 부분은, 읽고 있는 내 목소리를 들으면서 스스로 깨닫게 되는데 이상하게도 혼자 속으로 읽을 때는 전혀 알아차리지 못했다.

게 한 바탕이 되었다는 것은 지금까지도 유명한 일화로 남아있다.

'마틸다' '찰리와 초콜릿공장' 등으로 잘 알려진 영국의 로알드 달은 세계 어린이들이 좋아하는 동화작가로 꼽힌다. 세계적인 동화작가로 우뚝 선 그의 성공비결은 여덟 살 때부터 가족 몰래 나무 꼭대기 위에서 쓴 비밀일기에 있다고 한다. 그의 일기 쓰는 습관은 달이 세살 때에 돌아가신 아버지로부터 물려받았는데, 평생 아버지가 남긴 일기를 간직했다고 한다. 달 역시 일기를 쓰는 습관이 그를 세계적인 동화작가로 키워준 원동력이 되었던 것이다.

미국의 정치가 벤저민 프랭클린의 자기관리와 시간관리에 관한 철저한 습관, 그리고 세계 최고의 갑부인 빌게이츠의 새벽에 일어나는 습관 등은 모르는 사람이 없을 정도로 유명하다.

톨스토이도 스스로 세운 계획에 다음과 같은 것이 있다. 실행하겠다고 마음먹은 것은 반드시 실행할 것, 실천할 때는 성심성의로 단단히 할 것, 책에서 얻은 지식은 다시 보지 않아도 될 만큼 완전히 자기 것으로 만들 것, 내가 지니고 있는 지혜는 더욱 키워나갈 것, 언제든지 소리 내어 책을 읽을 것이 바로 그것이다.

이 가운데서도 유독 내 눈길을 끄는 것은 '언제든지 소리 내어 읽는 습관'이다. 우리나라도 옛날 서당에서는 천자문을 배울 때 담 너며 지나가는 행인들에게까지 들리도록 낭랑한 소리로 반복해 외우지 않았던가. 책을 소리 내어 읽으면 자연스럽게 그 의미를 깨우치고 발표력도 향상된다는 것은 연구결과를 통해 이미 잘 알려진 사실이다.

처음 수필을 공부하러 문예대학에 갔을 때 손희경 선생은, 초고를 쓰고 나면 수시로 소리 내어 읽어보면서 퇴고하길 권했다. 수업이 있을 때마다 발표할 수필을 준비하면서 나름대로는 열심히 퇴고를 했다. 매번 '이번엔 어느 정도 되었겠지' 했지만 수업시간에 소리 내어 읽어보면 구성이 엉성하거나 이상한 문장이나 어색한 부분들이 여지없이 드러났다. 많은 부분은, 읽고 있는 내 목소리를 들으면서 스스로 깨닫게 되는데 이상하게도 혼자 속으로 읽을 때는 전혀 알아차리지 못했다. 눈으로 보고, 소리 내어 읽고, 그 소리를 귀로 들으면서 퇴고하라는 손 선생의 말은 오래지 않아 내 속에 정착을 했다. 그러자 차츰 소리 내어 읽는 것이 덜 어색해졌다. 그러다 언제부턴가 교장실에서조차 혼자 있는 시간이면 소리 내어 읽는 것이 자연스러워졌다. 드디어 습관이 된 것이다. 그 무렵부터인 것 같다. 조금씩 수필의 형체나마 짐작해 나갈 수 있게 된 것이…….

생각이 바뀌면 행동이 바뀌고 행동은 습관을 바꾸고 습관은 결과를 바꾼다는 말에 깊이 공감하면서 오늘도 어설픈 내 글을 소리 내어 읽어본다.

수업시간에 소리 내어 읽어보면 구성이 엉성하거나 이상한 문장이나 어색한 부분들이 여지없이 드러났다. 많은 부분은, 읽고 있는 내 목소리를 들으면서 스스로 깨닫게 되는데 이상하게도 혼자 속으로 읽을 때는 전혀 알아차리지 못했다.

마음에 품지 않은 꿈은 현실로 나타나지 않는다

우리 집 벽에는 서예가가 쓴 시사명視思明이란 글씨가 걸려있다. 보고 생각하는 것을 밝게 가지라는 뜻이다. 다시 말하면 생각을 긍정적이고 밝게 가지라는 말이다.

긍정과 부정적인 생각에는 엄청난 차이가 있음을 60이 훨씬 넘어서야 절실하게 깨닫는 어리석음을 경험했다.

퇴임한 지 한 학기가 되어갈 무렵이었다. 재활원 대표이사인 선배가 홈페이지에 들어가 보라는 전화를 했다. 서류를 내보라는 건가 싶어서 홈페이지를 열어보니 원장 초빙공고가 떠 있었다. 자격요건이 다른 사람에 비해 유리하다는 것을 알고 나니 도전해 보고 싶었다. 서류를 보냈다.

며칠 후 연락이 왔다. 이사회에서 만장일치로 나를 재활원장에 모시기로 했다는 내용이었다.

생계유지를 위해 돈 벌려는 것이 아니고 마지막으로 사회에 봉사를 하고자 나온 것이니 월급의 3분의 1에 해당하는 150만원만 가져가고 나머지는 재활원에 후원을 하겠노라 약속을 했다.

호봉획정에 필요한 서류를 갖춰 내라고 했다.

그런데 문제가 생겼다. 근무했던 학교마다 관련서류를 다 받았는데 유독 한 학교에서만 근거자료가 없어 발급이 어렵다고 했다. 기가 막혔다. 당시의 상황을 누누이 설명해도 그 학교에선 곤란하다는 말만 되풀이했다.

서류발급이 어렵다는 그 학교에 부임하던 첫날, 교무실에서 3명의 교사가 당시 주임에게 항의하고 있었다. '왜 등신 바보를 우리 반에 입급시켰냐'는 것이었다. 워낙 거세게 따지고 드는 바람에 주임교사도 할 말을 잊고 멍하니 창밖으로 눈길을 두고 있었다. 이 광경을 보고 참다못해 나섰다.

"특수학급담당교사가 지켜보는 앞에서 이러면 곤란하지요. 교사자격이나 있습니까? 이 반을 맡지 못하겠다면 제가 일반학급 담임도 하고 특수학급 담임도 맡도록 교장선생님께 허락을 받겠습니다."

당시만 해도 일제고사를 치면 반별 석차를 공개하여 무한경쟁을 시켰다. 그러다보니 시험을 치면 특수반 학생들이 평균 1점씩은 까먹었다. 입장 바꿔 생각해 봐도 충분히 이해는 갔다. 당시 12개 반

자료가 없다면 앨범이나 교복을 입고 촬영한 사진에서 본인을 O표를 해서 보내주면 확인해서 졸업증명서를 발급해주겠다고 회신을 보낸 일본인들의 세심한 배려와 …….

중에 1~7반까지 특수학급생 1명을 배정하고 나머지 반은 입급에서 빼낸 상태였다. 그렇다 보니 먼저 형평성에 어긋난다는 것이다. 이런 상황을 알고 반편성에 문제가 없다면 특수반 7명의 학생을 배정시킨 반을 맡겠다는데 것인데 교장 교감도 할 말이 없었다. 교장도 선뜻 판단을 못해 난처해했다. 전에 근무했던 학교에서도 나는 2년 동안 일반학급과 특수학반 담임을 겸한 적이 있었기 때문에 그것을 사례로 들었다.

"최 선생, 학교를 도와주는 것은 좋지만 일이 너무 과중하지 않겠소?"

교장이 체면치레 인사로 말을 했지만 한편으로는 진짜 벅차지 않을까 걱정도 됐던 모양이었다. 그런 사정이 있긴 했지만, 그 학교에서 특수교사로 근무했다는 것을 증명할 근거가 없다니 답답하기 짝이 없는 노릇 아닌가. 앨범에는 1-7반 담임 이름과 함께 과목표시가 '특수국어'로 되어 있었다. 국어에 '특수국어'가 없기에 특수반을 담당하는 것이라고 해석이 되지 않겠냐고 해도 요지부동이었다. 확실한 근거자료 없이 발급하는 것은 불가하다고만 했다. 원칙과 규정을 너무 내세우는 바람에 그만 짜증이 났다. 그러면 당시 특수학반은 누가 담당했는지 알아보면 될 것이 아닌가. 생각다 못해 교감 지명 받을 때도 이 학교에서 경력증명을 떼었다고 해도 막무가내였다. 하는 수 없이 근무했을 당시의 교장, 교감, 교무주임, 교사 연명으로 확인사실 증명을 받으면 되겠냐고 물었다. 피식 웃었다. 그런 것은 법에도 없다고 했다.

"교장까지 지냈다면서 다 잘 아실 텐데요……."

법적인 효력도 없는 것을 두고 자꾸 조른다는 식으로 비아냥거렸다. 속에서 뭔가 불끈 치밀어 올랐다. 허위 공문서라도 해달라고 사정하는 것처럼 보이는 모양이었다. 사령원부에는 특수교사라고 기록되지 않고 특수자료 분임물품원이라고만 되어 있었다. '분임물품원이란 것이 바로 객관적인 증거자료'라고 해도 담당자는 들은 척을 하지 않았다. 오직 '특수학급 교사' 외는 안 된다는 것이었다. 마치 발급해 주지 않기로 작정한 것처럼 보였다. 책임을 지지 않겠다는 것이 아닌가. 없는 것을 있는 것처럼 해달라는 것도 아닌데……

특수반 담임과 일반학급 담임을 겸해서 죽을 힘 다해 근무했던 활동을 인정받지 못한다니 참으로 억울했다.

해당 지원청과 시교육청에 가서 고장 난 녹음기처럼 다시 자초지종을 말했다. 그리고는 꼼짝달싹하지 않고 기다렸다. 몇 시간 후 관계자가 근거자료를 찾아냈다며 자기 일처럼 기뻐했다. 너무도 고마웠다. 내친김에 교육감 핫라인에 '긍정적인 마인드를 보인 교육공무원이 있기에 우리의 앞날이 희망적'이라는 글을 올렸다. 그러고 보니 비슷한 경우의 옛날 일이 떠오른다.

아버지는 일본 대판상업전수학교를 졸업하고 곧바로 귀국하여 초등학교에서 45년간 근무하셨다. 내가 중학교를 졸업할 무렵이었다. 호봉재획정을 할 무렵이었던 것 같다. 6.25 전쟁 통에 관련서류를 몽땅 잃어버려 호봉재획정을 못할 처지가 되었다. 아버지는 밑져봐

자료가 없다면 앨범이나 교복을 입고 촬영한 사진에서 본인을 O표를 해서 보내주면 확인해서 졸업증명서를 발급해주겠다고 회신을 보낸 일본인들의 세심한 배려와 …….

야 본전이라는 생각으로 일본 대판상업전수학교에 졸업증명서 발급을 요청하는 편지를 보내셨다.

1년 넘게 기다려도 소식이 없어 그만 포기하려는데 일본에서 회신이 왔다. '대판상업전수학교가 대동아전쟁 때 불타 없어진 이후 천마고등학교로 변경되었다는 것, 졸업장이 없으니 재학 당시를 근거할 만한 자료를 첨부하면 발급해주겠다, 자료가 없다면 앨범이나 교복을 입고 촬영한 사진에서 본인을 O표를 해서 보내 주면 확인해서 졸업증명서를 발급해주겠다, 여러 통로를 통하여 수소문하느라 회신이 늦어졌다'는 등의 내용이었다. 모두 놀랐다. 일본인들의 세심한 배려와 친절에 감동을 받은 것이다.

편지를 받아들고 "배울 건 배워야지." 하시던 아버지의 떨리던 손을 지금도 생생하게 기억한다.

부정적인 마인드를 가진 사람이 편지를 받아 그대로 방치했더라면, 국경을 초월한 그런 친절은 베풀 기회조차도 없었을 것이다. 그런데 우리나라의 현실은 어떨까? 과연 일본과 같이 몸에 익은 친절을 발휘했을지 궁금했다.

무사히 서류를 갖추어 근무하고 있지만 지금도 그때를 생각하면 답답하기 짝이 없다.

마음에 품지 않은 희망과 꿈은 현실로 절대 나타나지 않는다. 바꾸어 말하면, 희망과 꿈은 마음에서부터 품어야 현실로 나타날 수 있다는 말이 되겠다. 그러려면 긍정의 마음을 가져야 한다. '긍정'은

보다 많은 일을 가능케 하고 많은 사람을 행복하게 만들기 때문이다. 긍정의 힘은 살아가면서 유감없이 발휘해야 할 덕목이다.

요즘은 하루를 살더라도 어떤 마인드로 어떻게 살아갈 것인지 매 순간 생각하게 된다.

샤무엘 스마일즈의 말이 떠오른다.

"생각은 행동을 바꾸게 하고 행동은 습관을 바꾼다. 습관은 성격을 바꾸게 하고 성격은 운명을 바꿀 수 있다."

자료가 없다면 앨범이나 교복을 입고 촬영한 사진에서 본인을 O표를 해서 보내주면 확인해서 졸업증명서를 발급해주겠다고 회신을 보낸 일본인들의 세심한 배려와 …….

내 안의 지옥

알싸한 아침공기가 조금은 정신을 맑게 해준다. 욕탕의 뜨거운 물에 몸을 담그고 있다가 밖으로 나왔을 때의 기분이다. 이젠 출근해서 학교 인근 무학산을 등산하는 게 습관이 되었다. 하지만 어제 금속공예 시간에 일어났던 일이 켕겨서 그것조차 망설여진다. 괜스레 교무실과 교실만 몇 차례 오갔을 뿐 선뜻 밖으로 나가질 못하겠다.

동판 부식작업을 하기 위한 염산을 매실음료수 페트병에 두고 그냥 퇴근을 했다. 안전한 곳에 둔다는 것을 그만 깜박 잊었던 것이다. 발달장애와 정신지체장애를 가진 중복장애자 N이 그것을 음료수로 착각하고 마시려 하는 것이 아닌가. 지독한 냄새가 코를 찌르는 순간 N이 '푸우'하고 숨을 뱉었다. 적어도 보기엔 그랬다. 수업 중에 일어난 일이었지만 뻔히 눈으로 보고도 미처 제지를 하지 못했다. 너무도 순식간의 일이었다. 던져진 염산은 시멘트 바닥에 떨어져 거품이 부글거렸다. 하늘이 노랬다. 황급히 N을 교실 구석 수도 앞으로 데려갔다. 수도꼭지에 입을 대어 벌리게 하고 물을 틀면서 입안을 계속 헹궈내게 하면서도 자칫 물을 들이킬까 봐 발을 동동 굴려야 했다. 옆 반 선생님에게 도움을 청하려 해도 목소리가 나오질 않았다. 시간이 흐르자 그만 자포자기의 심정이 되었다. 그야말로 쏟아진 물이요 이판사판이었다. N의 입안을 보고 또 들여다보았다. 염산이라면 타버렸을 텐데…… N은 너무도 멀쩡했다. 제발 N에게 아무 일 없기를, 냄새만으로 지레 던져버렸던 것이길, 아울러 윗선에서도 모르고 무사히 지나가길 간절히 바랐다. 동시에 밥숟갈 놔야겠구나 하는 생각도 들었다. 나는 안전을 우선하는 학생부장이 아닌가. 당당하지 못하고 간사하고 비굴했지만 살기 위해선 어쩔 도리가 없었다. 말할 수 없이 움츠려들고 부끄러웠다. 만약 잘못되면 N은 어찌될 것이며, 내일이면 '염산을 마신 장애학생'이라는 타이틀로 신문에 대문짝만하게 보도될 것 아닌가. 생각만 해도 전신에 소름이 끼쳤다.

걱정이 되어 하교할 때까지도 N의 뒷모습을 계속 지켜보았다. 특별한 이상은 나타나지 않았다. 무사하기만을 바랐다. 보고체계도 지키지 않은 채, 매스컴을 탄다면 어떻게 될까 하는 끔찍한 걱정만 했다. 내일이면 판명 나겠지 하면서도 걱정 때문에 숨이 잘 쉬어지지 않았다.

동판 부식작업용 염산이 담긴 음료수병을 깜빡하고 그대로 둔 채 퇴근을 했다. 발달장애와 정신지체장애를 가진 중복장애자 N이 그것을 음료수로 착각하고 마시려 하는 것이 아닌가.

K선생이 등산 안가고 뭐하냐고 소리 지른다. 그 말에 화들짝 놀라 등산 팀을 따라 나선다. 앞서가던 교장과 권 주사와 강 선생의 웃음소리가 오늘따라 경쾌하게 오솔길 사이로 퍼져나간다. 숨이 차고 발걸음이 무겁다. 운동시설이 있는 곳에 도착해 평행봉에 몸을 싣고 흔들어도 편치 않다. 불길한 생각이 지치지도 않고 끊임없이 꼬리를 문다. 김이 모락모락 나는 산마루 찻집의 차도 씁쓰레하다. 자리에서 일어나 학교로 향한다. 간밤에도 한숨을 못 잤다. N에게 아무 일 없기만을 간절히 바라고 또 바랐다. 지옥 같은 밤이었다.

스쿨버스 도착할 시간에 맞춰 하산을 서두른다. 우리 학교 학생은 대부분이 스쿨버스를 이용한다. 숲속 나뭇가지 사이로 교정이 보인다. 조금 지나니 스쿨버스가 보인다. 내가 학교에 도착하기 전 버스가 먼저 도착하면 어쩌나 조바심하면서 비탈길을 달리다시피 내려간다. 발길이 마음을 따라가지 못해 몸이 기우뚱하더니 순간 중심을 잃고 고꾸라졌다. 아, 벌을 받는구나. 그 상황에서도 나뒹구는 것을 누가 보지나 않았는지 연신 사방을 두리번거리면서 학교를 향해 내달린다. 오른쪽 약지 손가락이 몹시 아프다.

다행히 간발의 차이로 버스보다 먼저 학교에 다다랐고, N이 탄 버스가 멈춘다. 반갑고도 두렵다. 어서 N이 무탈한 모습으로 하차하기만을 기다린다. 그런데 N이 내리질 않는다. 다른 학생들은 다 하차하여 담임과 실무원에게 꾸벅 인사를 한다. 가슴이 철렁 내려앉는다. 탈이 난 것이 분명해……. 지푸라기라도 잡고 싶은 심정이 되어 제발, 제발, 하면서 마지막 학생이 하차할 때까지 기다린다. 결국 포기하려는데 N이 마지막으로 모습을 보인다. 무사하구나, 무사해 주어 고맙구나. 그런데 나에겐 눈길 한 번 주지 않고 담임께 껑충껑충 뛰어간다. 그 모습이 오늘따라 너무도 반갑고 고맙다. 평소 시퍼런 코를 훌쩍여 보기에 더러울 때가 많았는데 오늘은 그 얼굴을 감싸 안고 볼이라도 부비고 싶은데 뒤도 안 돌아보고 제 담임이랑 가버린다.

자신이 관련된 좋지 않은 일은 숨기려고 하는 것이 일반적인 심리일 것이다. 별일 없이 지나갈 수도 있다는 기대심리 때문일 것이다. 또한 수습이 어려운 일은 책임도 피하려 한다. 쉽게 남을 탓하거나 책임을 전가시키려 하기도 한다. 나 역시 이번 일만은 꽁꽁 숨기고 싶었다. 많이 부끄러웠고 많이 자책했다.

숨기고 감추는 것이 미덕일 때가 있다. 그러나 경우 나름이다. 잘못된 일이라 할지라도 정정당당한 모습으로 최선을 다 해야 한다. 자랑이나 덕은 감추었을 때 빛나지만 부정과 부패는 숨길수록 인격이 떨어지는 법. 잘못된 일일수록 최선을 다해 상황에 임하는 것이 진정 당당하고 아름다운 처신이란 것을, 두려움과 부끄러움의 터널을 지나고서야 가슴으로 깨닫는다.

동판 부식작업용 염산이 담긴 음료수병을 깜빡하고 그대로 둔 채 퇴근을 했다. 발달장애와 정신지체장애를 가진 중복장애자 N이 그것을 음료수로 착각하고 마시려 하는 것이 아닌가.

취임就任과 부임赴任

다른 동기들에 비해 교감승진이 아주 늦은 편이었다. 그러나 2010년 3월 1일자로 교장승진발령을 받았으니 이는 다른 사람들에 비하면 오히려 빠른 편이다.

공무원이 인사규정에 의해 자리를 옮겨 다른 부처나 새로운 임지로 떠나는 것을 부임이라고 한다. 평소 부임이나 취임이라는 말은 신분이나 계급이 아주 높은 고급공무원이나 대통령 같은 사람들만 사용하는 단어라고 착각을 했다. 아니 취임이란 말은 많이 들어왔어도 별 관심도 없었고 그 의미를 정확히 알지도 못했다. 그렇던 내가 '부임' '취임'을 하게 되었다.

교장으로 첫 부임한 곳이 대구남양학교다. 취임이 '새로운 직책의 업무를 맡는 것'이라는 뜻을 비로소 정확하게 알았다.

요즘엔 교육연수회를 가보면 학교장도 기업의 경영전문인을 뜻하는 CEO로 부르기도 한다. 그래서 교사들은 학교를 경영하는 리더가 되고 싶어 한다. 나는 2009년도에 은근히 기대했던 승진발령이 나지 않았기에 다음해엔 틀림없이 나리라 짐작하고 있던 터라 승진소식을 접하고도 설렘이나 기쁨은 덜했다. 대신 어깨 위에 익숙하지 않은 무게감이 설핏 느껴졌다.

막상 남양학교를 보니 전체 교직원이 136명이라 속으로 좀 놀랐다. 결코 작은 조직이 아니다. 학교경영 리더로서의 중대한 역할이 또다시 어깨를 눌러왔지만 자신감만은 잃지 말아야겠다고 생각했다. 축하격려전화 중에서도 K교육장의 말이 생각났다.

"진심으로 축하드립니다. 오래 기다렸지만 특수교육은 최 교장선생님이 전문 아닙니까. 훌륭한 교장선생님이 되십시오."

그렇다. K교육장의 말대로 특수교육은 내 전문이 아닌가. 전문인답게 자신감을 가지고 남양학교의 리더 역할을 하나하나 수행해 나가야겠다는 생각을 다지면서 학교로 향했다.

부임하는 날, 교장실에 들어가니 '교장 최성환'이란 명패가 먼저 눈에 들어왔다. 그윽한 난향도 반겼다. 창가엔 지인들이 보내온 꽃과 난으로 가득 차있었다. 중압감과 함께 가슴이 벅찼다.

학교장이 새로 취임하면 교직원들에게 뭔가 새로운 비전을 제시하기 마련이다. 취임사에서 학생들의 안전사고예방을 강조했다. 그리고 특수학교엔 특수교육의 냄새가 진하게 풍겨야 하는데 그렇지 못하다고 하였다. 그래서 학교경영의 포커스를 직업교육과 전공과 운영에 맞추겠다고 했다. 부장모임인 기획위원회에서도 '우리학교 교육은 직업교육과 연계를 시켜야만 발전과 통할 수 있다'라는 것이

겸손한 자만이 남을 이끌 수 있다고 하지 않던가. 나도 모르게 은연중 나타나는 자만을 경계하고 권위를 앞세우지 말아야겠다고 다짐해본다.

내 교육 신념이요 교육철학이란 것을 강조했다.

오늘로 취임 3일째다.

눈을 뜨니 새벽 4시30분이 조금 지났다. 눈을 더 붙이려 애를 써도 멀찌감치 달아나버린 잠은 영 돌아올 기미가 없다. 자리에서 일어났다. 학교경영에 대한 생각이 가득 차 의욕만 너무 앞서가는 것은 아닌지 점검을 해본다. 리더의 덕목에는 여러 가지가 있겠지만 '겸손하라'는 말이 먼저 떠오른다. 겸손한 자만이 남을 이끌 수 있다고 하지 않던가. 나도 모르게 은연중 나타나는 자만을 경계하고 권위를 앞세우지 말아야겠다고 다짐해본다

압노정押鷺亭이 있는 풍경
– 금호강변을 스케치하다

금호강을 끼고 굽이쳐 흐르는 언덕배기에 압노정押鷺亭이 보인다.

정자 이름에 '해오라기 노鷺'자를 쓴 것을 보니 금호강에 물새가 많이 서식했던 모양이다. 압노정과 가까운 성보학교에 재직할 때, 압노정 아래엔 고기가 많아 어반수반漁半水半이라는 말을 들은 적이 있어 공연히 고개를 빼고 수면의 움직임을 잠시 살피기도 한다. 얼핏 봐선 별다른 움직임이 보이지 않는다. 고개 들고 허리를 곧게 세워 압노정의 당당한 자태를 한눈에 담으면서 주변을 둘러본다. 정자 아랫길은 자전거 전용도로가 산뜻하게 포장이 되어 강의 운치를 느낄 수 있도록 관리되고 있다. 자전거 전용도로 옆 산책로에는 걷기운동을 하는 사람들이 북적이는데 주로 중년과 노년층이다.

하천부지 쉼터에 걸려 있는 현수막이 눈에 들어온다. 농작물 재배를 금하며, 올 4월부터 하천공사가 시작되니 일체의 보상이나 책임

비록 퇴락했지만 세월의 풍파를 이겨온 기둥을 만져보며 마루에 앉아본다. 탁 트인 시야로 시원스런 금호강 풍광이 한눈에 잡힌다. 오늘 나에게 허락된 봄기운을 만끽하면서…

이 없다는 점을 명시해 두고 있다. 재배 농작물은 주로 시금치, 부추, 마늘, 상추, 파 등이다. 밭고랑 사이에 검은 차광막이나 녹색 그물망으로 경계를 하거나 옥수수 대궁이로 자연스럽게 경계를 삼고 있다. 가끔씩 농사를 짓기 위한 차량과 오토바이가 드나드는 것이 보인다. 저만치 밭 가장자리에 팻말이 비스듬히 꽂혀있다. 작년에 쓴 듯한 '쓰레기를 버리지 마세요'라는 퇴색한 글귀가 정답고 애교스러워 보인다.

산책로 가에 별꽃을 빼닮은 아주 작고 오종종하게 생긴 꽃이 녹색 바탕에 보랏빛을 띠며 뽐을 낸다. 얼핏 생각하면 녹색바탕에 보라색 꽃이 어울리지 않을 것 같은데도 얌전하고 고운 자태가 연신 허리 굽혀 눈을 맞추게 한다. 작은 삼각형의 꽃잎이 앙증맞다. 혓바닥처럼 유독 작게 보이는 꽃잎은 흰색에 가깝고 꽃술은 2개로 잎마다 보라색 줄이 있어 운치를 더해준다. 오가는 사람들이나 운동하는 사람들에게 꽃 이름을 물으니 모두 모른다고 한다. 그래도 그 작고 귀여운 꽃에서 쉬 눈을 떼지 못하고 한참을 빠져 있자니 지나가던 중년의 한 아주머니가 큰개불알꽃이라고 알려준다.

밭 위쪽으로 보이는 잡목 우거진 산에는 석벽이 겹겹이 둘러싸고 있고, 석벽을 가로로 잘라놓은 듯 쭉 뻗은 홈이 오묘하고도 아름답다.

조금을 더 걸어가니 안국사라는 절이 나온다. 말이 절이지 가정집이나 다름없어 보이는데, 주위에 대나무가 빽빽이 들어섰다. 그런데 위쪽을 댕강댕강 쳐버려 보기에 좀 흉하다. 여기저기 아무렇게나 떨어져있는 대나무 우듬지가 지저분하게 널려 있다. 그 위로 작년 초파일에 달았던 퇴색된 등이 듬성듬성 매달려 바람에 흔들리니 을씨년스럽기까지 하다.

다시 언덕바지 위에 늠름히 서 있는 압노정이 눈에 잡힌다. 가까워질수록 당당한 기품이 느껴진다. 강물이 얕은 곳에는 세월을 낚는 강태공이 미동도 않은 채 집중력을 발휘하고 있다. 압노정의 배경인 듯 서있는 늙은 느티나무의 자태 또한 운치가 있다. 그곳에 둥지를 튼 까치집이 어쩐지 외로워 보인다. 하지만 강물은 그 어느 것에도 흔들림 없이 유유하게 흘러간다. 연록의 물결 위로 팔공산 자락이 아른거리며 거꾸로 서 있다. 현대식 교량 위를 달리는 차량도 강물에 일렁거리며 조화를 이룬다.

괘액괘액거리며 물고기를 잡으려고 자맥질하는 청둥오리의 모습이 우스꽝스럽고도 재미있다. 목을 강바닥에 처박고 물갈퀴가 달린 뒷다리로 재빨리 물을 걷어찬다. 한 쌍이 물위에 사뿐히 내려앉으니 다른 오리는 날아오른다. 자맥질하던 오리가 꼬리를 순간적으로 흔들며 양쪽 날개의 물을 털어낸다. 강 건너에는 왜가리처럼 보이는 녀석이 물속에서 한쪽 다리를 구부려 든 채 그림처럼 졸고 있다.

압로정의 '압로'의 의미는 '물새와 친하다' 또는 '물새와 더불어 노닌다'는 의미로 자연을 사랑하며 강호江湖에 은거한 은자들이 제호題號로 많이 사용하는 말이다.

압노정 뒤편 좌측 조그맣게 담장이 둘러쳐진 곳에 송담松潭 채응

비록 퇴락했지만 세월의 풍파를 이겨온 기둥을 만져보며 마루에 앉아본다. 탁 트인 시야로 시원스런 금호강 풍광이 한눈에 잡힌다. 오늘 나에게 허락된 봄기운을 만끽하면서…

린蔡應麟 선생先生 유허비遺墟碑가 서있다.

송담 채응린은 조선 중기 학자로 명종 10년에 진사시에 합격했으나 당시 사림학자들의 권위와 누차에 걸친 사화를 겪어 벼슬에 나아가지 않고 이곳에 압로정과 소유정 두 정자를 짓고 은거하며 경전 연구와 강학講學과 유식遊息을 했다. 송담이 자신이 지은 정자에 이 제호를 사용한 것은, 당시 사화士禍로 인해 유학의 의리정신이 상실된 시기였기 때문에 조정에 출사하지 않고 성현聖賢의 학문을 공부하며 지조를 잃지 않으려 했던 그의 선비정신과도 맥이 통한다. 그의 학문은 낙재 서사원에게 전승되어 연경서원硏經書院과 선사재仙查齋 등의 강학을 통해 대구 유학의 르네상스시대를 여는 토대 마련에 기여를 했다.

봄기운과 함께 천천히 시간을 거슬러 올라 송담과 압노정을 살펴보는 이 한가로움……. 문득 감사한 마음이 전신으로 번진다.

압노정 곁에 소유정小有亭의 유지遺趾가 있다. 뜰의 비석에 2010년 7월 26일 중수했다는 표지석이 있다. 송담 타계 8년 후 일어난 임진왜란으로 압로정과 소유정이 불에 타면서 그가 저술한 시문들도 모두 잿더미가 되어 지금은 시 5수만 전해지고 있다. 전쟁이 끝난 후 중건되어 많은 관리와 유림들이 방문하여 강학하며 시를 남겼지만 현종조에 다시 소실되었고, 정조조에 압로정만 중건되어 지금에 이르고 있다.

선생의 남은 시 중 두 수를 음미해 본다.

내동서재內洞書齋, 문간수성聞澗水聲

내동서재에서 돌 틈으로 솟아나는 물소리를 듣다

小泉飛落石尖分
琴響高低月下聞
夜半分明連復斷
孤鸞別鶴濕秋雲

작은 샘에서 날아 흘러 돌에 떨어져 흩어지는 물소리가
마치 달빛 아래서 장단에 맞추어 연주하는 거문고 곡조 같네
밤중이 되니 더욱 선명하게 들리다가 다시 끊어지며
고난곡과 별학곡을 연주하는데 하늘에는 이슬 젖은 추운秋雲이 떠 있네

– 『송담실기』 에서

제증제이자題贈第二子 선행별급시先行別給時

둘째 아들 선행先行에게 글을 가르칠 때 써 준 시

筆落髫年未有驚
詩成十載了無聲
如今刮目看新句
萬頃良田一羽輕

어릴 때 공부하지 아니하면 놀라움을 얻지 못하는데

비록 퇴락했지만 세월의 풍파를 이겨온 기둥을 만져보며 마루에 앉아본다. 탁 트인 시야로 시원스런 금호강 풍광이 한눈에 잡힌다. 오늘 나에게 허락된 봄기운을 만끽하면서…

시를 시작한 지 10년이 되어도 명성을 얻기 어려우니라
지금같이 괄목상대刮目相對한 새 시구詩句를 보니
수만 이랑이나 되는 기름진 밭을 가는 것도 한 깃털처럼 가벼우리라

— 『송담실기』 에서

비록 퇴락했지만 오랜 세월의 풍파를 이겨온 기둥을 만져보며 마루에 앉아본다. 정자 바위 뒷길의 청보리밭이 인상적이다. 인걸은 간 곳이 없고 웬 생뚱맞은 나그네가 봄날을 즐기고 있다. 탁 트인 시야로 시원스런 금호강 풍광이 한눈에 잡힌다. 세월의 무상함을 느끼면서도 오늘 나에게 허락된 봄기운을 만끽해본다.

※ 채응린과 압노정에 관련된 부분은, 《유림신문儒林新聞, 대구향교 유림신문사 발행)》에 수록된 대구향교 장의掌議 구본욱具本旭의 2011년 연재물을 참고했음.

지워지지 않는 향기

전체 교직원과 학생들이 교육인적자원부 주최로 열리는 '자연과 함께하는 우리두리 한마음캠프'에 참가하기 위해 2박3일 동안 강원도 평창국립청소년수련원에 갔을 때였다.

전국 각지에서 7개 특수학교가 참가했는데, 일반학교와 달리 특수학교라 학생 수보다 지도교사가 더 많다고 할 정도로 교사가 많았다. 그만큼 장애학생들은 도움을 필요로 하는 학생들이기에 신변처리에서부터 목욕, 옷 입기와 식사, 이동에 이르기까지 일일이 손이 안가는 곳이 없기 때문이다.

식사시간이 되자 담임과 보조지도교사들은 학생들 식사지도를 하면서 도와주기에 바빴다. 그런데 배식을 하는데 두 줄을 서게 만들어 놓았다. 한 줄은 스스로가 먹을 양만큼 떠서 먹도록 한 자율배식이었고, 다른 한 줄은 식사도움을 받아야 할 도움배식 줄이었다. 바

아주머니는 어제와 똑같이 활짝 웃는 모습으로 친절한 말과 함께 학생들과 선생님들을 대하고 있었다. 그 아름다운 모습에 덩달아 기분이 좋아져 맛있게 음식을 먹게 되었다.

로 그 배식을 하는 줄에 도우미 아주머니 5명이 밝은 주황색과 흰색이 들어간 모자와 유니폼을 입고 줄지어 늘어선 학생들에게 음식을 담아주고 있었다.

나는 밥을 먹으면서도 나란히 늘어선 배식 도우미들 중 한 아주머니에게서 한참동안이나 눈을 떼지 못하고 지켜보았다. 동그란 안경을 쓴 말끔하고 단아한 모습의 첫 번째 아주머니는 배식을 받기 위해 서있는 학생에게 밥을 떠주면서 무언가 한 마디씩 말을 건네며 밝은 미소를 보내고 있었다. 그와 달리 다른 4명의 아주머니는 무표정한 얼굴이었다. 흡사 일정한 간격을 두고 규칙적으로 움직이는 기계와도 같았다. 사람에게선 사람의 냄새가 풍겨나야 인정이란 것이 느껴지는 법인데 기계적이다 못해 냉정함까지 풍기는 네 사람의 도우미와, 환하게 웃으면서 따뜻한 말을 건네는 한 도우미 아주머니의 너무나 대조적인 모습 때문에 눈을 떼지 못하고 지켜보게 되었다. 그 아주머니는 배식이 다 끝나도록 학생은 물론 지도교사들에게까지도 대하는 표정과 태도가 한결같았다.

'저 아주머니는 밥을 퍼주면서 도대체 무슨 말을 건네는 것일까?' 하는 궁금증이 났지만 할일 없이 옆에 서서 지켜볼 수는 없는 노릇이라 가까이 가진 못하고, '밥 더 줄까요?' '맛있게 먹어요' 등의 말을 건네지 않았을까 즐겁게 추측만 했다. 그러면서 오늘 하루 개인적으로 아주 기분이 좋은 일이 있어서 저렇게 친절을 베풀겠지 했다.

이튿날 다시 식당 앞에서 줄을 섰는데, 맞은편 줄에서 밥을 퍼주는 어제의 그 친절한 아주머니에게 자연히 눈길이 갔다. 아주머니는 어제와 똑같이 활짝 웃는 모습으로 친절한 말과 함께 학생들과 선생님들을 대하고 있었다. 그 아름다운 모습에 덩달아 기분이 좋아져 맛있게 음식을 먹게 되었다. 그 바람에 3일 내내 식당에서 밥 먹을 때면 그 아주머니에게서 시선을 떼지 못했다. 내면에서 우러나오는 마음의 향기를 맡았기 때문일까? 귀여운 자식들을 대하듯 따스하고 다정한 웃음으로 대하는 그 모습에서 천사의 마음을 느꼈다.

수련원을 떠나올 때 책임을 맡고 있는 팀장에게 배식하는 그 천사 아주머니 이야기를 했다.

“제일 첫 번째로 배식을 하던 아주머니 말이지요? 그 분은 항상 학생들에게 뭐라도 더 챙겨주려고 진심으로 애쓰시는 분입니다.”

팀장도 진작부터 아주머니의 친절한 마음을 알고 있다면서 ‘요즘 참 보기 드문 보물 같은 사람’이라는 말을 덧붙였다.

그 아주머니의 친절이 어찌 보면 사소하고 누구나 할 수 있는 평범한 일 같지만, 마음에서 우러나와 실천하기란 그리 쉽지 않다. 3일간의 식사시간을 통해 알게 된 몸과 마음에 배인 진심어린 친절. 지금까지도 잊을 수 없는 따뜻함으로 남아있는 걸 보니 진심어린 친절엔 세월이 가도 지워지지 않는 향기가 있는 것 같다.

아주머니는 어제와 똑같이 활짝 웃는 모습으로 친절한 말과 함께 학생들과 선생님들을 대하고 있었다. 그 아름다운 모습에 덩달아 기분이 좋아져 맛있게 음식을 먹게 되었다.

주고받는 응원

목욕탕에 들어서면 먼저 탕 안을 휘둘러본다. 등 밀어줄 대상인 '밥'을 찾으려는 것이다. 탕에서 느긋하게 눈 내리깔고 '밥'을 찾는 것은 오랜 습관이다.

그날도 목욕탕 한구석에서 열심히 몸을 씻는 사람이 눈에 띄었다. 자신의 몸을 아끼고 사랑하는 사람일 것이라는 생각이 드니 반가웠다. 기분 좋게 다가가 내 나름의 노하우를 발휘하고 싶었다. 평소 하던 식으로 등을 살짝 치니 무슨 일인가 싶어 고개를 들었다. 우물쭈물하더니 어쩔 줄 몰라 하며 "이리 등 밀어주시는 게 이번이 벌써 세 번째인데……" 했다. 등을 미는 동안에도 돌아앉은 채 그가 말을 이었다. '남의 등을 이렇게 밀어주기가 쉽지만은 않은데……'하면서, 자신은 교회에서 장로의 직분을 맡고 있지만 너무도 부족함이 많은 사람이라 부끄럽다고 했다. 그러다 돌연 몸을 돌려 뚫어질 듯 나를 쳐다봤다.

"많이 본 얼굴인데요……?"

생각을 골똘히 하던 그가 무릎을 쳤다.

"TV 강연100도 C에서……."

그는 만면에 웃음을 띠고 다시 한 번 반가움을 표하며 의기양양했다. 세 번이나 나에게 등을 밀리고 방송에 출연한 것까지 보았던 것이다. 그의 환한 얼굴을 보고 있자니 때밀이로서의 역할이 더 즐거워지고, 거절 않고 세 번씩이나 호의를 받아준 그가 고마웠다.

방송의 위력은 정말 대단했다. TV를 보고 갑자기 40년 전에 함께 근무했던 K교사를 필두로 오랫동안 잊고 살았던 친구나 동기 동창, 친지 등 생각지도 못했던 곳에서까지 전화가 왔다. 이루 말할 수 없을 정도였다. 시교육청에 갔을 때였다. 교육감을 만날 일이 생겨 부속실로 갔더니 내 목소릴 듣고 교육감이 소리쳤다.

"최 교장님, 강연100도 C에 나오시데……."

서울 구로경찰서에서도 강의를 요청해왔고 코엑스와 구남보건고등학교, 문경시교육지원청에서도 강의 요청이 있었다. 올여름 휴가 때는 대구시교육연수원에서 강의를 부탁해 왔다. 그러다 보니 숫제 유명인사가 된 듯한 착각에 빠질 지경이었다. 자칫 방송출연이 무슨 대단한 자랑이라도 되는 양 나 좀 알아달라며 떠벌리고 싶어 안달날 수도 있었을 것이나, 고맙게도 내 지인들이 미리 연락해 알아주고 인정해주어 그런 불상사를 미연에 막아버렸다.

그때 깨달은 것이 있다.

자신을 알아주고 인정해주면 용기가 되고, 채찍이 되고, 포기하지 않을 이유가 되어주고, 발전의 근거가 된다. 마찬가지로 누군가를 인정한다는 것은 칭찬이요 응원이요 선물이다. 이 얼마나 신명나는 주고받음인가.

사람은 타인으로부터 어느 정도는 인정을 받아야 살아가는 힘을 얻을 수 있다. 제 아무리 자기 신념이 굳건하여 초연하게 산다 해도 타인으로부터 인정을 받을 수 없다면 불안을 느끼거나 허무함을 느낄 수 있다. 가까운 사이일수록 더욱 그러하다. 부부든 부모자식 간이든 형제든 서로의 수고로움이나 고마움을 알아주지 않는다면 서운함이 생길 수밖에 없다. 누군가가 자신을 알아주고 인정해주면 용기가 되고, 채찍이 되고, 포기하지 않을 이유가 되어주고, 발전의 근거가 된다. 마찬가지로 누군가를 인정한다는 것은 칭찬이요 응원이요 선물이다. 이 얼마나 신명나는 주고받음인가.

작은 것도 놓치지 않고 알아주고 인정해주는 사람이 진짜 따뜻한 사람이요 큰 사람임을 새삼 깨달았다. 옛말에도 자기를 알아주는 사람에게는 목숨까지 바친다고 하지 않던가.

진정한 벗

친구와 벗은 고유명사다.

사전에서는 친구나 벗을, 마음이 서로 통하여 가깝게 사귀는 사람이라고 풀이하고 있다. 요즘은 친구나 벗을 두고 논란이 많다. '도'나 '개'나 모두 친구로 소개하기 때문이다.

친구나 벗에도 격格이 있다. 진정한 벗에게는 무엇을 주더라도 아깝지 않다. 상대방 눈빛만 보아도 안다. 그렇지만 진정한 친구가 아니라면 무엇을 줘놓고도 아깝게 여겨진다. 인지상정人之常情이 아닐까.

진정한 친구나 벗이 되려면 서로 간에 소통이 원활하게 이루어져야 한다. 상대의 입장이나 처한 환경에 대한 이해는 물론 그의 꿈까지도 품어 응원할 수 있어야 한다. 더불어 그가 원하는 건 다 들어줄만도 한 게 아닌가. 취향과 기호도 알아두는 게 좋다. 아니 진정

벗이라면 알게 된다.

친구가 두부를 만들어 준다고 부산했다. 맛이 별로라고 했더니 이후로는 먹고 싶어도 해주질 않았다. 난 친구의 고마운 마음을 제대로 헤아리지 못하고 서운한 말만 한 것이다. 그러니 난 진정한 친구가 되질 못했다.

내 전화를 받을 때면 음성이 한 옥타브 올라가면서 말이 톡톡 튀는 벗이 있다. 그런 그의 음성을 들을 때면 왠지 편안하다. 진정어린 친구다.

서양화를 전공한 화가 친구가 있다. 그 친구 그림에는 토속적인 정서가 넘친다. 그래서 시원하게 소통이 잘된다. 과묵한 성격의 그 친구가 국전에 한 번 입선하고 나더니 대뜸 '다 썩었다'고 했다. 심사하는 사람을 두고 한 말이다. 그 소리가 귀에 맴돌았다. 지금도 그 말이 생각난다.

또한 그는 성격이 깔끔하고 청렴하다. 교사시절부터 청렴에 관한 한 둘째가라고 하면 서러워 할 친구다. 자타가 인정한다. 개인적으로 청렴한 척하면서 20여 개 학교에 가서 '청렴강의'를 한 적이 있는 나를 부끄럽게 만드는 진정한 벗이다.

아내는 그림 같은 집에서 살기를 원했다.

인생이 뜻대로 되지 않았다. 그림 같은 집을 짓기도 전에 덜컥 병이 먼저 내 안에서 살기 시작했다.

아내가 고향으로 가자고 했다. 이를 안 친구가 고향에 집을 장만하는데 적극적으로 도와주었다. 아내는 아내대로 다 뜻이 있었다. 요즘 아침에 일어나 친구와 함께 잔디가 심겨진 뜰에서 잡초를 제거하곤 한다. 아내는 그런 우리의 모습을 바라보면 그렇게 행복해 보인다고 했다.

이렇듯 내가 어려움에 처해 있을 때라도 마음 편하게 일상을 함께하거나 운동을 함께할 친구가 생겼다면 그 역시 진정한 '벗'이라 할 수 있지 않을까.

아내는 그림 같은 집에서 살기를 원했다.
인생이 뜻대로 되지 않았다. 그림 같은 집을 짓기도 전에 덜컥 병이 먼저 내 안에서 살기 시작했다.

제2부

세상에서 가장 행복한 발걸음

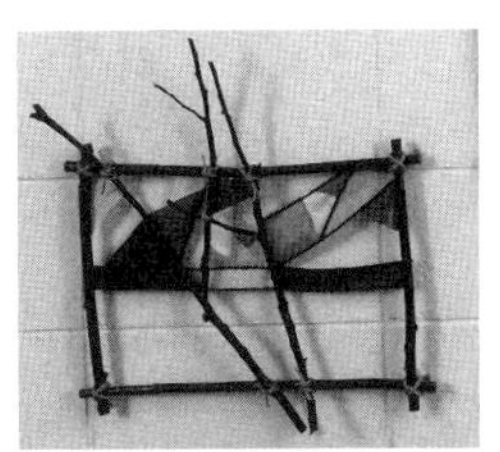

"운동도 좋지만 제때 저녁을 먹어줘야지 이렇게 귀가시간이 늦으면 어떡해요. 늦으면 전화라도 할 것이지, 헬스장이 그렇게 좋아요? 집에서 밥해놓고 기다리는 사람도 좀 생각해요."

아내는 더러 불만을 쏟아낸다.

하지만 난 분명 퇴근하면서부터 귀가를 서둘렀다. 빨리 귀가하려면 얼른 헬스장에 다녀와야 한다. 그래서 곧장 헬스장으로 향했고, 목욕탕 코스까지 착실히 밟다보니 그만 시간이 지체되어버린 것이다.

말言이 품은 숙제

살다보면 가슴 속에 각인되어 잊을 수 없는 말들이 한줌씩은 있다. 더러는 희망이나 위안이 되기도 하고 더러는 채찍이나 부끄러움이나 아픔이 되기도 한다.

43년을 교직에 몸담아 오다가 남양학교 교장을 끝으로 정년퇴임을 하고 이어 성보재활원장에 취임했다. 각별한 인연이라 생각했다.

재활원의 특색사업으로 무엇을 해볼까 고민했다. 인생에서 마지막으로 주어진 사회봉사의 기회인만큼 거주인을 위한 일이라면 실현 가능한 것부터 최선을 다하고자 작정했다. 무엇보다 재활부문이 급선무였다.

마침 대구시 주최로 '제1회 미소친절 전국대회' 개최를 앞두고 있던 때였다. 교장시절에 학교경영은 욕심을 가져야 된다는 것을 느꼈다. 마찬가지로 욕심 없이는 재활원의 발전을 기대하기 어렵다고 생

이 거주인의 말과 브레케 바겐 교장의 말 사이 어디쯤에 숙제를 풀 단서가 분명 있을 것이다. 누군가는 오늘도 그 단서를 찾고 있으리라. 어쩌면 삶이란 못 다한 숙제가 남고 새로운 숙제가 생겨나 끊임없이 이어지는 것일지도 모르겠다.

각했다. 결국 미소친절 전국대회에 참가하기로 했다. 원장으로 취임해서 처음 출전하는 대회라 솔직히 성적을 내고 싶은 욕심도 생겼지만 무엇보다도 재활의지에 불을 붙일 수 있다는 생각이 컸다. 상을 받는다는 것은 기분 좋은 일이다. 만약 상을 받는다면 인정받을 기회가 별로 없었을 거주인들이 잘 했다고 인정을 받는 것이니 얼마나 좋은 일인가. 더군다나 미소 친절 부문만큼은 남양학교 시절에 이미 캠페인 활동을 통해 친숙하기도 하고 경험도 많지 않은가. 그렇다보니 우리 재활원에서 어떤 상이든 상을 타기만 하면 이전의 경험을 되살려 캠페인까지 벌이겠다고 직원과 거주인들에게 약속을 하고 큰소리까지 쳤다. 뭘 출품을 할까 꼽아 봤지만 UCC가 제일 적당하다는 의견이 모아졌다.

전국대회라 100여 팀이 참가했다. 그 중 34개 팀이 일반부문이었다. 심사위원장은, 특히 일반부문은 경쟁이 압도적으로 치열하여 설사 떨어지더라도 절대 낙담하거나 실망하지 말라는 격려를 했다. 시설부문에서 참가한 것은 우리 재활원밖에 없었다. '미소 친절'이 비장애인들의 전유물도 아닌데 재활원에서 참가를 하니 사람들이 의구심을 가졌다. 홍보가 부족했음이 아닌가. 원장이 참석을 한 것도 우리재활원뿐이었고, 시연장에서 직접 발표까지 했다. UCC까지 제작한 우리 팀이 자랑스러워 마음으로 아낌없는 박수를 보냄과 동시에 직원들과 거주인들이 이를 보고 희망과 용기를 가졌으면 하고 바랐다. 대상 후보 2팀을 뽑는데 우리 재활원이 선정되었다. 그러자 욕심이 생겨 대상까지 넘봤지만 아깝게도 대상에서 탈락해 은상에 머무르게 되었다.

그랬는데 함께 대상후보에 오른 다른 팀이 상금의 반을 뚝 떼어 우리재활원에 후원금으로 쾌척했다. 생각지도 못한 일이었다. 깊은 감사를 보냈다.

'상을 타면 캠페인을 벌이겠다'던 약속을 지키기로 하고, 캠페인이 끝나고 돌아오는 길에는 환경정화운동을 겸하기로 계획을 잡았다. 지난 시절이 엊그제처럼 새롭게 여겨졌다. 남양학교 시절, 매주 수요일이면 어김없이 두산오거리에서 '미소친절캠페인'을 했다. 취업을 앞둔 전공과 학생들에게 자신감과 용기를 갖게 하는데 큰 도움을 주었다. 장애인도 도움만 받는 존재가 아니라는 것을 보여주면서 지역사회의 일원으로 당당하게 참여해 '미소친절'로 인사를 나누며 환경정화운동까지 펼치니 누이 좋고 매부 좋은 일 아닌가. 골목길에서 휴지나 쓰레기를 줍는 장애인을 바라보는 지역주민들의 시각이 어떻게 달라질까 하는 생각을 하며 캠페인에 박차를 가했다.

캠페인이 끝나고 돌아오는 길에 자전거 도로에서 환경정화운동을 할 때였다.

"버릴 때는 마음대로 버리고, 줍는 것은 왜 우리가……."

돌아보니 담배꽁초를 줍던 거주인이 한 볼멘소리였다. 충격이었다. 당황스럽고도 양심이 찔려 아무 말도 못했다. 그때까지도 벤치 주위에는 담배꽁초가 수북이 쌓여있었다. 시민들의 의식수준은 말이 아니었고 내 생각은 얕고 짧았다. 부끄럽고 무안했다.

이 거주인의 말과 브레케 바겐 교장의 말 사이 어디쯤에 숙제를 풀 단서가 분명 있을 것이다. 누군가는 오늘도 그 단서를 찾고 있으리라. 어쩌면 삶이란 못 다한 숙제가 남고 새로운 숙제가 생겨나 끊임없이 이어지는 것일지도 모르겠다.

그 일 이후 많은 생각 끝에 결국 캠페인 활동을 중단하기로 했다.

장애인이라고 손 벌리고 도와달라던 것은 옛말이다. 그만큼 세월이 흘렀다는 이야기다. 장애인도 당당하고 떳떳하게 요구하고, 따질 것은 따질 줄 아는 세상이다. 아니 따질 줄 알아야 하는 세상이다.

그 나라의 복지제도가 얼마나 잘 되었나를 보려면 장애학교나 장애시설을 보라고 했다. 우리나라는 제도적으로 보편적 복지에 치중된 것 같이 느껴졌다. 우선적 복지제도나 선택적 복지제도의 장단점을 알고 이를 우선 실행해야 한다. 보편적 복지제도를 앞세운 국가는 결국 예산이 거덜 나기 마련이다. 선진국이라고 자청하던 국가가 보편적 복지제도를 부르짖다가 나락으로 곤두박질치는 것을 많이 보아왔지 않은가.

장애인에게 '재활'은 거의 '모든 것'이라 해도 과언이 아니다.

우리 재활원에도 '장애인보호작업장'이 있다. 재활이야 말로 꿈이요 희망이 아닌가. 재활부문을 필생사업으로 하려는 재단이사장의 각오가 다행이라고 생각한다.

하지만 전체 장애거주인의 수에 비해 작업장에서 수용 가능한 인원은 아직 턱없이 부족하다. 또 장애거주인들이 약간의 도움을 받고 있지만 봉사자들의 희생정신 없이는 진정한 재활이 불가능하다. 건물 벽마다 재활원이라고 이름만 큼직하게 써 붙여 놓았지 현실적으로 재활에 도움을 준적은 별로 없다. 빛 좋은 개살구가 아닌가. 보다 실질적으로 재활에 도움을 줄 수 있는 그 무엇이 필요했다.

하지만 아무런 기여도 하지 못한 채 갑자기 닥쳐온 개인사정으로 재활원을 떠난 지 몇 해가 흘렀고, 내 숙제는 후배들의 몫이 되고 말았다.

몇 년 전 각 시도에서 한 명씩 차출되어 스웨덴 Orvero시로 연수를 다녀온 적이 있다. 당시 브레케 바겐 특수학교의 女교장에게 들은 말 중 지금도 내 속에 생생하게 살아있는 말이 있다.

"함께하라, 기다려주라, 한 단계 앞서가라."

'함께하라'는, 특수교육이 성공하려면 사회와 학부모, 교사가 함께해야 함을 말한다. '기다려주라'는, 장애인들은 하는 일마다 어둔하고 서투르고 어설프기 짝이 없으니 훈련을 통해 잘하고 익숙해질 때까지 기다려주어야 한다는 말이다. '한 단계 앞서가라'는, 어떻게 되리라는 것을 미리 예측을 하고 준비하라는 말이다. 이는 특수교육을 하는 사람들이라면 다 아는 평범한 말이다. 그러나 머리로는 알아도 가슴으로 느끼고 실천하기는 쉽지 않았다.

이와 함께 내 짧은 생각의 정곡을 찔러준, '버릴 때는 마음대로 버리고, 줍는 것은 왜 우리냐'던 거주인의 말 또한 잊을 수가 없다.

이 거주인의 말과 브레케 바겐 특수학교 교장의 말 사이 어디쯤에 숙제의 답이 될 단서가 분명 있을 것이다. 세상 구석구석에서 누군가는 오늘도 그 단서를 찾아 하나씩 실마리를 풀어가고 있으리라.

어쩌면 삶이란 못 다한 숙제가 남고 새로운 숙제가 생겨나 끊임없이 이어지는 것일지도 모르겠다.

이 거주인의 말과 브레케 바겐 교장의 말 사이 어디쯤에 숙제를 풀 단서가 분명 있을 것이다. 누군가는 오늘도 그 단서를 찾고 있으리라. 어쩌면 삶이란 못 다한 숙제가 남고 새로운 숙제가 생겨나 끊임없이 이어지는 것일지도 모르겠다.

세상에서 가장 행복한 발걸음

퇴근시간이 가까워오면, 집이 아니라 오늘은 누굴 만나 어디로 갈 것인가 고민하는 사람들이 많다. 그 마음을 들여다보면, 무작정 위를 쳐다보며 성공을 위해 뛰는 것에만 익숙해지다 보니 늘 쫓기고 여유가 없고 황량해져서 그런 게 아닐까? 퇴근 무렵 집에 있는 가족들을 떠올리며 서둘러 집으로 가야겠다고 생각하는 사람이 몇이나 될까 어림해본다.

내가 근무하는 곳은 학교다. 흔히 학교라는 사회는 통제되고 뭔가 답답한 냄새가 나는 곳이라고 말한다. 대체로 3월 초가 제일 바쁜 편이다. 교재연구와 학습준비, 환경구성 등으로 그러하다. 물론 맡아 있는 부서에 따라 다르지만 어차피 다 거쳐야 하는 일들이다. 나이에 따라 세월 흐르는 속도가 다르다더니 '하루가 왜 이리 바쁜지 눈코 뜰 새가 없다'는 동료들의 말을 듣고 있으면 과연 세월이 빠르구나 싶어진다.

학교 만기가 되면 다른 학교로 옮기고, 또 만기가 되면 다른 학교로 옮겨 근무를 하기를 올해로 43년째다. 그 사이 여러 가지 일들이 있었다. 돌이켜 보면 숱하게 많은 실수를 거듭하기도 했고 비교육적인 행위를 하기도 했다. 교사라는 직업이, 특별한 변화 없이 항상 다람쥐 쳇바퀴 굴리듯이 단조롭기 짝이 없는 틀에 박힌 직업이라 말하지만 그 속에서 그래도 큰 무리 없이 한평생을 지내왔다.

직업에 따라 업무 내용이나 생활 형태는 말할 것도 없고 성격이나 옷차림, 말투까지도 다 다르다. 그렇지만 퇴근시간이 괜히 기다려지고 퇴근하면 즐겁기는 누구나 마찬가지일 것이다.

오늘도 퇴근을 하여 어김없이 헬스장에 간다. 퇴근코스를 목욕탕이 딸린 헬스장으로 잡은 것도 어언 20년이 되어 간다. 건강상의 이유로 시작해 습관이 되어버렸다. 헬스장에 가면 시간가는 줄 모른다. 여러 계층의 사람들과 어울려 운동을 하고 목욕탕에서 피로를 푼다. 때로는 밤 10시가 넘어서 귀가하기도 하는데 그럴 때면 아내의 눈치부터 본다.

"운동도 좋지만 제때 저녁을 먹어줘야지 이렇게 귀가시간이 늦으면 어떡해요. 늦으면 전화라도 할 것이지, 헬스장이 그렇게 좋아요? 집에서 밥해놓고 기다리는 사람도 좀 생각해요."

아내를 두고 '교육의 동지로서 존경하는 사람 중의 한 사람'이라 말하는 것은 신뢰의 다른 표현이다. 그 신뢰는 곧 행복과 휴식으로 연결이 되니 아내는 나에게 휴식이요 행복이며, 아내가 기다리는 집 역시 그러하다.

그렇게 불만을 쏟아내기 때문이다.

하지만 난 분명 퇴근하면서부터 귀가를 서둘렀다. 귀가하려면 얼른 헬스장에 다녀와야 하기 때문에 곧장 헬스장으로 향했고, 목욕탕 코스까지 착실히 밟다보니 그만 시간이 지체되어버린 것이다.

퇴근해 와서 현관문을 열어 보니 보이지 않던 꼬마신발이 먼저 눈에 띈다. 외손자 녀석이 온 모양이다. 통통거리며 달려오는 발걸음소리가 들려온다. 유난히도 살색이 뽀얀 외손자가 덥석 달려들어 안긴다. 표준행복이란 게 따로 없다. 이게 바로 행복이다.

생각해보면 모두 엊그제 일 같은데 이미 지난 일들이다. 꼬마 아이였던 딸아이가 어엿한 숙녀로 성장하더니, 이젠 조신한 가정부인의 모습으로 변해 있다. 그 외손자라는 행복덩어리까지 안겨주니 효녀가 따로 없다. 행복하다.

오늘은 특별히 딸아이가 외손자를 데리고 왔으니 그렇지 평소엔 아내 혼자 덩그러니 날 기다리고 있다.

평소 아내를 소개할 때면 빼놓지 않고 하는 말이 있다. '교육의 동지로서 존경하는 사람 중의 한 사람'이라고 서슴없이 말하곤 한다. 인생의 길을 함께 걸어온 아내에 대한 무한한 신뢰감은 그 무엇과도 견주거나 비교할 수가 없다. 그 신뢰감은 곧 행복으로 휴식으로 연결이 된다. 그러니 아내는 나에게 휴식이요 행복이며, 아내가 기다리는 집 역시 그러하다.

요즘은 아내와 남매와 밥상을 마주하던 옛 시절이 그립다. 아내 혼자 기다리고 있는 집에 들어설 때와 옛날과는 느낌부터가 완연히 다르다. 나이 들어감에 따라 생기는 자연스러운 쓸쓸함 같은 것이 나에게도 찾아온 것이다. 그런들 어쩌랴. 아내 홀로 기다리는 집으로 돌아와 옷 갈아입고 씻고 난 뒤 자리에 앉으면 우리 집이 세상 어느 곳과도 비교할 수 없는 편안한 곳인데……. 편안함도, 마음껏 그리워할 수 있는 것도 다 행복이 아닌가.

유년시절, 하루종일 아이들과 놀다가 해질녘이 되어서야 집으로 돌아오곤 했다. 그렇게 재미나던 놀이도 해가 기울고 땅거미가 지면 심드렁해지면서 슬그머니 집 생각이 났다. 아이들은 굳이 어른들이 소리쳐 불러들이지 않아도 하나둘 집으로 돌아갔다. 놀이에 빠져 부르는 소리도 못들은 척 끝끝내 버티던 아이들도 시장기가 돌면 별 수 없이 집으로 찾아들었다.

어머니가 외출이나 시장에서 돌아오면 먹을 것이 있나 싶어 손부터 살폈다. 그러다 빈손이면 시무룩해지거나 엉뚱하게 말썽을 부리기도 하고 우습게도 분한 마음이 되기까지 했다. 이를 눈치 챈 어머니가 다음에는 꼭 사올게 하고 약속을 하면 언제 그랬냐는 듯 금방 활짝 웃곤 했다.

중학교 시절엔 문화교실(극장)에 가거나 도서실에서 명작을 읽다가 전깃불이 하나둘 켜질 무렵에서야 큰 산을 하나 넘어 고갯길을 내려섰다. 그 시절을 생각하면 옹기종기 모인 초가지붕 위의 빨간

아내를 두고 '교육의 동지로서 존경하는 사람 중의 한 사람'이라 말하는 것은 신뢰의 다른 표현이다. 그 신뢰는 곧 행복과 휴식으로 연결이 되니 아내는 나에게 휴식이요 행복이며, 아내가 기다리는 집 역시 그러하다.

고추가 선명하게 떠오르고, 수탉이 목청 터지게 우는 소리도 한가롭게 떠오른다. 집은 고향이기도 하고 고향은 집이기도 하다.

고등학교 시절엔 친구들이 좋아 또래들과 별 할 일도 없이 시내를 배회하느라 늦게까지 뭉쳐 다니며 밤이 이슥하도록 이슬을 맞기도 했다. 그때는 집보다 친구 좋을 때가 더 많았던 유일한 시기였던 것 같다.

대학시절엔 하숙도 해보고, 자취도 해보고, 방을 얻어 잠만 자고 다니기도 했다. 그러다 한 번씩 부모님이 기다리는 집으로 돌아왔는데, 집안에 아무도 보이지 않으면 그 큰 집이 썰렁해지면서 갑자기 쓸쓸함이 물밀 듯 밀려오곤 했다.

젊은 시절에는 막걸리를 거나하게 걸치고 집으로 가기도 했다. 지금은 안 먹는 것이 아니라, 한 잔 술도 입에 대지 못하고 그대로 차를 몰아 집으로 간다. 아내가 있고 휴식할 수 있는 집으로 가는 것이야 좋지만, 젊은 날과 달라진 내 모습을 생각하면 마음 한구석이 아련한 그리움으로 물들기도 한다.

하루 일을 마치고 소를 몰고 등에는 꼴을 한 지게 가득 지고 어둑어둑한 논밭 길을 지나 동네 어귀로 들어서는 농부를 상상해 보라. 집집마다 굴뚝에선 연기가 피어오를 것이고 어느 집에선 된장찌개 냄새가 구수하게 새어나올 것이다. 그러면 어서 돌아가 피곤한 몸을 눕히고 싶어지기도 할 것이고, 갑자기 시장기가 몰려와 걸음이 빨라지기도 할 것이다. 가난하든 먹고 살 만하든 집이란 이렇게 곤고한 하루를 달래고 편히 쉴 수 있는 유일한 곳이다.

그러고 보면 집은 어머니요 아버지요 아내요 자손이니 가족이다. 또한 휴식이요 추억이요 기다림이요 설렘이요 최고의 보호처다. 그러니 집으로 가는 발걸음이야말로 가장 행복한 발걸음이 아니겠는가.

아내를 두고 '교육의 동지로서 존경하는 사람 중의 한 사람'이라 말하는 것은 신뢰의 다른 표현이다. 그 신뢰는 곧 행복과 휴식으로 연결이 되니 아내는 나에게 휴식이요 행복이며, 아내가 기다리는 집 역시 그러하다.

아집我執을 경계하다

사람은 나이가 들수록 자신도 모르게 고집이 세어진다.

아닌 게 아니라 육십 넘고 칠십을 향해 가다보니 걱정 되는 것이 바로 그것이다. 가정에서 어른들이 내세우는 고집은 곧 권위가 되기도 한다. 권위를 앞세우는 것이 체통과 명예라는 착각에 빠지는 사람들을 가끔 본다. 그렇다고 해서 고집이 다 나쁜 것은 아니다. 경우에 따라서 합리적이고 타당한 근거를 가지고 논리적으로 조목조목 따져 주장을 내세울 필요는 분명 있다.

하지만 고집도 고집 나름이지 자칫하면 아집에 빠지기 쉽다. 옳은 것을 굽히지 않고 논리적이고도 합리적인 방법으로 뜻을 관철시키는 사람을 보면 '주관이 뚜렷하고 심지가 있는 똑똑한 사람'이라 여긴다. 반면 주관이 없고 줏대 없는 사람은 물론 완고한 고집불통으로 타협이나 이해나 배려가 없는 사람은 주변으로부터 무시당하거나 미움을 살 수밖에 없으니 나이 들수록 스스로를 조심하고 경계해야겠다는 생각을 종종 하게 된다.

몇 해 전, 대학선배 모임인 S회의 회원이 되었다. 40년 넘은 묵은 된장 맛을 느끼게 하는 모임이다. 비록 대학은 선배지만 그 중엔 중고등 동기동창이라 죽마고우처럼 지내는 친구도 더러 있다. 그러하기에 모임에 참석해도 별로 어색함이 없어 그동안 해외여행을 2번이나 다녀올 정도로 좋은 인연의 모임이라 생각하고 있다.

이번 모임은 팔공산 갓바위 등산을 하기로 했다. 약속장소에서 총회결산과 차기 회장을 선출했다. 그동안 S회를 3년간 이끌어 온 현 회장에게 모두 고마워하면서도 '회장직을 한 해만 더 유임하라'고 했다. 간곡한 부탁에도 현 회장은 미동이 없었다. 누군가, 회장이란 심부름꾼인데 봉사의 마음으로 한 해만 더 하면 될 걸가지고 뭘 그러느냐고 했다. 너무나 당연하다는 듯 쉽게 강요하는 그 말투에 이기심이 보여 듣기가 조금 거북했다. 자기가 하기 싫은 일은 남도 하기 싫다는 것을 왜 모를까.

요즘은 너나없이 봉사奉仕라는 말을 너무 쉽게 한다. 그러나 봉사는 누구나 쉽게 할 수 있는 일이 결코 아니다. 보잘 것 없는 작은 친목회지만 당장 나부터도 누가 회장으로 수고 좀 하라고 권하면 선뜻 나설 수 없는 마음이다. 아니 나뿐만 아니라 어느 누구도 자진하여 회장을 맡겠노라고 나서는 이가 없었다. 모두들 말없이 고개를 돌리거나 손을 내저었다. 리더의 열정은 조직을 살리기도 하고 죽이

긍정적인 측면에서의 고집은 주관이 뚜렷하고 개성적이다. 그러나 부정적인 측면에서의 고집은 타협을 모르고 다분히 감정적이며 공격적이기까지 하다.

기도 한다. 그만큼 리더의 마인드는 중요하다. 경험으로 보면, 친목 단체가 잘 굴러가고 있다는 것은 회원과의 소통이 잘 되고 있다는 말이다. 그만큼 회장단의 수고로움이 거름처럼 뿌려져야하는 것이다.

분위기가 점점 답답하고 냉랭해져갔다. 지금까지 회장을 한 번도 맡지 않은 K씨는 나이가 많아 이미 고문 격으로 모시는 형편이고, 가입한 지 얼마 되지 않은 나는 분위기와 형평성에 맞지 않는다 하여 불참한 J씨가 추천되었다. 그런데 대부분의 회원이 거부의사를 보였다. J씨는 평소 모임에도 참여치 않을 뿐만 아니라 관심이 다른 곳에 있어 부적합하다는 것이 이유였다. 갈피를 잡지 못하고 있던 차에 한 회원이 성씨의 가나다순으로 회장을 맡는 것이 어떻겠냐는 제의를 했다. 동의의 박수가 뒤따랐고 그렇게 마무리가 되는 것 같았다. 그런데 지금까지 아무 말 없이 묵묵히 듣기만 하던 B씨가 거들었다.

"아무리 그렇지만 한 번도 회장을 하지 않은 회원을 그냥 지나치면 안 됩니다. 한 번이라도 회를 위해 봉사를 해야지요. 그리고 J씨에게 직접 의사를 들어보지도 않고 우리가 가나다순으로 결정을 해서야 되겠습니까?"

B씨는 결국 회원 모두가 똑같이 공평하게 해보자는 말이었다. 언뜻 생각해보면 아주 지당한 말이다. 나한테 회장을 맡으라고 하면 어쩌나 맘 졸이던 중이라 도둑이 제 발 저리 듯 속이 뜨끔하여 '퇴임하는 해에는 성씨 가나다순에 관계없이 내 스스로 회장을 맡겠다'고 돌발발언을 했다. 내 딴엔 퇴임을 몇 해 앞둔 터라 궁색한 변명

을 한답시고 한 말이었다. 모두들 아무 의의가 없었다. 그래도 누구 한 사람 나서지 않았다. 또한 다들 J씨가 회장을 맡으면 안 된다는 의견이 지배적이었다. 하지만 B씨도 자기의 주장을 굽히지 않고 강력하게 몰아갔다. 너나할 것 없이 모두 공평하게 해야지 누구는 이익을 보고 누구는 손해를 봐서 되겠느냐는 주장이었다. 서로 눈치만 보다가 또 누군가가 한 마디 했다.

"아, 왜 자네 혼자만 그렇게 세우길 세워. J는 모두가 안 된다고 하잖아……."

몇몇 사람이 돌아가며 J씨와 통화를 시도했다. 하지만 공교롭게도 통화는 모두 실패였다. 몇 번인가 더 시도를 해도 되지 않자 다수결에 의해 가나다 순서로 할 수밖에 없다고 선언을 했지만 혼자서 끝끝내 반대를 했다. 부부동반이라 지켜보던 부인들까지 노골적으로 비난 섞인 말을 던졌지만 아랑곳하지 않았다. 참다못한 그의 부인이 나섰다.

"아니, 회원들 뜻이 그런데 왜 혼자만 그렇게 고집을 피워요? 다른 사람 말을 듣기도 해야지."

그래도 막무가내였다.

몇 시간이 지난 후 간신히 J씨와 통화가 되었다. 사정상 회장은 못한다고 극구 사양을 했다. 그렇게 자기주장을 내세웠던 B씨는 그 이후부터 말이 없었다. 민망할 정도로 굳어진 그의 얼굴은 보는 사람들까지도 불편하기 짝이 없었다.

긍정적인 측면에서의 고집은 주관이 뚜렷하고 개성적이다. 그러나 부정적인 측면에서의 고집은 타협을 모르고 다분히 감정적이며 공격적이기까지 하다.

긍정적인 측면에서의 고집은 주관이 뚜렷하고 개성적이다. 그러나 부정적인 측면에서의 고집은 타협을 모르고 다분히 감정적이며 공격적이기까지 하다. 주변에서도 보면 자기주장만을 내세우며 절대 거두어들이지 않는 외고집이 있다. 때론 그럴듯한 자기합리화로 속내를 감추거나 교훈적인 말로 포장된 권위를 앞세워 상대의 허물을 들춰내며 엄격한 잣대를 들이대기도 한다. 그래서 선현들은 늙어갈수록 독선과 아집에 빠지는 것을 경계하라고 했다.

지나친 자기논리와 자기주장은 아집에 빠지는 첩경이다. 젊은 시절 그렇게 배려와 이해심이 많던 B가 왜 저런 아집에 사로잡혀버렸는지, 안타까움과 함께 그의 인생역정이 궁금하다. 나이 들면 변한다는 말이 새삼 실감난다. 세상일체는 무상無常하여 고정됨이 없으니 세월의 흐름을 따라 모든 것이 알게 모르게 변해간다. 나부터라도 스스로 아집을 경계하고 물 흘러가듯 순리대로 살아가는 법을 익혀야겠다.

2010년 1월 24일

선택의 무게

삶은 매순간 선택의 연속이다.

재임 중 잘못 판단하여 좋지 못한 선택을 한 적이 있다.

요란스런 전화 벨소리가 새벽의 고요를 깨뜨렸다. 고향에 연로한 부모님이 계시는지라 새벽전화는 가슴이 철렁하게 한다. 얼른 수화기를 잡았다. 뜻밖에도 나와 함께 승진부임을 한 행정실장이었다. 간밤에 눈이 너무 내려 스쿨버스 운행이 곤란하다고 했다. 커튼을 열어보니 온통 은세계다. 나도 모르게 감탄사가 나오려던 순간 정신이 번쩍 들었다. 도로에는 차가 거의 다니지 않고 간혹 있어도 슬슬 기는 형국 아닌가. 교장취임 후 처음 닥쳐온 갈등의 순간, 휴업이냐 등교냐 결정권을 발동해야만 했다. 갑자기 머리가 복잡해졌다. 한편으로는 기사들이 겨울이 되기 전 미리 월동장비도 갖추지 못한 무책임

휴업령을 내린 내 꼴이 엉망이 되었다. 좀 더 신중했어야 했다. 그나마 내 꼴 구기는 것으로 끝날 일이었으니 망정이지 망친판단의 결과가 돌이킬 수 없는 엄청난 것이었다면 어쩔 뻔했겠는가.

함에 화가 났다.

"아니, 이 겨울에 도로 결빙에 대비하여 갖추어야 할 절대 필수품인 체인이 없다니 말이 되는 소립니까?"

순간 평정심을 잃고 행정실장을 나무라는 목소리가 거칠어져버렸다. 체인이 준비되지 않은데 대한 불만도 불만이지만 기본 중의 기본인 월동장구 준비가 제대로 되어있지 않은 한심함에 더 화가 났다.

이럴 땐 이웃 학교에서 어떻게 하는지를 알아보는 것이 급선무다. 5개 특수학교 모두 통화가 되지 않았다. 등교시간이 점점 다가오는데 빨리 조처措處를 취해야만 했다. 다행이 알고 지내던 문 교감과 통화가 되었다. 그 학교는 오늘 같은 날 스쿨버스 운행이 전면 중지된다고 했다. 대구대 부속학교의 모든 스쿨버스가 중지된다는데 더 이상 물어보고 자시고 할 게 없었다. 자신을 가지고 당당하게 교감에게 전화를 내었다.

"오늘은 임시 휴업일로 하십시오. 하지만 교사는 모두 출근해야 합니다."

때마침 한동네에 사는 이 교감한테서 전화가 왔다. 시내로 통과하면 별 무리가 없을 것이라며 태우러 온다고 했다. 엉금엉금 기다시피 운전을 하여 학교에 도착했다. 조수석에 앉아서도 얼마나 용을 썼던지 온몸이 욱신거렸다.

휴업령을 내려놓고도 과연 잘 한 일인지 궁금하기도 하여 다시 문 교감에게 전화를 냈다. 그런데 정상 수업을 하고 있다는 것이 아닌

가. 아침에 분명 스쿨버스 전면 운행중지라더니 무슨 말이냐고 물었다. 스쿨버스는 운행중지를 했는데 학부형들이 차를 태워 학교로 보내니 별 도리 없이 수업을 하고 있다고 했다. 기가 찼다. 다른 공립학교와도 어렵게 전화가 연결되었다.

"정상수업 하고 있습니다."

순간 머리 위에서 눈사태가 일어나 덮쳐오는 것 같았다.

휴업령을 내린 내 꼴이 엉망이 되었다. 좀 더 신중했어야 했다. 그나마 내 꼴 구기는 것으로 끝날 일이었으니 망정이지 망친판단의 결과가 돌이킬 수 없는 엄청난 것이었다면 어쩔 뻔했겠는가.

그래도 지나고 생각하니 판단에 앞선 신중함의 중요성을 다시 한 번 깨달았으니 꼴을 구긴데 대한 보상이 되긴 된 셈이었다.

휴업령을 내린 내 꼴이 엉망이 되었다. 좀 더 신중했어야 했다. 그나마 내 꼴 구기는 것으로 끝날 일이었으니 망정이지 망친판단의 결과가 돌이킬 수 없는 엄청난 것이었다면 어쩔 뻔했겠는가.

물에게 배우다 · 1

오래 전 석양이 아름답던 어느 날 퇴근길이었다. 습관적으로 켜놓은 라디오에서 개그맨 김병조의 목소리가 흘러나왔다.

"인생을 가장 잘 사는 사람은 어떤 사람일까요? '상선약수上善若水' 같이 사는 사람이겠지요."

그는 확신에 찬 목소리로 자문자답을 했다. 우연히 들은 그 날의 방송이 오랜 시간 내 속에 머물러 그 말을 음미하곤 했다.

지난 구정 때였다. 사촌 형님이 내게 화두처럼 던진 말 '상선약수'가 내 안에 이미 터를 잡고 있던 동의어와 합쳐지면서 의미가 증폭되었다.

탈레스는 '물은 만물의 기본'이라 했고 아리스토텔레스는 '순수형상이며 부동의 원자'라고 주장했으며, 노자老子는 '태초에 가장 먼저 생긴 것이 물'이라 했다.

노자의 도덕경道德經 도道의 역성易姓편에 바로 이 '상선약수'란 말이 나온다. 지극히 착한 것은 물과 같으니 최상의 선善은 물과 같다는 뜻이다. 물은 만물을 이롭게 하며 다투지 않고, 뭇사람이 싫어하는 곳 즉 낮은 곳에 머물기를 마다하지 않으니 도道에 가깝다고 했다.

세계 장수지방의 공통점은 깨끗한 물이다. 조상들은 물이 건강의 근본임을 알고 청정한 물을 마시고 몸과 마음을 다스리고 닦았다.

물을 두고 부정적 측면으로 말하는 경우가 없진 않다. 주관이 없고 능력이 모자라는 사람을 흔히 '물 같은 사람'이라 하기도 하고, 헤프고 낭비하는 사람을 두고 '돈을 물 쓰듯 한다'는 말을 하기도 한다.

하지만 긍정적인 의미는 무수히 많다.

우선 물은 유연하다. 흐르다가 산을 만나면 돌아가고 거대한 바위를 만나도 돌아간다. 다른 물줄기를 만나면 그대로 수용하여 흔적 없이 뒤섞이고 다른 물길을 만나면 주저함이나 다툼 없이 그대로 갈라진다. 순리에 순행하는 것이다.

또한 물은 하심下心을 실천한다.

나무 위에 높이 올라간 원숭이는 새빨간 엉덩이를 남들에게 보여줄 수밖에 없다. 치부가 훤하게 드러나는 꼴이다. 그처럼 신분이 상승하면 할수록 자기 잘못이나 허물 깨닫기가 힘이 든다. 하지만 물은 거슬러 오르려고 하지 않는다. 낮은 곳으로 흐르거나 머무는 것을 마다 않고 낮은 곳으로 더 낮은 곳으로 흐른다. 또한 물은 어디

물은 거슬러 오르려고 하지 않는다. 낮은 곳으로 흐르거나 머무는 것을 마다않고 더 낮은 곳으로 흐른다. 또한 물은 어디에나 있어 시시때때로 배울 수 있으나 야단치지도 윽박지르지도 않는다.

에나 있어 시시때때로 배울 수 있으나 야단치지도 윽박지르지도 않는다.

세상 만물 중 스승 아닌 것이 없다. 벼가 무르익어 고개 숙이는 것을 보고 겸손을 배우는 것처럼 낮은 곳으로 흐르는 물에게서 자신을 낮추는 겸손과 하심과 수용의 덕을 깨우치기도 한다.

인간이기에 욕심을 버리는 것은 어렵다. 가지면 더 가지고 싶고 지위가 높이 올라가면 더 높은 자리를 탐하는 것이 인간이다. 순리가 무엇인 줄 알면서도 순행보다 역행을 꿈꾸기도 하는 것 또한 사람이다.

그러니 물에 담긴 의미를 짚어보면서 나를 되돌아보는 것도 윤택한 삶을 살아가는 방법이 될 수 있겠다. 자신을 낮출 줄 알고 겸손할 줄 아는 마음 윤택한 사람들이 늘어날수록 향기 나는 세상이 아니겠는가.

물에게 배우다 · 2

계절을 뛰어넘을 수 없듯 인생 또한 그렇다.

첫 단추가 잘못 끼워졌다면 다시 풀어서 처음부터 채워야만 한다. 그런데도 사람들은 지름길이나 건너뜀으로 더 쉽게 더 빨리 목적을 이루고 싶어 한다. 숨 돌릴 여유 없이 앞만 보며 뛰다가 지치면 쉽고 빠른 지름길을 찾는다.

하지만 인생에는 결코 뛰어넘거나 질러가는 지름길이 없다. 만약 있다면 길 아닌 길을 가려는 얄팍한 눈속임일 뿐이다. 설사 목표를 달성했다 치더라도 속빈 강정일 뿐.

제목도 생각나지 않지만 대략의 내용은 오래 기억에 남아있는 드라마가 있다. 함께 입사한 두 주인공은 원래 절친한 친구였다. 조직은 무한경쟁을 요구했다. 한 친구는 원칙을 고집하여 규정대로 일했고 다른 친구는 요령과 편법도 마다하지 않았다. 후자인 친구는 승

'건너뜀'에는 과욕과 편법이란 유혹이 있다. 삶의 과정을 충실히 거치지 않고 슬쩍 건너뛴다면 설익은 밥이 되기 일쑤다.

승장구했다. 하지만 삶은 그 승승장구를 끝내 용납하지 않았다.

'건너뜀'에는 과욕과 편법이란 유혹이 있다. 삶의 과정을 충실히 거치지 않고 슬쩍 건너뛴다면 설익은 밥이 되기 일쑤다. 삶 자체가, 알아야 하고, 익혀야 하고, 견뎌내고 겪어내면서 익어야 하는 것들을 건성으로 건너뛴 부실시공인 셈이다. 어쩌다 요행이 있을 순 있겠지만 대체로 부실시공은 한순간 복병이 되어 올가미를 씌우기 마련이다.

건너뜀이나 지름길의 유혹에 빠져 부도덕의 올가미에 걸리면서 낙마한 인물들은 우리를 슬프게 한다. IMF 때 무너지리라 예상치도 못했던 대그룹의 몰락과 정쟁政爭에서 건너뛰다 패가망신한 정치인을 보면서 물水을 생각해 본다.

웅덩이를 만나면 그 웅덩이를 다 채우고서야 물은 제 갈 길을 간다. 결코 웅덩이를 피해 돌아가거나 건너뛰는 법이 없다. 헛된 유혹이나 욕심에 흔들리지 않고 삶의 여정을 충실히 밟을 때 비로소 보람을 느끼고 환하게 미소를 지을 수 있다.

흐르는 물을 늘 보면서도 세상은 물처럼 살기가 왜 이리 어려울까.

물에게 배우다 · 3

물방울이 바위를 뚫는다는 말이 있다.

순식간에 먹장구름이 몰려와 소나기를 한바탕 퍼붓다가도 변덕스럽게 언제 그랬느냐는 듯 이내 말짱해지기도 하는 게 여름이다. 유년 시절엔 주로 시골에서 여름방학을 보냈다. 초가지붕 처마 끝에서 떨어지는 낙숫물이 단단했던 마당에다 일렬횡대로 구멍 내는 것을 보았다. 부드러움과 꾸준함이 단단하고 강한 것을 이겨 낸다'는 말을 증명이라도 하는 듯 했다. 어린 마음에도 물방울이 바위를 뚫는다는 말이 빈 말 아니구나 싶었다.

물은 결코 앞서가기 위해 다투지 않는다.

흐르는 물은 거침없지만 서로 먼저 가려고 다투지 않는다. 거대한 바위가 가로막고 있어도 물은 결코 비켜달라거나 맞서거나 비난하지

진정한 군자라면 높고 깊이 있는 격을 갖춘 후 자유자재로 순응하는 유연함까지 가져야지, 격도 갖추지 못한 채 환경에만 순응하는 것은 곤란하다.

않는다. 그냥 바위를 피해 빙 돌아갈 뿐이다. 그런 물에게서 '거부하지 않고 품어주는 순응과 배려를 배울 수 있다. 사람들은 그렇지가 않다. 탓하면서 다투고 원망하기 일쑤다. 때론 증오하며 원수로 여기기도 한다. 물에게 배울 일이다.

성철스님 상좌인 원통스님으로부터 '군자의 그릇은 따로 없다'는 법문法問을 들은 적이 있다.

"인간과 사람은 어떻게 구분하는가?"

원통스님이 느닷없이 대중들에게 물었다. 법당 안은 고요함이 흘렀다. 스님의 카랑카랑한 목소리가 침묵을 깼다.

"남녀노소는 똑같다는 평등의 의미가 깔려 있습니다. 하지만 인간에게는 격格이란 것이 따로 있습니다. 됨됨이를 말하는 인격人格입니다. 구태여 격을 등급으로 나눈다면 상, 중, 하품이 되겠지요."

나는 어디에 해당될까 생각해 봤다. 상품上品이라기엔 뭔가 모자랄 것 같고, 하품下品이라기엔 자존심이 허락지 않아 중품中品이라 묶어 보았다. 예부터 지식과 인격을 갖추고 덕을 실천하는 인물을 군자君子라고 했다. 그런 군자는 특상품特上品에 해당 되지 않을까.

물은 그릇의 형태에 따라 그 모양을 달리한다. 원이나 세모, 네모의 그릇에 담으면 담는 대로 원, 세모, 네모의 모습이 된다. 앞서 말한 상, 중, 하가 '군자의 격'을 종縱으로 나눈 것이라면, 원, 세모, 네모의 모습은 횡橫으로 나눈 것이라 할 수도 있겠다.

처해진 환경에 따라 유연하면서도 자유자재로 순응하는 물이 현대판 군자라면 지나친 생각일까.

하지만 진정한 군자라면 높고 깊이 있는 격을 갖춘 후 자유자재로 순응하는 유연함까지 가져야지, 격도 갖추지 못한 채 환경에만 순응하는 것은 곤란하다.

물처럼 살기란 쉬운 것 같지만 참으로 어려운 일이다.

진정한 군자라면 높고 깊이 있는 격을 갖춘 후 자유자재로 순응하는 유연함까지 가져야지, 격도 갖추지 못한 채 환경에만 순응하는 것은 곤란하다.

지름길은 없다

서울에서는 많은 사람들이 전철을 이용한다. 하지만 지하철 역사 내에선 계단으로 오르내리는 사람들이 별로 보이지 않는다. 오직 에스컬레이터에 사람들이 엉겨 붙어 떡가래처럼 밀려 올라가고 내려오곤 한다. 만약 운행 중 고장으로 에스컬레이터가 멈추기라도 한다면… 생각만 해도 소름이 끼친다. 에스컬레이터는 계속 돌아간다. 건너뛰거나 달리지 말라는 경고가 붙어 있다.

인간은 누구나 편하고 쉬운 것을 좋아한다. 게다가 가능하다면 빠른 지름길로 건너뛰고 싶어 한다. 하지만 법조인과 정치인 그리고 경제인들은 생각이 좀 달라야 하지 않을까. 이번처럼 국무총리에 지명이 되었지만 전관예우, 민족사 폄하 등으로 자진사퇴를 하거나 각종 비리로 낙마하는 경우를 종종 본다. 세상에 지름길이란 없다. 형식과 절차를 무시한 지름길은 세상을 어지럽게 만들 뿐이다. 하지만 간혹 그런 사람들이 있다. 그것도 많은 사람들의 선망과 신뢰와 존경을 받아야할 자리에 있는 사람이 말이다. 개탄하지 않을 수 없다.

지금이 어떤 세상인가. 아무리 꽁꽁 봉해도 돌아서면 사실이 명명백백히 밝혀져 온 천하에 알려지고 만다. 특히 인준을 받는 사람들이 '절대 그런 일 없다'고 딱 잡아떼거나 부정을 할 때면, 국민들은 정녕 그런 일들이 없기를 가슴 조이며 지켜보고 있다. 그러다 이러한 일들이 사실로 밝혀지게 될 때, 국민 대다수가 가지게 될 불신과 허탈감은 상상조차 못할 것이다. 이 모두가 원칙에 입각해서 형식과 절차를 잘 따라주어 검증에 걸리는 일이 없어야하는데 불행하게도 그렇지 않아 생기는 일이다. 가슴이 아플 따름이다.

이 세상에 안전하고 옳은 지름길이란 없다. 그러니 권할만한 지름길 또한 없다는 말이 된다. 형식과 절차를 무시한 것은 대게 달면 삼키고 쓰면 뱉어버리는 형상이다. 이래서야 될 것인가.

경험과 체험은 돈을 주고도 못사는 것이다. 나이 많은 사람들에게 쌓인 경험과 체험은 반짝이는 보배다 그런 보배를 무시하고 못 본 척 건너뛰는 실수를 범하진 말아야 한다. 타인의 경험이나 체험까지도 내 것으로 소화할 수 있다면 좋은 일이다.

세상에는 공짜가 없듯 그냥 되는 것이 없다. 원칙에 따라 형식과 절차를 존중해야 하고, 경험과 체험을 바탕으로 모든 행정과 실무가 이루어져야 한다.

"내 생각이 짧았다"

살아가면서 큰 모임이나 작은 모임을 한 두 개씩은 가진다. 어떤 사람은 20개나 된다고 자랑삼아 이야기한다.

한때는 모임이 너무 많아 줄여야겠다는 생각을 했다. 인간관계가 원만하고 성격 또한 좋은 사람을 구성원으로 하기 때문이다. 그러고 보니 괜찮은 사람이라고 지칭하기도 한다.

하지만 양보다 질이 어떤가를 알아야 하고 모임의 성격과 구성원 멤버가 어떤지를 알아봐야 한다. 즉흥적인 모임보다 자발적으로 구성된 모임이 오래간다.

직장에 근무하고 있는데 아내로부터 전화가 왔다. 오늘 모임이란다.

밤10시를 넘어섰다. 돌아올 시간이 되었는데 아직도 오질 않았다.

얼마를 지났을까, 현관문 열리는 소리가 들렸다. 그런데 아내의 안색이 별로 좋아 보이지 않았다. 다른 때는 모임에 다녀오면 들뜬 마음에 필요 이상의 이야기를 했다. 그런데 오늘은 도무지 말이 없다.

무슨 일이 있었냐고 걱정스레 물어도 대답을 않던 아내가 잠자리에 들어서야 입을 열었다.

모임에서는 아내의 나이가 제일 많아 모두 언니라고 불렀다. 이들은 꽃꽂이 모임에서 만난 사람들이라 대부분의 구성원이 순수하고 순박했다.

그런데 오늘 모임에서는 막내의 말에 오해가 생겼다.

"언니가 어찌 여길……."

말이, 꼭 오지 않아야 할 사람이 온 것처럼 되어버렸다. 순간 아내는 아니 와야 될 곳에 왔는가 싶어 소외감을 느꼈다고 했다.

말이란 어느 한 쪽의 이야기만 듣고는 판단하기가 어렵다. 양쪽 다 듣고도 옳은 판단을 하기가 어려운 것이니 말이다. 하지만 자기의 잘못은 슬쩍 숨기고 자기 입장부터 주장하거나 자기변호의 말을 하면 오해를 풀기가 점점 더 어려워진다.

그 날도 아마 말이 오가다 보니 받아들이는 쪽도 말을 한 쪽도 오해하기 충분했던 것 같았다. 게다가 아내는, 너무 예민하게 받아들이는 것 아니냐는 말에 더 마음이 불편해진 모양이었다.

그 모임은 오래된 모임이다. 오래된 된장이 맛이 더 좋다지 않은가. 결국 그날 모임은 막내가 실언한 것으로 결론을 내리긴 했지만

사과할 때나 받을 때는 이유와 조건을 대지마라. 무조건이다. 이유와 조건을 말하기 시작하면 끝이 없기 때문이다. '내 생각이 짧았고 속이 좁았다, 용서해라' 이 말이면 충분하다. 모든 것이 다 해결된다.

모두가 즐거운 자리는 아니었다는 것이다.

어떤 모임이든지 사소한 것에 목숨을 걸거나 다툼을 하는 일이 꼭 생기곤 한다. 그럴 땐 해주고 싶은 말이 있다. 사과할 때나 받을 때는 이유와 조건을 대지마라. 무조건이다. 이유와 조건을 말하기 시작하면 끝이 없기 때문이다. 모든 것은 자기입장에서부터 시작한다. 자기입장에서 말을 하게 되면 자기를 합리화시켜 오해와 불신만 더 생기기 마련이다. 나아가 관계에 불평과 불만이 싹터 믿음과 신뢰가 없어지고 만다. '내 생각이 짧았고 내가 속이 좁았다, 용서해라' 이 말이면 충분하다. 모든 것이 다 풀린다. 다 해결된다.

요즘은 모임이 점차 줄어드는 형편이다. 모임도 젊은 시절에나 활기차고 재미있지 구성원들이 나이드니 힘이 빠지고 생기도 없다. 살아 숨 쉬는 것조차 어려워하여 벌써 오래된 모임 2개가 와해되고 말았다.

피 끓던 젊은 시절이 그립다.

나목裸木을 보면서

숨 가쁜 일상에서 잠시 벗어나고 싶어 오후의 햇살을 받으면서 가산산성으로 차를 몬다.

요즘은 하루하루가 어떻게 지나가는지조차 모르도록 바쁜 시간의 연속이다. 어지러움을 느낄 지경이다. 혼자만의 고요한 시간이 필요한 때다. 그럴 땐 산을 오른다. 숲속의 새소리, 오솔길의 풀벌레 소리를 들으면서 맑고 시원한 공기를 마시다 보면 어느덧 마음이 고요해진다. 그러면 일상의 여러 고민들이 명료하게 실체를 드러내어 해결점을 넌지시 제시하기도 하고 껄끄러운 감정들이 무디어지고 풀어져 편안해지기도 한다. 잡다한 남의 고민거리를 들으면서 알게 모르게 쌓인 스트레스 찌꺼기들, 업무로 인한 여러 가지 스트레스, 예기치 못한 인사이동으로 원하지 않은 곳에 전근을 와 적응치 못해 힘들어하던 일, 사소한 말이 잘못 와전되어 상황을 힘들게 만들었던

그는 분명 '느림의 여유'를 즐길 줄 아는 사람이다. 그것을 모르는 그의 아내는 자꾸만 걸음을 재촉한다. 나도 그의 말의 무언으로 동의하며 걷는 속도를 조금 늦추어 본다.

경우, 오해 등등 잡다한 일상에 치이다 보면 어느 순간 산이 떠오른다. 마치 '힘들었지 이리와 잠시 쉬게나' 하면서 넉넉한 미소를 짓는 고마운 친구인 듯하다. 그러니 홀로 산에 오르는 것은 일상의 무게를 내려놓으러 가는 것이기도 하고, 속 깊은 친구를 만나러 가는 것이기도 하다.

앙상한 가지만 남은 관목 숲 사이로 바람이 쏴아 소리를 낸다. 뺨을 때리는 골바람이 사정없다. 비탈진 곳에는 쌓여있는 잔설이 겨울의 흔적으로 남아있다. 나목의 앙상한 자태가, 넘어가는 엷은 햇살 사이로 선명하게 드러나 작품사진을 보는 듯하다. 간헐적으로 불어오는 산바람에 뼛속까지 시리다.

이름을 알 수 없는 나목들과 인사를 하며 천천히 숲을 둘러본다. 나무의 특징을 알고 나면 이름이 쉽게 기억된다고 했는데 잎사귀가 없는 계절이다 보니 무슨 나무인지 알기가 쉽지 않다.

뛰어난 관찰력으로 나무이름을 백과사전처럼 막힘없이 척척 말하는 친구 S가 생각난다. 나무둥치가 군더더기 없는 매끈한 여인네 몸매 같은 서어나무, 나뭇가지가 층층으로 나있다 해서 층층나무라 하는 것도 그 친구가 일러주었다. 덕분에 지금도 서어나무와 층층나무는 확연하게 구분이 된다.

가리고 감출 게 많은 사람들과는 달리 다 내려놓은 나무들은 있는 그대로 알몸을 보이고도 부끄러워하지 않고 당당한 자세로 서있다. 아직 봄이 멀었는가. 알몸이 선명하게 드러난 나목들은 추위 속에서 떨고 있다. 나뭇가지 사이로 몰아치는 세찬 바람이 외롭고 쓸쓸함을 함께 몰고 온다. 거세던 바람이 잦아들고 서서히 어둠이 내리는데 나목이 된 관목 숲 어디선가 이름 모를 새소리가 들려온다. '새들이 떠난 숲은 적막하다'는 법정스님의 수필집 제목이 생각난다. 새들이 떠난 숲이 적막하다 하겠지만, 숲을 미처 떠나지 못한 이름 모를 새들이 나목으로 변해버린 관목 숲에서 홀로 우는 저 소리가 이 순간 더 적막하게 들린다. 애처롭다.

외따로 서 있는 나목을 보면 또 다시 외롭고 쓸쓸하다. 사계 중에서 특별하게 좋아하는 계절이 없지만 때론 겨울이 좋게 느껴질 때가 있다. 그것은 나목이 있기 때문이다. 나목은 차가운 눈보라 속에서도 꿋꿋하게 지탱하는 법을 가르쳐 준다. 실오라기 하나 걸치지 않는 나목은, 윤기 나던 무성한 지난여름에 미련두지 않는다. 녹색성장과 함께 감추었던 온갖 허세와 위선을, 과장과 꾸밈을 이파리들과 함께 다 벗어던진 모습으로 있는 그대로의 진실만을 보여주는 계절이 바로 겨울이다. 그 진실의 계절이 막 지나가려 하고 있다.

나목에서 인생의 사계를 본다
이 세상 올 때도 빈손
이 세상 떠날 때도 빈손
이것이 인생임을 나목에게 배운다

그는 분명 '느림의 여유'를 즐길 줄 아는 사람이다. 그것을 모르는 그의 아내는 자꾸만 걸음을 재촉한다. 나도 그의 말의 무언으로 동의하며 걷는 속도를 조금 늦추어 본다.

자연의 순리와 순응으로
화려했던 지난 한 때
연녹색 싹을 틔우고
화사한 꽃잎이 눈부시던 봄도 있었지

열정이 넘치던 시절
윤기 나는 녹색성장
푸르름을 자랑하던 여름도 있었다

불타는 산과 황금벌판
뜨거운 여름 잘 견뎌왔다 다독이며
땀방울의 결실을 보는 가을을 지나고

허세와 위선과 과장을 벗고
본연의 모습으로, 무심으로
변함없이 자리 지키는
나목의 계절
나목을 바라보며 삶을 배운다

이 순간 나도 나목이 되어
묵은 찌꺼기 털어내고
부끄러움 벗어버리고

욕심 내려놓으며
자연의 섭리를 받아들인다

그 사이 해가 기울어 저물녘이 되어간다. 사람이 드문드문 보이더니 갑자기 가까이에서 말소리가 들린다. 앞서 가던 사람들인가 보다.

"아이, 여보!"

"왜 그래?"

"뭘 그리 천천히 걸어요. 해가 지는데 좀 빨리 걷지 않고……."

"모르는 소리 좀 하지 마라. 산길은 원래 빨리 걷는 게 아녀. 누가 잡으러 오는 것도 아니고 죄지어 도망가는 것도 아닌데 서두르지 말어."

그는 분명 '느림의 여유'를 즐길 줄 아는 사람이다. 그것을 모르는 그의 아내는 자꾸만 걸음을 재촉한다. 나도 그의 말의 무언으로 동의하며 걷는 속도를 조금 늦추어 본다.

그는 분명 '느림의 여유'를 즐길 줄 아는 사람이다. 그것을 모르는 그의 아내는 자꾸만 걸음을 재촉한다. 나도 그의 말의 무언으로 동의하며 걷는 속도를 조금 늦추어 본다.

제3부

마음아 마음아

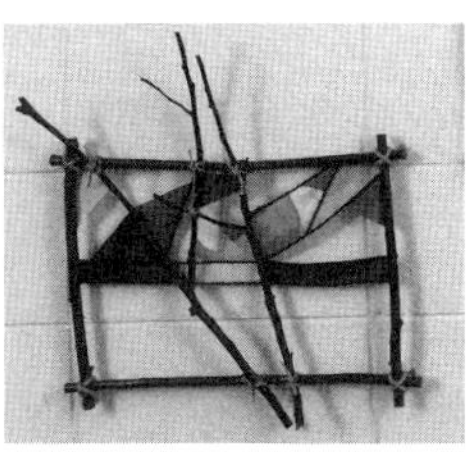

돈이란 사람을 죽이기도 하고, 죽어가는 사람을 살릴 수도 있다. 건전하게만 쓴다면 무슨 탈이 있겠는가. 용처用處에 따라 선악이 나뉠 수 있다는 말이 되겠다. 꼬불쳐놓은 돈 역시 모은 경위나 내놓는 시점에 따라 약이 될 수도 있고 독이 될 수도 있다.

딴 주머니

돈은 선과 악의 두 얼굴을 가진 양날의 칼이다. 좋게 쓰일 수도, 나쁜 곳에 쓰일 수도 있기 때문이다.

생전 처음으로 파호동에다 집을 지을 때였다. 당시엔 돈이 너무 궁했다. 건축비가 많이 들어 무리했나 싶었다. 아내는 큰 걱정을 한 나머지 상심에 빠졌다.

나름대로 아껴 모아 둔 돈이 있긴 있었다. 하지만 내어놓기에 꺼림칙한 것이 있었다. 아까워서가 아니었다. 오히려 가정불화가 생길까 걱정이 되기도 했다. 자칫하면 '딴 주머니 찬 고약한 남편'이 될 수도 있지 않겠는가.

아무리 생각해도 많은 액수였다. 이 큰돈을 보고 웬 돈이냐고 물으면 무어라 답할 것인가. 솔직하게 답하면 그대로 믿어줄 것인가.

나름대로 아껴 모아 둔 돈이 있긴 있었지만 내어놓기가 꺼림칙했다. 아까워서가 아니라 가정불화가 생길까 걱정이 되었다. 자칫하면 '딴 주머니 찬 고약한 남편'이 될 수도 있지 않겠는가.

월급쟁이에게는 적지 않은 돈 아닌가. 잡다한 생각들이 끊임없이 꼬리를 물고 일어났다. 괜한 오해를 받을 수도 있다 생각하니 갑자기 용기가 없어졌다.

차일피일 돈 내놓는 것을 미루고 있자니 몹시 답답했다. 어느 날 고민 끝에 마침내 꼬불쳐 뒀던 6천만 원을 내놓았다. 집짓는데 보태라며 호기를 부리기까지 했다. 그런데 아내는 돈의 출처를 캐묻기는 커녕 오히려 고마워했다. 그동안의 걱정은 모두 기우였다. 웬 돈이냐고 묻지 않는 것이 내심 서운하기까지 했다. 내가 먼저 15년 동안 용돈을 줄여가면서 모은 돈이라고 고백했다. 아내는 감격을 해 어쩔 줄 몰라 했다. 뿌듯했다. 고맙게도 아내는 나를 믿고 있었다. 뿐만 아니라 그 일은, 능력 있는 아버지로 인정받는 계기가 되어주었다. 그냥 틈틈이 돈을 아껴 모았을 뿐인데 분에 넘치게 가족들로부터 능력까지 인정받았으니 일거양득인 셈이다.

어느 시아버지가 소규모의 사업체를 운영하다가 아들에게 물려주었다. 바쁘게 지내다가 심심해진 시아버지는 매일 복덕방이나 다방에 죽치고 앉아 소일하기 일쑤였다.

그러던 어느 날 다방마담이 회장님이라고 부추기는 바람에 그만 보증을 서 주게 되었다. 얼마 후 마담이 부도를 내었다. 아들에게 물려준 사업체를 다 말아먹을 판이었다. 그때 큰며느리가 평생을 푼푼이 모은 1억 원을 내놓았다. 기운이 다 빠져있는 시아버지께 며느리가 말하였다.

"아버님, 기운 내십시오. 이제 다방엘랑 가지 마시고 열심히 운동을 하세요."

그 일 이후 다시 기운을 얻은 시아버지는 집도 다시 짓고 공장도 새로 지어 잘 살고 있다.

이 며느리의 '딴 주머니' 역시 고마운 돈이다.

돈이란 사람을 죽이기도 하고, 죽어가는 사람을 살릴 수도 있다. 건전하게만 쓴다면 무슨 탈이 있겠는가. 용처用處에 따라 선악이 나뉠 수 있다는 말이 되겠다. 꼬불쳐놓은 돈 역시 모은 경위나 내놓는 시점에 따라 약이 될 수도 있고 독이 될 수도 있다.

나름대로 아껴 모아 둔 돈이 있긴 있었지만 내어놓기가 꺼림칙했다. 아까워서가 아니라 가정불화가 생길까 걱정이 되었다. 자칫하면 '딴 주머니 찬 고약한 남편'이 될 수도 있지 않겠는가.

한여름 밤의 이야기

2007년 한여름, TV에서는 곧 폭염주의보가 내린다는 예보가 있었다. 예년 같으면 해가 지면 좀 시원할 터인데 한여름의 열기가 밤에도 그대로 이어지니 사람들이 짜증을 내기 일쑤다.

오늘도 열대야 속에서 잠을 뒤척여야 되나 생각하면서 늦은 저녁 식사를 하던 중이었다.

"OO이 잘 지내는지 궁금하네."

식사를 하던 아내가 갑자기 혼잣말처럼 했다.

"그 애가 어떤 아이기에 걱정을 하는데?"

내 말에 아내는 웃기만 했다. 왠지 궁금하여 재차 물어보니 큰 비밀이라도 되는 양 슬쩍 말을 흘렸다.

"2년 전 선원초등학교 기간제교사로 3학년 학급담임을 맡았을 때 지독히 말 안 듣고 애 먹이던 아이."

호기심이 일었다. 평소 아내가 하는 이야기라면 다른 사람이 보기에 지나치다할 정도로 잘 들어주는 편이다. 아내의 이야기를 듣고 있노라면 나도 모르게 그 속으로 푹 빠져들고 만다. 이야기를 특별히 재미있게 한다는 말이 아니고 진솔하고 때 묻지 않아 잔잔한 감동을 주기 때문이다.

OO의 문제행동은 담임조차 감당하기가 벅차 포기할 정도였다. 누가기록부에는, 또래에 비해 체격은 큰 편은 아니며 성적은 많이 뒤떨어지는 편이라 적혀 있었다. 가정에서 OO에 대한 관심이 별로 없고, 아버지를 매우 무서워한다는 정도의 정보만 파악한 채 OO를 지켜보았다.

OO는 산만하여 집중이 되지 않고 난폭하며 자주 급우를 윽박질러 겁을 주거나 괴롭혔다. 또한 충동적 행동을 거침없이 하여 무법자처럼 급우들에게 군림하며 남에게 튀어보려고 의식적인 행동을 하는 것이 보였다. 같은 학년 교사나 동급생들도 모르는 사람이 없을 정도였다. 수업 중 책과 노트는 펼 생각조차 하지 않고, 주의를 주면 의자를 흔들의자마냥 앞뒤로 흔들어 소리를 내면서 "선생님, 왜요?" "왜요?"하며 도전적인 말을 내뱉는 OO의 행동을 보고 경력이 짧은 전 담임이 고개를 절레절레 흔들었다는 것도 이해가 갔다.

어느 날 마침회를 하면서 결정적인 순간을 잡았다. 그날은 OO가 청소당번인 것으로 알고 있는데, 듣던 대로 녀석은 청소를 하지 않고 집에 가려고 가방을 메고 있었다.

"OO야! 오늘 네가 청소당번이지?"

아내의 손을 슬그머니 잡아보았다. 내 손 잡음의 의미를 아내는 알까? 아마 알고 있을 것 같다. 언제나 사려 깊고 센스가 있는 사람이니…….

그러자 다른 애들이 합창하듯 외쳤다.

"선생님, 재는 청소 안 해요."

"청소를 하지 않다니, 그게 무슨 소리야?"

"재는 3학년 올라와서 청소 한 번도 안했어요."

OO의 행동도 괘씸했지만 이러한 행동을 허용한 생활지도에 문제가 있는 것이라 생각했다. 잘못된 생각과 행동을 방치하며 눈감아주었다고 누군가가 항의한다면 무슨 말로 변명을 할 것인가? 부모와 교육을 담당하고 있는 우리 모두의 책임이란 생각이 들었다.

그런 것이 통하지 않는다는 것을 보여줘야 했다. 집단에서의 이러한 행동은 장차 조직생활에 적응치 못하고 반사회적 행동으로 나타나지 않을까 우려가 되었다. 어릴 때 바로 다잡아 행동수정을 해야지 이대로 커서 생각과 마음이 부정적으로 굳어버린 다음에는 방법이 없을 것이다. 그러니 오늘 OO를 그냥 돌려보내면 안 되는 일이다. 청소당번으로서 자기의 역할은 수행하게 해야 할 터인데 지금껏 주어진 임무를 수행해 본 적이 없는 OO의 행동을 어떻게 거부감 없이 단번에 수정할 수 있을까? 의욕은 앞섰지만 당장 별 뾰쪽한 방법이 떠오르지 않아 당황스럽기까지 했다.

썰물처럼 아이들이 빠져나간 교실에는 청소 당번들만 달랑 남았다. 내 눈치를 보다가 남모르게 슬쩍 사라지려고 하는 OO를 붙잡았다.

"오늘은 청소를 하지 않아도 되니까 OO만 남고 나머진 그냥 집으로 돌아가요."

OO도 아이들도 영문을 몰라 내 얼굴만 쳐다봤다. 때를 놓치지 않고 OO의 얼굴을 정면으로 보면서 단호하고도 매섭게 한 옥타브 올린 목소리로 말했다.

"OO는 가방 벗어놓고 칠판 아래에 앉아 있어."

OO가 움찔하며 눈치를 보더니 말없이 꼬리를 내리고 시무룩한 표정으로 칠판 아래로 가 앉았다. 절반은 성공했구나 싶은 생각이 들어서 용기를 냈다. OO의 얼굴은 쳐다보지도 않고 아무 관심도 없는 듯 경영록을 뒤적이며 말을 계속했다.

"으음, OO이 집이 바로 마트 옆에 있네. 엄마는 시장에 나가 지금은 집에 안 계실 테고, 아버지는 ××에 근무하시네. 퇴근은 아직 2시간은 더 있어야 하실 것이고."

천방지축이던 OO는 뚫어지게 내 얼굴을 쳐다봤다. 혼잣말처럼 몇 마디 한 것이 은근히 심리적으로 압박이 된 모양이었다.

"OO, 너 지금 아버지께 전화 드려."

"왜요?"

"퇴근하고 학교로 와서 널 데려 가시라고 말씀드려."

말끝마다 빠짐없이 대꾸를 하던 녀석이 갑자기 눈을 동그랗게 뜨면서 입을 꽉 다물었다. 요 녀석, 너는 이제 내 손바닥 안에 있는 거야. 아버지를 제일 무서워한다는 정보를 활용했더니 역시 효과가 바로 나타났다. 결국 그날 OO는 혼자 청소를 했고, 나는 슬쩍 거들어주었다. 그렇게 OO는 임무수행을 했고, 나는 칭찬할 이유와 기회를 만든 것이다.

다음 날 반 아이들이 모두 보는 앞에서 혼자 교실청소를 깔끔하게 한 OO를 칭찬하면서 앞으로는 친구들과 함께 청소할 것이라고 공언하면서 확인 질문을 했다.

"OO야, 친구들한테 네가 직접 얘기해주면 더 좋겠네."

그 일을 계기로 OO는 조금씩 달라진 모습을 보였다. 물론 처음엔 아버지를 모셔오라고 할까봐 겁이 나서 내 말을 따랐던 것이고, 난 OO의 아버지를 예방 또는 치료용 주사로 적절히 활용을 한 결과라 할 수 있다.

하지만 머잖아 생활 전반에서 자발적인 행동수정이 따라왔고 그것은 자연스럽게 생각수정으로 이어졌다.

아내의 오랜 교단 경험에서 나온 노하우가 빛을 발한 것이리라.

아내는 그랬던 OO의 근황이 오늘 문득 궁금했던 모양이었다. 얘기를 들은 나 역시 궁금하긴 마찬가지였다.

우린 식사를 마치고도 한참 더 얘기를 나누었다. 밤이 깊어도 누그러들지 않는 열대야 속에서도 기분은 무척 상쾌했다.

아내의 손을 슬그머니 잡아보았다. 내 손잡음의 의미를 아내는 알까? 아마 알고 있을 것 같다. 언제나 사려 깊고 센스가 있는 사람이니……. 그러니 아내로서 뿐만 아니라 같은 길을 가는 교육동지로서도 어찌 사랑하고 존경하지 않을 수 있겠는가.

마음아, 마음아

어떤 옷을 입을 것인지만 정하면 출근준비의 절반은 한 셈이다.

그날도 어떤 옷을 입고 출근할까 생각하다가 연회색 양복을 입기로 했다. 출근을 서두르면서 혹시 빠진 것이 없나 양복주머니를 확인해보니 지갑이 없었다. 당연히 어제 입었던 옷 윗주머니에 있겠지 하고 찾아보았지만 지갑이 보이지 않았다. 아차, 잃어버렸구나 싶은 생각이 들자 갑자기 머리가 핑 돌고 힘이 쭉 빠져나갔다. 평소 퇴근을 하면 옷을 벗기 전에 호주머니의 물건은 다 꺼내놓곤 하는데 아무리 찾아보아도 온데간데없었다. 운전할 때 차에다 윗옷을 벗어놓는 것이 습관이 된 터라 혹 차안에 빠진 게 아닐까싶어 급히 지하주차장으로 향했다. 만약 지갑이 없다면 지갑에 든 현금만이 문제가 아니다. 신용카드, 주민등록증, 자동차면허증 등등 아, 어떻게 하나……. 생각이 뒤엉켜 머릿속이 텅 비는 것 같았다.

내 지갑 속엔 아무래도 적지 않은 현금이 들어있으리라. 아직 지갑을 찾은 것도 아닌데 돈 앞에서 희한하게 모양을 바꾸려는 기막힌 마음에 얼굴 화끈한 부끄러움과 함께 헛웃음이 나왔다.

이 일을 어쩌나, 지갑아 제발 시트 위에 얌전히 있어라.

마음이 급하니 엘리베이터 속도가 너무도 느리게 느껴졌다. 안절부절못하는 마음이 어느새 간절한 마음이 되어 가볍게 손까지 떨면서 차 문을 열었다. 두 눈을 크게 뜨고 구석구석 샅샅이 찾았다. 꼭 있을 거라는 기대가 얼굴을 화끈거리게 만들었다. 전신에서 땀이 흘러 러닝셔츠를 적셨다. 하지만 아무리 찾아도 지갑은 보이지 않았다. 다시 두 다리에서 힘이 쭉 빠져나가 푹 주저앉고 싶었다. 출근은 뒷전이 된 채 허둥대는 것을 지켜보던 아내도 황당하고 어이없어 했다. 말없이 쳐다보던 아내가 차분한 목소리로 물었다.

"지갑 속에 뭐가 들어있어요?"

"들어있긴 뭐가 들어있어."

나도 모르게 짜증스런 말투가 나와 버렸다. 아내는 내 심경을 헤아리는지 한결 부드러운 목소리로 찬찬히 생각을 해보라고 했다.

"현금, 카드, 면허증, 전화번호……."

생각나는 대로 주워섬기다가 그만 입을 닫아버렸다. 잠시 마음을 가라앉히고 헝클어진 머릿속을 정리해보려 애썼다. 흔적 없이 사라져버린 지갑의 행방을 찾아 어제 퇴근시각부터 순서대로 찬찬히 기억을 되짚어나갔다. 퇴근 후 세 사람이 시내 복어식당에서 저녁식사를 했는데 그땐 윗옷을 옷걸이에 걸었고, 식사 후 식당 주차장에서 C와 이런저런 얘기를 한참을 나누었는데, 여름이라 착각할 정도로 더운 날씨라 윗옷을 벗어 팔에 걸치고 있었다는 데서 생각이 딱 멈췄다. 아, 바로 그때였구나. 안쪽 호주머니에 있던 지갑이 어두운 주차장 마당에 떨어졌을 것이라는 데에 생각이 미치자 앞이 캄캄했다.

"하필이면 저녁식사를 하자고 해서…… 식사를 했으면 바로 집에 오지 무엇 하러 옷을 팔에 걸쳐들고 주차장에서까지 시시콜콜 영양가 없는 이야기를 했는지……."

스스로에 대한 짜증과 원망 섞인 말투가 절로 튀어나왔다. 이제 찾기란 영 글렀다. 경우에 따라 포기를 빨리하면 좋을 때가 있는데 지금이 바로 그 경우로구나 싶었다.

그래도 아내는 냉정하고 침착했다.

"우선 카드부터 정지를 시켜놓아요. 이렇게 가만히 있으면 어떻게 해요. 이건 본인이 해야 되지 내가 대신할 수도 없고……. 당신 갖고 있던 것이 LG카드지요? 그래도 114 안내를 받아 전활 한 번 해봐요."

아내는 나무라듯 타이르듯 재촉을 했다. 114를 돌려 멘트를 그대로 따라한다고 했는데도 몇 번인가 등록 숫자가 틀렸다고 해서 거듭 전화기 숫자판을 눌렀다. 간신히 분실신고가 접수되었다. 그 시각부터 카드사용이 정지되었으며, 이틀 전 카드대금 인출 후로는 빠져나간 돈이 없다고 했다. 곧바로 핸드폰으로 정지확인 문자가 들어왔다. 금융인출사고가 없었다는 사실을 확인하니 죽었다가 다시 살아난 기분이 들었다.

그날 밤 아내가 넌지시 말했다.

"여보, 당신 지갑 찾으면, 그 속의 현금 다 잊어버렸다 생각하고

내 지갑 속엔 아무래도 적지 않은 현금이 들어있으리라. 아직 지갑을 찾은 것도 아닌데 돈 앞에서 희한하게 모양을 바꾸려는 기막힌 마음에 얼굴 화끈한 부끄러움과 함께 헛웃음이 나왔다.

반만 나 주라."

"응 그래, 주지. 주고말고."

"지갑의 현금이 얼만데?"

슬그머니 지갑 속 현금을 어림잡아보았다. 내 지갑이라 해도 정확하게 얼마를 넣고 다니는지는 잘 모른다.

그런데 밤이 깊어갈수록 기가 막힌 감정과 마주쳐야 했다. 아내의 말에 대답을 해놓고 보니 시간이 지날수록 슬금슬금 마음이 헝클어지는 게 아닌가. 아무래도 적지 않은 현금이 들어있으리라. 아직 지갑을 찾은 것도 아닌데 돈 앞에서 희한하게 모양을 바꾸려드는 기막힌 마음에 얼굴 화끈한 부끄러움과 함께 헛웃음이 나왔다.

아들 며느리에게

자식에게는 처음 쓰는 편지라 어떻게 적어야 할지 모르겠다.

근사한 아버지 · 시아버지 노릇하기가 어렵구나.

아버지는 항상 생각을 한다. 너희들이 지금보다도 더 건강하게 더 행복한 모습으로 살아가길 말이다. 나뿐만 아니라 모든 부모들은 같은 심정이겠지…….

돌이켜 생각해봐도 잘한 게 아무것도 없다만 그래도 문경에서 대구로 생활의 터를 옮긴 것이 아들딸에겐 아주 좋은 선물이 되었을 거란 생각을 해본다.

언젠가 너희 어머니가, 절대 아들 딸에게 손 벌리는 일이 없도록 하겠다는 선언을 하여 깜짝 놀란 적이 있다. 너희 삼촌들에게 그 애

남아있는 여생을 친구와 함께 보내고 싶구나. 맑고 깨끗한 공기를 마시며 아침저녁으로 친구를 볼 수도 있고, 걷기 운동도 함께 하고자 한다.

길 했더니 그런 부모가 과연 몇 %나 되겠냐며 피식 웃더라. 너희 삼촌 생각도 일리가 있지만 아버지 역시도 너희 어머니 결심에 동의하고 찬사를 아끼지 않았다.

요즘 나 때문에 우리 가족 모두가 스트레스를 많이 받고 있는 것 알고 있다. 너희 어머니와 내가 노후에 여행이나 다니면서 한가롭게 살면 얼마나 좋겠니……. 그렇지 못해 미안하고 또 미안할 뿐이다.

이번에 문경새재 쪽에 집을 사게 된 데는 다른 이유가 없다. 단지 친구 池 교장이 좋았기 때문이다. 아무리 친구가 좋다고 하지만…… 너는 이해하기가 어렵겠지.

池 교장은 45년 묵은 된장 같은 친구다. 그 친구에 대해선 나중 상세한 이야길 하겠다.

아버지는 여생을 친구와 함께 보내고 싶구나. 맑고 깨끗한 공기를 마시며 아침저녁으로 친구를 볼 수도 있고, 걷기 운동도 함께 하고자 한다. 암에는 맑고 깨끗한 공기가 아주 중요하다더라. 어디서 들은 적이 있는 말이다. 좋은 조언이라고 생각했다.

친구 따라 무작정 강남 가는 것이 아니라 친구가 좋아서 함께 강남 갈 수도 있고, 좋은 친구를 위해서라면 강남 갈 수도 있지 않겠니? 이렇게 긍정적으로 생각하면 되겠다.

하지만 친구라고 다 좋은 친구는 아니더라. 어려움을 겪어보니 진정한 친구가 누구인지 단박에 알겠더구나. 친구를 두긴 쉬워도 갖긴 어렵다고 했다. 많은 친구 중에 유독 마음에 가는 친구가 있었다. 그런데 이번에 암으로 고생하면서 보니 이 친구는 내 마음과는 달리 상당한 거리를 두고 있음을 발견했다. 처음에는 '무슨 사정이 있겠지' 하고 너그럽게 생각을 했다. 하지만 이 친구는 소식조차 끊어버렸구나. 손바닥 뒤집기란 말 들어보았겠지? 그리 된 친구가 2명이나 된단다. 참으로 슬픈 일이지…… 너희는 이해가 될지 모르겠구나. 결국 진정한 친구를 두는 것이 평생의 행복이란 생각을 했다.

너희 두 사람에게 꼭 하고픈 이야기가 있다.

내 평생소원이 있다면 손자를 한 명이라도 얻고 싶구나. 우리가 며느리는 정말 잘 봤다고 큰소리 칠 수 있다. 그런데 한 가지 대代 이을 손자가 없으니 서운하구나. 별 말이 없던 너희 어머니도 생각은 마찬가지다. 한편으로 생각해 봤다. 연서는 또 얼마나 외로울까를……. 외롭게 자라면 좋은 품성을 가지기가 쉽지 않다. 자매라도 괜찮다. 손녀는 이미 있으니 기왕이면 없는 손자를 보고 싶다는 것이지 꼭 손자를 봐야만 되겠다는 것은 아니다. 그게 어찌 인력人力으로 되는 일이더냐. 손자든 손녀든 한 명만 더 안겨주면 안되겠니? 한 명은 더 있어야 안심이 되겠는데 말이다. 그러면 참 좋겠다.

의사니 양육할 능력은 충분히 된다고 생각한다.

세상 사람들은 쉽고 편한 것을 좋아한다. 나도 그렇다. 하지만 무슨 일이든 힘 든다, 애 먹는다, 이런 생각부터 하면 시작조차 하기 싫어진다. 자식을 보는 것은 그렇지 않음을 명심해라. 나도 지나고 보니 왜 자녀를 많이 두지 않았을까 후회될 때가 있더라. 이럴 땐 이미 때가 늦은 것이다. 이런 우리의 마음을 고지식하고 고리타분하다고만 생각하지는 말기를 바란다.

어렵겠지만 생각을 다시 한 번 잘 해보길 간절히 바란다.

너희 가정에 언제나 건강과 행운이 함께 하길 아버지는 항상 기도한다.

2015년 7월에

아버지가 쓴다

제자 이야기 · 1

제자들의 초대

시골학교에서 졸업시킨 초등학교 제자들로부터 초대를 받았다. 초대를 받는다는 것 자체도 드문 일이지만 무척 기분이 좋았고 자랑스럽기까지 했다. 제자들 기억에 좋은 선생님으로 남아 인정을 받았다는 보람과 긍지를 느꼈기 때문이다.

43년이란 결코 짧지 않는 세월동안 교단을 지켰다. 그동안 성공한 제자와 실패한 제자가 분명히 있다. 만남에는 여러 가지 의미와 조건이 따르겠지만 성공한 제자는 몰라도 실패한 제자를 만난다는 것은 남다른 사연과 추억과 얽힌 인연이 없다면 어려운 일이다.

한 제자가 옛일을 반추하면서 이렇게 말했다.

"선생님, 결혼 첫날밤에 아내에게 혼이 났습니다."

'큰 잘못이라도 했나' 단순하게만 생각했다. 그런데 그게 아니다.

성공한 제자와 실패한 제자가 분명히 있다. 만남에는 여러 가지 의미와 조건이 따르겠지만 성공한 제자는 몰라도 실패한 제자를 만난다는 것은 남다른 사연과 추억과 얽힌 인연이 없다면 어려운 일이다.

졸업이 얼마 남지 않은 어느 날이었다. 당시 목욕탕이 없을 때여서 몸의 때가 덕지덕지 붙은 채로 등교를 하여, 몸 좀 깨끗이 하라면서 매직으로 때가 많은 등허리부터 시작하여 몇 군데나 표시를 해놓은 적이 있었다. 그로부터 얼마 지나지 않아 그 제자가 집안 사정으로 물만 떠놓고 이른 결혼식을 하게 된 모양이었다. 비누도 없이 물만 찍어 바르듯 대충 씻고 첫날밤을 맞았고, 그때까지 몸에 그대로 남아 있던 매직자국 때문에 혼이 났다는 것이다. 제자는 환한 얼굴로 당당하게 추억을 얘기했지만 뜻밖이었고, 미안했고, 대견했다.

동창회 모임에 나온 제자들의 얼굴을 보니 대개가 나름대로 사회에서 성공한 친구들이다. 성공한 제자의 당당한 모습을 보면 어깨가 으쓱해진다. 이것 또한 제자에 대한 보람일 것이다.

하지만 보이지 않는 얼굴들에 대한 생각으로 마냥 으쓱할 수만은 없다. 안부 묻기도 조심스러운 마음이다.

동창회에 보이지 않는 제자들이 실패니 좌절이니 그런 것과는 관계없이 일이 바빠서이거나 중요한 일정과 겹쳐져서 못나온 것이길 바라면서, 행여 힘든 오늘을 살고 있는 제자가 있다면 그의 어깨가 너무 무겁지 않기를, 생을 지탱하고 선 두 다리가 더욱 강건하기를 소망한다.

제자 이야기 · 2

세상은 좁다

이른 새벽, 대중탕의 물은 타일바닥이 환히 보일 정도로 맑고 깨끗하다.

김이 모락모락 나는 탕에서 지그시 눈감고 반신욕을 즐기는 모습이 평화스럽다. 이 시각 탕에 있는 사람들은 헬스장 출입을 하는 회원들이 대부분이다. 회원들은 매일 샤워를 하여 때가 나올 리가 없다. 그래서 이른 새벽이나 아침엔 등 밀어 줄 사람 즉 내가 좋아하는 '밥'이 없기 마련이다.

간단한 샤워만하고 옷장으로 가려는데 벌거벗은 웬 낯선 젊은이가 가로막다시피 하면서도 공손하게 말을 건넸다.

"혹 문경에 사신 적이 없는지요?"

내 고향 '문경' 말씨가 정겨우면서도 호기심이 발동했다. 반가운 마음에 그렇다고 하니 젊은이는 다시 정중하게 인사를 한다.

관광버스 기사라고 직업을 당당하게 말하는 것을 보면 자신의 삶에 만족하고 있는 것 같다. 초등학교 시절엔 공부를 못해서 죄송하다는 말도 잊지 않았다. 그 말이 날 미안하게 만들었다.

"신기초등 김봉습니다."

대중탕에서 제자를 만나다니, 세상이 좁긴 좁다.

그 후에도 그를 몇 번인가 목욕탕에서 만났다.

그가 관광버스 기사라고 직업을 당당하게 말하는 것을 보면 자신의 삶에 만족하고 있는 것 같다. 초등학교 시절엔 공부를 못해서 죄송하다는 말도 잊지 않았다. 오히려 그 말이 날 미안하게 만들었다. 게으름 피운다고 호되게 매를 든 기억 때문이다. 하지만 지금은 중년을 바라보는 인생이다. 당당한 사회의 일원으로서 가정에 대한 의무와 책임을 다하고 자기만족을 하니 그야말로 행복한 삶이 아니겠는가. 마음 뿌듯하고 든든했다.

제자 이야기 · 3

한 번쯤 돌아보겠지

특수학교를 방문해 본 적이 있는가.

한 번이라도 방문해 본 사람들이라면 장애학생들이 얼마나 순수하고 착한 동심의 세계를 간직하고 있는지 알 수가 있다. 특히 다운증후군 학생들의 정감은 더하다. 그들은 만나는 사람 누구에게나 조금의 거리낌이나 망설임 없이 있는 그대로의 감정을 표현하는 행동특징을 보인다. 그러다보니 상대에게 환하게 웃어 보이는 건 당연하고 처음 만나는 사람에게도 예외 없이 손을 내밀어 악수를 청하기도 한다.

대학에서 특수교육을 전공할 그 당시만 해도 솔직히 장애우들의 특징적인 외모나 돌출적인 행동을 보고는 마음이 경직되었다. 그러나 우연찮게 그들과의 만남에서 생각이 바뀌었다. 장애우들의 마음이 생각 외로 밝고, 넘치는 친근감으로 악수를 청하는 그 모습에서 마음의 문이 조금씩 열렸다. 그러다 그들이 내민 손을 잡는 순간 장

녀석에게 인사를 받으려고 자세를 고쳐 앉았다. 드디어 전철이 역에 도착하여 멈추려고 서행을 시작했다. '내릴 때 한번쯤은 나를 돌아보겠지.'

애인이라는 편견이 나도 모르는 사이에 사라지는 것을 느꼈다.

지난주 지하철역에서, 몇 해 전에 근무했던 학교의 어느 졸업생을 우연히 만났다. 그에게 다가갔다. 그와 눈이 마주치는 순간 말은 하지 않아도 서로 알고 있다는 표시를 웃음으로 나누었다. 그런데 그의 이름이 입가에서 맴돌기만 할 뿐 영 떠오르질 않았다. 잠시 기억의 필름을 과거로 돌렸다. 경기도 수원에서 대구남양학교 고등부로 전학 왔던 학생이란 것은 기억해 내었지만 이름은 도무지 떠오르질 않았다.

"아이구 그래, 너 오랜만이네. 반갑다."

갑자기 내가 목소리 톤을 높이자 녀석이 고개를 꾸벅하며 아는 체했다. 몇 년 만에 처음 보니 제법 총각 티가 나는 젊은이로 변해있었다. 얼굴도 제법 윤기가 흐르고 학교 다닐 때보다 더 잘 생겨보였다.

전철에 올라 옆자리에 나란히 앉았다. 잠시 침묵이 흘렀다. 먼저 내가 말문을 열었다.

"너 남양학교 졸업했지?"

"예."

목소리가 작으면서도 공손했다.

"어디 가냐?"

"감삼동요."

"거긴 왜?"

"게임하러요."

"게임 한 번하는데 얼만데?"

"백 원."

"게임 하려면 얼마만큼의 돈이 필요해?"

"1200원요."

녀석의 발음은 예나 지금이나 어눌하기 짝이 없었다. 이름을 불러주면 좋아할 텐데……. 그 와중에도 이름을 기억해내어 다정하게 한 번 불러주고 싶어 기억을 더듬고 더듬어도 도통 떠오르질 않았다. 물어보고 싶어도 자신의 이름도 모른다고 실망할까봐 묻지도 못하고 그냥 참았다. 그런데 자꾸만 '이름도 모르고 헤어지기보다는 녀석이 실망해도 알아야 다음에라도 만나면 불러줄 수 있지 않을까' 하는 생각이 들었다.

"얘, 너 이름이 뭐지?"

말이 없다가 나를 다시 한 번 슬쩍 쳐다보았다.

"명성이요, 이명성."

말이 어눌해 알아듣기 힘들었지만 말투가 제법 씩씩하게 들렸다. 그러고 보니 예나 지금이나 묻는 말 외엔 말을 잘 하지 않는 것은 변하지 않았다.

지금은 어느 공장에서 기계 돌리는 일을 하는데, 이젠 제법 기술이 늘었다고 이야길 했다. 일을 한다니 제일 궁금한 것이 월급이었다. 월급수준을 보면 그 사람의 역할과 지위를 알 수 있기에 넌지시 물어봤다.

"명성아, 월급은 얼마나 받아?"

"10만 원요."

생각보다 보수가 너무 적었다. 하기야 정신지체 장애우가 받으면 얼마나 받을까 생각하면서도 너무나 적은 금액이라 몹시 서운했다.

"공장에서 명성이가 하는 일이 뭔데?"

"기계 돌리는 거요."

무슨 기계를 어떻게 돌리는 건지 역할이 무언지도 물어보고 싶었으나 옆자리 승객들의 시선이 모두 우리에게 집중됨을 느껴 그만두고 말았다.

정거장 마다 자막이 바뀌어 나오는 것을 읽는 것으로 보아 문자해독에는 문제가 없음을 알 수 있었다. 시키는 정도의 일 처리를 할 수 있는 명성이 정도라면 최저임금 수준까지는 못 받는다 쳐도 30만 원 정도는 받아야지 하는 생각이 자꾸 들었다.

"명성아, 지금은 돈을 조금밖에 못 받지만 기술이 늘어 인정을 받으면 사장님이 차츰 월급을 올려주실 거야. 더 열심히 해서 기술을 빨리 배워야지."

"예."

녀석이 씨익 웃으면서 들릴 듯 말 듯한 목소리로 대답을 했다.

게임하다가 배고프면 뭐라도 사먹을 돈을 좀 가지고 있는지 알고 싶었다. 용돈이라도 챙겨 다닌다면 몰라도 그렇지 않으면 몇 푼 용돈이라도 주고 싶어서였다. 명성이가 바지 호주머니를 주물럭거리더니 까만 지갑을 꺼내 자기만 볼 수 있도록 살짝 숨긴 채 지갑 속에

든 지폐를 한 장씩 몇 번이고 세고 또 세었다. 아직까지 수 개념이 제대로 형성되지 않았는지, 화폐 단위는 아는지, 정확하게 돈을 헤아릴 수가 있는지 조바심이 일었다.

“얘, 명성아, 지금 얼마를 갖고 있는데?”

“만칠천 원요.”

곁눈으로 살짝 보니 지갑 속에는 만원 한 장과 천 원짜리 지폐가 들어있는 것이 보였다. 다행이 돈을 정확하게 헤아릴 줄 아는 것 같았고, 용돈도 그만하면 충분하게 지니고 있었다. 그렇다면 명분도 없이 몇 푼의 돈을 쥐어주는 것은 별 의미도 없고 좋은 일일 것 같지도 않아 생각을 접었다.

이야기를 주고받던 중 녀석이 갑자기 자리에서 벌떡 일어났다. 목적지에 거의 다 도착될 무렵이라 열차 내의 전광안내판을 보고 일어난 모양이었다. 그놈, 참 제법이구나! 기특하고 대견했다. 전철 내 안내판을 보고 자기가 내릴 곳을 알고 미리 준비를 한다는 것은 무수히 반복되는 훈련을 거쳤다는 반증이 아닌가.

그런데 내릴 채비를 하면서도 나한테는 눈길조차 주지 않아서 의아하고도 어리둥절했다. 곧 전철이 멈출 텐데 인사라도 해야지 싶었지만 녀석은 고개조차 옆으로 돌리지 않고 묵묵히 창가에 서서 정면만 뚫어지게 보고 있었다. 나라는 사람은 아예 안중에도 없는 듯 했다. 그래도, 그래도, 내릴 때는 나를 한번쯤 쳐다보고 웃으면서 인사를 할 줄 알았다. 나는 녀석에게 인사를 받으려고 자세를 고쳐 앉았다. 드디어 전철이 역에 도착하여 멈추려고 서행을 시작했다. ‘내릴

녀석에게 인사를 받으려고 자세를 고쳐 앉았다. 드디어 전철이 역에 도착하여 멈추려고 서행을 시작했다. ‘내릴 때 한번쯤은 나를 돌아보겠지.’

때 한번쯤은 나를 돌아보겠지.'

오산이었다.

녀석은 한마디 인사도 없이 곧장 내려 옆도 뒤도 돌아보지 않고 사람들 틈 사이로 사라져버렸다. 인사의 말까지는 기대를 하지 않았으나 그래도 웃는 얼굴로 고개는 꾸벅하고 갈 줄을 알았다. 내가 자기를 보지 않고 시선을 다른 곳으로 하고 있으면 인사를 해도 못 받을 테니 그러면 얼마나 속으로 서운해 할까 하는 생각에 자세까지 고쳐 앉아 뚫어지게 저만을 쳐다보고 있었는데…….

전철은 다시 다음 역을 향하여 소리 없이 미끄러져 가는데 씁쓰레한 마음은 가시질 않았다.

인간의 기본 중 상대방에 대한 예의는 가장 중요하다. 학교에서 계산하기, 말하기, 읽고 쓰고 듣기를 익히는 것도 중요하지만 기본적인 예의를 익히는 것은 상대방에 대한 최소한의 배려이므로 이를 놓치면 헛배운 것이나 다름없다.

그날, 허전하고 씁쓸하고 냉정한 헤어짐을 맛보게 해준 녀석과의 조우는 다시금 나 자신을 돌이켜보게 만들었다.

나는 장애학생들의 최종 교육 목표를 취업으로 삼고 지금껏 교육을 해오고 있다. 직업을 얻어 일반인과 섞여 함께 더불어 살아갈 수 있도록 하자면 직업기술교육이 무엇보다 중요하다. 하지만 지하철에서 느낀 명성이와의 만남과 헤어짐을 통해 먼저 인간교육이 우선되어야 한다는 것을 절실히 느끼게 했다.

그날의 그 냉랭한 헤어짐이 바로 우리 특수교육의 현주소요 앞으로의 교육방향을 알려주는 안내판과도 같다는 생각 때문인지 오래오래 가슴에 남아있다.

제4부

싸움에서 이기는 법

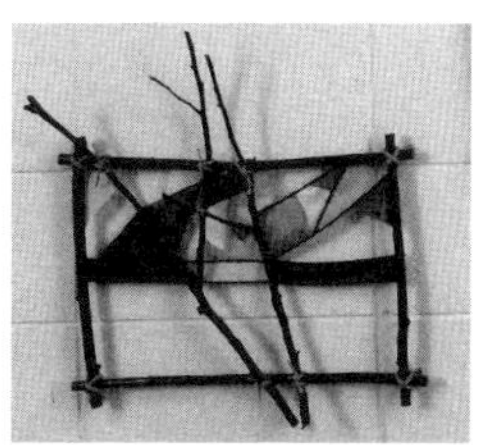

암과 싸우면서까지 마음을 긍정적으로 가지지 못한 내가 우습기도 했다. 병과 싸우기도 힘든데 지금 어디에다 에너지를 헛되게 버리고 있나 싶었다.

어쩌면 까칠하다 못해 거칠기까지 한 그도 자신의 병에게 몹시 화를 내느라 그러는 것일지도 모른다는 생각이 들었다.

암癌 선고를 받다

암이라고 하면 대부분 죽음을 연상한다.

죽을 날짜를 받아놓은 것이라 여기는 암도 사실은 '불치'가 아니라 '난치'병일 뿐이다. 항암치료 받다가 죽는 경우도 있지만 완치하여 새로운 인생을 살고 있는 사람도 많다.

암 병동에 가보면 놀랄 정도로 환자가 많다. 국내 암 발병자 수는 15년 전에 비해 두 배 이상 증가했다고 한다. 2016년 2월3일자 뉴스를 보니 국립암센터 조사결과 우리나라 국민들이 평균수명까지 살 경우 암에 걸릴 확률은 36.6%로 남자는 5명 중 2명, 여자는 3명 중 1명꼴로 암에 걸린다고 한다. 특히, 65세 이상의 노인인구에서는 암 발병률이 15~34세 연령군에 비해 3배가량 높다고 한다.

암 환자들은 누구나 치료방법 등 정보 공유하기를 원한다. 지푸라기라도 잡고 싶은 마음의 발로다. 타인의 완치 경험만으로도 희망을

지금은 전이가 된 암과 평생을 함께 해야만 한다. 먹지 못하면 죽는다는 사실을 암 환자는 알고 있다. 토해도 다시 먹는다는 정신으로 투병할 것이다. 그래서 내 체력으로 암과 싸워 이겨나갈 것이라고 굳건히 다짐하고 또 한다.

얻을 수 있고 나아가 완치를 기대해 볼 수 있기 때문이다.

그런 암이 내 앞에 닥쳤다.

암이라고 했다. 눈앞이 캄캄했다. 그간 닥치는 대로 먹어치웠으니 식습관이 말이 아니었다. 짠 것, 매운 것을 좋아하고 많이 먹은 탓일 게다. 하지만 퇴임도 했으니 이제 한창 여유를 즐길 나이인데 왜 이런 시련이……. 누구나 그렇듯 나 역시 암과는 무관할 것으로 알고 살았는데, 청천벽력이었다.

"저기 사람들 보이지요. 다 암 유전인자를 지니고 있지만 발병하지 않은 채 저렇게 활동하면서 삽니다. 요즘은 세 사람 중 한 사람 정도가 암에 걸립니다."

담당의사는 대수롭지 않은 듯 무덤덤하게 말했다.

주변 사람들이 위로 한답시고 지금은 의료기술이 뛰어나 암도 별걱정 없다고 했다. 당사자 앞에서 그런 소리를 하니 얄밉기까지 했다. 차라리 말을 말지 어찌 저러나 싶었다. 별의별 생각이 다 들고 예민하기 그지없이 변해갔다. 중병 걸린 사람 앞에서는 말 한 마디라도 신중하게 해야 한다는 것을 스스로 깨우치게 되었다. 입장을 바꾸어 생각해봐도 나 역시 뾰족한 위로의 말이 떠오르지 않았다.

정년퇴임을 앞두니 2년마다 1회씩 검진을 받던 건강문제가 신경이 쓰였다. 퇴임 전 마지막 건강검진이라 해가 바뀌면 시교육청에서 일체 지원이 없다고 했다. 사실 시교육청에서 지원해주는 20만 원이 아깝기도 했지만 퇴임 전에 검진을 받고 싶었다.

아내는 지금까지 가족 모두 건강했는데 퇴직 후 천천히 검진을 받으면 되지 뭘 그리 서두르느냐고 했다.

하지만 난 해가 바뀌기 전에 꼭 검진을 받겠다고 했다. 돈 때문이 아니라 왠지 그러고 싶었다.

검진 받으러 간 병원의 규모는 그리 크지 않았다.

위 초음파 검사를 하는데, 여러 차례 되풀이를 했다. 왜 그러느냐고 물었다. 뭐가 보이기는 보이는데 확실하게 알 수 없으니 CT를 찍어보자고 했다. 그래야 확실히 알겠다고 했다. 그러자고 했다. 검사하는 내내 별다른 이상 징후가 없기만을 고대했다.

당시엔 다행스럽게도 암은 아니고 단순 물혹이라고 했다. 암이 아니라니 그것만 해도 어디냐며 시름을 놓았다.

사위가 대학병원에 교수로 있다. 그렇지만 사위의 전공분야가 아니라 평소 알고 지내던 외과의사 중 수술을 잘하는 의사를 선택해 물혹제거 수술을 받았다. 별 것 아닌 수술이라고 했다. 그런데 수술시간도 애초 일러준 것보다 훨씬 많이 걸렸고, 수술 경과가 좋지 않아 결국 식도협착이 일어났다. 음식을 제대로 먹을 수가 없었다.

투병기간이 길어질수록 몰라볼 만큼 살이 빠졌다.

서울에 있는 병원으로 옮겨 치료를 받기로 했다. 그러다 옮긴 병원에서 물혹수술을 한 접합부위에 위암이 전이 되었다는 사실을 알게 되었다. 이렇게 암이 되기까지 아무 조치도 않고 무방비로 그냥 두었다. 암이라고는 꿈에도 생각 안했다. 아예 암과는 거리가 멀다고

지금은 전이가 된 암과 평생을 함께 해야만 한다. 먹지 못하면 죽는다는 사실을 암환자는 알고 있다. 토해도 다시 먹는다는 정신으로 투병할 것이다. 그래서 내 체력으로 암과 싸워 이겨나갈 것이라고 굳건히 다짐하고 또 한다.

생각했다. 그간 병원에 들락거리면서 명의를 수없이 만나도 위암에 내안 말은 한 번도 듣지 않았기에 암인 줄은 전혀 모르고 있었다. 이래서 환자들이 지방에 있는 의사들을 불신하는구나 싶기도 했다.

지금은 전이가 된 암과 평생을 함께 해야만 한다. 먹지 못하면 죽는다는 사실을 암환자는 알고 있다. 토해도 다시 먹는다는 정신으로 투병할 것이다. 그래서 내 체력으로 암과 싸워 이겨나갈 것이라고 굳건히 다짐하고 또 한다.

처음에 물혹제거를 한 것도 잘하려고 한 수술인데 이제와 원망한들 무슨 소용이 있을까. 다 부질없다. 오직 암과 싸워 이겨낼 일만 남았다.

방귀가 아주 독했다. 항암치료를 받고부터 더 심해졌다. 아내는, 약의 양이 많고 먹는 횟수가 늘어나는 것이 자기 탓인 양 항상 내게 미안해했다.

"독약을 주는 것 같네."

독한 약이다 보니 독약이란 생각까지 드는지 약을 챙겨줄 때마다 미안해한다. 그런 아내에게 해줄 적당한 말이 생각나지 않아 '간병하는 사람이 더 힘들고 고생이 많아'라고만 한다. 사실 암환자는 언제 어떻게 될지 아무도 모른다. 인생은 지뢰밭이라더니 그 말이 맞는 모양이다.

지금은 집도 문경으로 이사를 했다. 아내는 때로 대범하고 경우에 따라서 파격적인 면도 보여주는 강철과도 같은 여자다. 하지만 내 항암치료를 위해 문경에서 서울을 오가며 운전하고 간병하는 등 24시간 환자 곁에서 보살피는 일이 어디 보통 일인가. 언제까지 지치지 않고 버틸 수 있을까 하는 생각도 든다. 사는 동안 많은 스트레스를 주고 피곤에 지치게 했던 것이 말할 수 없이 미안하고 부끄럽다. 그런데 또 이리 긴 병을 앓게 되니 고맙고도 미안함이 자꾸 쌓여간다.

소문은 빠르다. 어찌어찌 알고 친구, 친지, 선배들이 찾아왔다. 미안했다. 식사는 하느냐, 뭘 먹느냐고 물었다. 종전과 같이 먹는다고 하자 친구가 빠른 시일 내에 함께 식사를 하자면서 쾌유를 빌어주었다. 친구의 염려와 다정함이 더 없이 고마웠다.

화 내지 말고, 오래 씹고 천천히 먹는 것이 건강하게 사는 비결이라고 한다. 체력과의 싸움에서는 건강한 음식을 잘 먹는 것 이상 가는 전투 방법이 없다. 암 투병을 하던 집사람 친구의 말이란다. 동의한다.

입원환자 중 먼저 세상을 떠나간 사람들을 생각해 본다.

가족을 위해서라도 열심히 먹고 기운을 내야 된다고 오늘도 마음을 다진다.

지금은 전이가 된 암과 평생을 함께 해야만 한다. 먹지 못하면 죽는다는 사실을 암 환자는 알고 있다. 토해도 다시 먹는다는 정신으로 투병할 것이다. 그래서 내 체력으로 암과 싸워 이겨나갈 것이라고 굳건히 다짐하고 또 한다.

싸움에서 이기는 법

암 판정을 받고 그날로 입원을 했다.

멋모르고 2인실을 신청했더니 너무 비쌌다. 다음날 보험 적용되는 다인실로 바꿨다. 여러 명의 환자가 같은 병실에 있으니 다양한 정보를 얻을 수도 있겠구나 싶었다.

그런데 뜻밖의 복병이 있었다.

사람이 여럿 모여 있다 보니 얼굴이 각각이듯 인성도 성격도 모두 달랐다. 먼저 입원해 있던 사람들 중 유난히도 성품 까칠한 아저씨가 있었다. 일흔네 살이니 나이도 먹을 만큼 먹었는데, 사소한 일로도 누구에게나 화를 내고 소리 질렀다. 괴팍하고 다혈질이라 사소한 것도 참지 못하는 자기중심적인 사람이었다. 심지어 병실에서 소곤소곤 얘기하는 것조차 참지 못했다.

한 번은 내가 양치를 하면서, 다른 사람들의 눈에 띄지 않게 해야 하는데 잠시 잊고 집에서처럼 편안하게 했다. 그러다 아차, 하며 돌아서려는 순간 그가 먼저 보고 말았다. 오만상을 찌푸리며 두 팔을 마구 휘저었다. 물론 내 잘못이다. 하지만 정나미가 뚝 떨어졌다. 피차 함께 투병하는 사이인데 좀 따뜻하게 마음을 열 수는 없을까 안타까웠다.

어느 날은 곤하게 자고 있는데 또 그 까칠 아저씨가 단잠을 깨웠다. 전후사정은 모르지만 연세가 제법 높은 옆 침대 노인환자에게 대드는 중이었다.

"나이를 앞세워 입 막지마세요."

저러다가 몸싸움이라도 하면 어쩌나 걱정될 만큼 몸을 바짝 붙여가며 소리를 질러댔다. 누군가 그를 말리려는 듯 웃는 얼굴을 하며 의자에서 일어났다. 하지만 이내 멈춰서고 말았다.

"사람 목을 딸 땐 단숨에 따야지."

그 말에 병실 사람들 모두 찍소리도 못하고 입을 다물고 말았다. 그는 까칠함을 넘어 환자나 보호자 모두에게 은근히 위압감을 주는 무섭고 거북한 존재가 되어갔다.

또 어느 날은 다른 환자에게 불편함을 줄까봐 일부러 작은 소리로 소곤소곤 아내와 얘길 시작하는데 갑자기 그가 커튼을 활짝 열어 제치면서 냅다 소릴 질렀다.

"왜 이렇게 시끄러워."

아내가 벌떡 일어났다. 참다못해 따지기라도 하려는 줄 알았다.

암과 싸우면서까지 마음을 긍정적으로 가지지 못한 내가 우습기도 했다. 병과 싸우기도 힘든데 지금 어디에다 에너지를 헛되게 버리고 있나 싶었다. 어쩌면 까칠하다 못해 거칠기까지 한 그도 자신의 병에게 몹시 화를 내느라 그러는 것일지도 모른다는 생각이 들었다.

"말도 못하겠네……."

다행이 아내는 투덜대는 소리까지 낮추면서 다툼을 피했다. 그러자 그가 밖으로 나가면서 환자와 보호자들을 향해 들어보라는 투로 한 마디 더 했다.

"병실엔 나이가 많은 사람도 있는데 말야……."

병실 사람들이 헛웃음을 지었다.

3주가 지나 다시 항암치료를 받으러 병원에 갔다. 까칠한 아저씨와 또 만나면 어쩌지 하는 걱정이 꼬리를 물었다. 원수는 외나무다리에서 만난다더니 아니나 다를까 또 그 아저씨와 같은 병실을 쓰게 되었다. 이번에도 그가 미리 입원해 있었다.

조용하게 있다 가고 싶은데 이번에도 틀렸다며 아내에게 귓속말을 하는데 그 말이 채 끝나기도 전에, '아니야 이럴 땐 마음을 긍정적으로 바꿔야지' 하는 생각이 들었다. '며칠 고생해야겠네' 라며 대수롭지 않게 마음을 바꾸니 신기하게도 마음이 편해졌다. 그에 대한 거부감이 슬슬 사라져갔다. 암과 싸우면서까지 마음을 긍정적으로 가지지 못한 내가 우습기도 했다. 오직 병과 싸우기도 힘든데 내가 지금 어디에다 에너지를 헛되게 버리고 있나 싶었다. 어쩌면 까칠하다 못해 거칠기까지 한 그도 자신의 병에게 몹시 화를 내느라 그러는 것일지도 모른다는 생각이 들었다. 물론 평소의 인성과 관계없진 않겠지만 말이다.

긴 시간 투병생활을 해보면 누구나 안다.

병이 낫기 위해선 마음이 편해야 하고 마음이 편하기 위해서 긍정적이 되어야 한다는 것을. 싸울 땐 먼저 우는 사람이 지는 것처럼 병한테도 먼저 화낼수록, 많이 화낼수록 질 확률이 높다. 누구나 다 아는 것들이지만 요즘 새삼 진리로 다가온다.

2013년 11월 27일

암과 싸우면서까지 마음을 긍정적으로 가지지 못한 내가 우습기도 했다. 병과 싸우기도 힘든데 지금 어디에다 에너지를 헛되게 버리고 있나 싶었다. 어쩌면 까칠하다 못해 거칠기까지 한 그도 자신의 병에게 몹시 화를 내느라 그러는 것일지도 모른다는 생각이 들었다.

아내

간병하는 사람이 환자보다 더 힘 든다고 했다. 아픈 척하는 것까지도 응석으로 받아줘야 하니 말이다.

아내는 암 투병을 하는 나를 위해 온갖 정성을 다 한다. 약을 챙겨주면서도 독한 약이라 아내가 더 미안해하고 힘들어한다.

음식절제를 못한다고 아내가 불만을 털어놓는다. 식탐이다. 나이가 어디 한두 살인가. 그런데도 잘 안 고쳐진다. 그래서 또 아내에게 미안하다.

암에 걸렸던 아내의 친구는, 먹어야 살고 움직여야 살 수 있다는 말을 곧잘 했다. 이 두 가지는 암 환자에게 필수라고 했다.

병원에서 갑자기 안 보이는 환우가 더러 있다. 모두 음식을 잘 먹지 못하던 환우다. 난 먹지 못해 환장이다. 먹는다는 것은 곧 낫는다는 희망이 아닐까 하는 기대심리가 있기 때문이다.

이젠 암흑과도 같은 터널은 거의 다 지나왔다는 생각이 드는데 아직도 암 덩이는 남아 있는 모양이다.

처음 수술을 담당했던 의사가 자기 마음대로 했다는 것이 아내의 불만이다. 처음엔 수술이 30분이면 끝난다고 했는데 실제로는 5시간이 넘도록 수술실에서 나오지 않았다고 했다. 사위가 학과장이라 놀라서 수술실로 뛰어들기까지 한 모양이었다.

서울 삼성병원에서 어느 교수가 수술했냐고 물었다. 자초지종을 얘기했더니 수술을 아니 할 것을 했다고 했다. 최선을 다한다고 했지만 결과가 이러니 스스로 가슴을 쥐어박고 싶은 충동이 일기도 한다. 온갖 말들이 난무했다. 암까지 갈 병이 아니었다고도 했다. 생고생을 한다고도 했다. 그래서 아내는 더 화가 나고 억울해 하고 안타까워한다. 그런 아내가 안쓰럽기만 하다.

3주에 한 번씩 항암치료를 받기 위해 문경에서 건국대학교병원까지 왕복 580Km를 달리는 동안 무슨 생각인들 하지 않았겠나……. 온갖 상념과 고통을 이겨내느라 애쓰며 고생하는 아내를 난 그냥 지켜볼 뿐이다.

환자인 나야 사정을 속속들이 다 알지 못하지만 아내의 말대로 처음 수술한 의사의 판단에 실수가 있었던 건 분명한 것 같다. 망친 판단은 모든 일을 어렵게 만든다.

암까지 갈 병이 아니었다고도 했다. 생고생을 한다고도 했다. 그래서 아내는 더 화가 나고 억울해 하고 안타까워한다. 그런 아내가 안쓰럽기만 하다.

힘을 나눠주는 사람

-건국대학병원에서 김동억씨를 만나다

식도협착이 생겨 밥을 영 못 먹고 있다.

잘 아는 한의원 원장 부친도 식도협착으로 인하여 사망했고, 그 외에도 못 먹어 사망한 여러 사람의 얘기를 듣다 보니 나도 이러다가 그냥 죽고 마는 것이 아닌가 하는 마음 약한 생각이 들기도 한다.

9일을 입원하고 나서 퇴원 이야길 꺼냈다. 담당교수는 난처하다는 표정이었다. 주치의와 레지던트도 눈치만 보았다. 내시경을 해보고 나서 퇴원을 결정하겠다고 했다. 하는 수 없이 또 기다려야 했다. 기다리는 시간 또한 지겹고 지루했다.

원내방송에서 오후의 음악회 기타동아리 멤버인 소영팀이 병원을 찾은 환우와 가족들에게 위로와 함께 쾌유를 기원하면서 음악을 들려주겠다는 멘트가 흘러나왔다. 안내 리플릿을 보니 음악 레퍼토리는 평소 많이 들어왔던 곡들로 되어있었다. 그런데 목이 시원찮은지 소영팀 리더가 물을 자주 마셨다. 하지만 재능기부 또한 봉사라는 차원에서 즐기면서 하는 일이 아닌가. 잘하려 하기 보다는 즐기면서 하라고 마음으로 응원을 보냈다. 음악회는 1시간 가까이 열렸다. 부를 곡 이름과 설명이 담긴 리플릿을 손에 들고 읽어가면서 감상했다. 노래들이 달콤하고 감미로웠다.

음악회가 끝이 나도 내 이름은 좀체 부르질 않았다. 금식이라 음식을 먹지도 못하고 그냥 굶은 상태다 보니 기다리는 것이 더 힘이 들었다.

오후 4시가 되어서야 이름을 불렀다. 스탠드가 제 위치에 잘 자리 잡고 있어야할 텐데 걱정이 되었지만 긍정적인 마음을 가지기로 했다. 검사결과는 만족할 만큼 좋았다.

퇴원 여부는 다음날 결정하기로 했다.

병실로 돌아오니 동영농장 김동억 사장이 다시 입원해 있었다. 같은 환우이지만 그는 췌장암 판정을 받고 시한부 인생을 살던 사람이었다. 그의 이야길 듣고 있노라면 시간가는 줄 모르겠다. 그가 살아 있다는 것은 한마디로 기적 같은 일이 아닌가. 욕심을 내려놓고 남을 위해 덕을 베푼 결과라고 생각한다. 상황버섯 달인 물을 열심히 먹어왔다고 했다.

한 부부가 병문안을 왔다. 김동억 사장의 친지인 줄만 알았는데 그 사람 역시 암으로 고생하다가 똑 같이 상황버섯 달인 물을 먹고 지금은 완치 판정을 받았다고 기뻐했다. 선하게 살아온 끝에는 반드

그 사람 역시 암으로 고생하다가 똑 같이 상황버섯 달인 물을 먹고 지금은 완치 판정을 받았다고 기뻐했다. 그들의 밝은 얼굴을 보면서 얘기를 듣노라니 나도 덩달아 밝아지고 힘이 생긴다.

시 좋은 일이 있지 악한 일은 없다는 것이 그들의 지론이었다.

그들의 밝은 얼굴을 보면서 얘기를 듣노라니 나도 덩달아 밝아지고 힘이 생긴다.

때밀이의 역사

목욕탕에서 다른 사람들의 등을 밀어주기 시작한 것은 한 10여년이 조금 넘었습니다. 본격적으로 때를 밀어주어야겠다고 생각한 것은 7년 전, 교통사고를 당한 것이 동기가 되었습니다.

사고를 당한 날 저녁 나는 10시가 넘어서 헬스를 마치고 집에 돌아가려고 차에 시동을 걸려고 하니 걸리지를 않았습니다. 함께 다니던 L사장과 함께 부근 카센터를 찾아 돌아다녀 보아도 밤늦은 시각이라 문을 다 내린 후였습니다.

하는 수없이 차를 그냥 두고 집에 돌아가려고 한 것까지는 생각이 나는데 그 외는 전혀 기억이 없었습니다.

눈을 떠보니 병원이었습니다. 다리와 발목이 분쇄골절 되었고 뇌진탕을 일으켰다는데, 한 달 반 동안 병문안 온 사람을 거의 못 알

매일 한 두 사람이라도 밝은 얼굴로 때를 밀어준 날엔 '오늘은 해야 할 일을 했구나' 하는 생각에 마음이 가볍지만 그렇지 못한 날은 세상에게도 나 자신에게도 미안해집니다.

아보았습니다. 그런데 차에 치일 때 9m를 나가떨어졌다는데 그때 척추가 골절된 것까지는 모르고 그대로 퇴원했습니다. 퇴원 후에도 여전히 허리의 통증이 너무 심하여 MRI라고 하는 자기공명영상을 찍어보고서야 요추 1번이 심각하게 골절 된 것을 알았습니다.

그 후유증으로 장애자라는 판정을 받았습니다. '나도 이제 장애자로구나' 하는 생각에 착잡했던 당시의 심정을 누가 헤아릴 수 있을까요?

가해자는 음주운전을 한 고향의 중학교 후배로, 둘째 동생하고는 동기동창이며 그의 아내는 내 고향집 근처 한동네에 살던 사람으로 우리 집 식구들과는 모두 잘 아는 사이였습니다. 어찌 이런 인연이 있는지요. 하기 쉬운 말로 뿌린 대로 거둔다는 인과응보因果應報라는 말이 있지 않습니까? 사고 당하기 전에는 '나는 절대 그런 일은 당하지 않는다'고 생각했습니다. 그런데 교통사고를 당하여 병상을 지키는 신세, 아니 장애자가 되고 말았지 않습니까? 별 생각이 다 들었습니다. 태어나기 이전의 생에 지은 업 때문인가? 아니면 현생에서 지은 업으로 이런 고통을 받는가? 확인할 길 없는 이유들을 떠올리며 허탈해했습니다.

그러던 중 내 건강이 염려되어 안부를 물어오는 사람들과 이야길 나누다가 번뜩 스치고 지나가는 것이 있었습니다.

우리 집 자식이 초등학교 6학년 때 새벽에 영어학원을 다녔는데 그때 차로 아이를 태워오다가 약간 오르막인 도로를 다 올라왔을 무렵이었습니다. 갑자기 좌측 차선에서 무작정 도로를 가로질러 횡단하던 개를 미처 피하지 못하고 차로 치고 말았습니다. 그 개가 뒷다리를 절룩이며 인도로 올라가 원망하듯 나를 쳐다보다 가는 것이 후사경로 보였습니다. 개가 치이던 순간 놀란 것은 물론이고 '덜컥'하던 그 소리와 느낌이 말로 표현하지 못할 정도로 오싹하여 개를 살펴볼 엄두도 못 내고 그냥 돌아왔습니다. 그날은 종일 마음이 켕기고 우울했습니다.

그러다가 시간이 흘러 그 일은 까맣게 잊어버렸지요.

동곡 일타 스님이 쓴 '인연에 얽힌 이야기'를 읽다가 문득 그 날 절룩거리던 개가 생각났습니다. 불가에서 말하는 '인과응보', 생각없이 들으면 모르지만 조금만 깊이 생각해본다면 참으로 무섭고 준엄한 말임을 깨달았습니다. 그 이후 '모르고 한 일도 참회해야겠지만 알고선 다른 생명에게 해를 주지 말 것이며, 나도 뭔가를 베풀고 나누면서 살아야지' 하는 생각을 진지하게 하게 되었습니다.

교통사고로 120일을 입원하고 난 후에도 통증이 워낙 심하여 오래 통원치료를 받아야 했습니다. 누군가가 목욕탕에서 사우나와 찜질을 하는 것이 물리치료보다도 더 효과적이라는 말을 하여 그 이후로 열심히 헬스와 사우나엘 다녔습니다. 헬스는 다친 허리부분의 근육이 약해지면 꼬부랑 할아버지처럼 된다기에 허리 근육을 키우기 위해서였습니다.

매일 한 두 사람이라도 밝은 얼굴로 때를 밀어준 날엔 '오늘은 해야 할 일을 했구나' 하는 생각에 마음이 가볍지만 그렇지 못한 날은 세상에게도 나 자신에게도 미안해집니다.

한동안 목발을 짚고 아슬아슬하게 목욕탕을 드나들던 어느 날이었지요. 처음 보는 목욕 손님이 부축해주면서 등까지 밀어주었습니다. 그 날의 고마움과 마음 따뜻함이 내내 잊히지 않았습니다. '뿌린대로 거둔다'라는 평범한 진리 인과응보를 떠올리면서 나도 몸이 완쾌되면 몸이 힘들거나 손길이 잘 닿지 않아 애쓰는 사람들의 등을 밀어줘야겠다고 스스로에게 약속을 했습니다. 그리고 이제껏 살아오면서 남을 위해서 어떤 일을 했으며 얼마만큼 봉사하고 베풀었던가를 생각하게 되었습니다. 일종의 점검이지요. 알게 모르게 도움만 받아왔지 남을 위한 일이라곤 아무리 찾아내려고 해도 자신 있게 내세울 것이 하나도 없음을 깨달았습니다. 정말 부끄러웠습니다.

그 이후 헬스장에 가지 않는 월요일을 제외하고는 거의 빠짐없이 다니면서 매일 한 사람씩 누군가의 등을 밀어주게 되었습니다. 가끔 '이렇게라도 해서 죽은 후 지옥 같은 그런 곳엔 떨어지지 말아야지' 생각하며 혼자 피식 웃기도 했습니다.

언제부터인가 등을 밀어주면서 속으로 '관세음보살 나무아미타불'을 됩니다. 그러면서 남의 등에 있는 때가 아니라 내 마음의 더러운 때를 벗기고 있음을 느낍니다.

그렇지만 그게 모두 허사란 걸 깨달았습니다. 남을 위해 무언가를 베풀려면 베푼다는 생각조차 없이 베풀어야 무주상보시가 되는데 그러질 못했기 때문입니다.

그동안 내 과잉친절이 빚어낸 웃지 못 할 에피소드만 해도 엄청나게 많습니다. 집에 돌아와서도 기분이 좋지 않아 보이는 내 기색을 살피면서 무슨 일이 있냐고 아내가 물어도 차마 그 유치한 이야기는 할 수가 없었습니다. 그런 일들을 여러 번 되풀이되고 난 뒤에야 스스로 감정을 추스를 수 있게 되었지요. 거절당했다고 하여 창피하고 무참해지고 황당하고 분노를 느끼기까지 했다는 것은 내가 많이 덜된 사람이란 반증임을 마음 깊이 인정하게 되었다는 것이겠지요.

그러고 보면 교통사고, 투병생활, 장애 판정, 아직도 끝나지 않은 육신의 고통 등이 나를 조금이나마 성숙해질 수 있는 길로 안내한 셈입니다. 그러니 아마도 늙어서 힘에 부쳐 더 이상 할 수 없을 때까지는 때밀이를 계속하게 될 것 같습니다. 매일 한 두 사람이라도 밝은 얼굴로 때를 밀어준 날엔 '오늘은 해야 할 일을 했구나' 하는 생각에 마음이 가볍지만 그렇지 못한 날은 세상에게도 나 자신에게도 미안해지니까요.

2004년 11월 11일

매일 한 두 사람이라도 밝은 얼굴로 때를 밀어준 날엔 '오늘은 해야 할 일을 했구나' 하는 생각에 마음이 가볍지만 그렇지 못한 날은 세상에게도 나 자신에게도 미안해집니다.

때밀이, 재기하다

아내로부터 전화가 왔다.

그날따라 출근 시간이 늦다고 식사를 하는 둥 마는 둥 바쁘게 설치던 아내가 집을 나선 지 5분도 채 못 되어서였다. 출발하려고 보니 앞바퀴가 펑크 나있다고 빨리 나와서 조처를 해달라는 것이었다. 내 출근 시간은 아직 많이 남아 여유를 부리고 있다가 갑자기 마음이 바빠지기 시작했다.

허둥지둥 바지를 갈아입느라 나머지 왼쪽 다리를 바지에 끼우려는 순간 등허리에 통증이 뻗치기 시작하면서 그만 고꾸라져 앞으로 납작 엎드려 옴짝달싹하지 못하게 되었다. 눈 빠지게 기다리고 있을 아내 생각에 지금의 형편을 알리기 위해 전화기를 잡으려 해도 마음뿐이지 손은 꼼짝을 하지 않았다. 순간 죽을 때까지 이런 상태가 되는 건 아닐까, 하는 불안이 스쳐갔다. 끔찍했다. 10년 전 교통사고로 인해 다친 허리 부위가 너무 아팠기 때문이다. 응급차를 불러 병원을 가려 해도 꼼짝을 하지 못하겠으니 이러지도 저러지도 못 하고 있다 보니 기다리다 못한 아내가 뛰어 올라왔다. 개구리 마냥 납작 엎드린 채 꼼짝을 못하고 있는 나를 보고 놀란 아내의 도움으로 간신히 자리에 누웠다.

그 일로 이틀을 결근했고 며칠 동안 한의원에 가면서도 등산 갈 때 다듬어놨던 나무지팡이에 의지해야 했다.

허리가 완전히 낫지 않아 물리치료의 일환으로 헬스장에 딸린 목욕탕에 매일 다닌 지 오래 되었다.

그러던 어느 날이었다.

얼핏 인공배뇨를 위한 카테타를 차고 몸의 때를 벗기고 있는 노인이 눈에 띄었다. 순간 아, 바로 내 밥이네, 싶다보니 내 허리 아픈 것은 까맣게 잊어버렸다. 다가가서 때수건을 건네받고 나니 그제야 '허리의 통증으로 과연 내가 시원하게 남의 등 때를 잘 밀어줄 수 있을 것인가' 하는 생각이 들었다.

그러나 이내 생각을 고쳐, 내 허리가 어느 정도 완쾌되어 가는지도 알아도 볼 겸 가볍게 노인의 등을 밀기 시작했다. 노인이 왼쪽 허리에 손을 대면서 아프다고 했다. 자세히 보니 차고 있는 카테타가 요도를 통해 방광에 삽입한 것이 아니고 신장에 박아 몸 밖으로 오줌을 걸러내는 장치였다. 오랫동안 병에 시달렸는지 몸이 무척 야위어서 보기에도 측은했다. 오랫동안 입원해 있느라 목욕을 하지 못

천천히 때를 미니 허리가 약간 뻐근하게 당기는 것 외엔 별 무리가 없었다. 덕분에 허리가 얼마나 좋아졌는지 가늠할 수 있어서 다행이었다. 이로써 때밀이로서의 재기에 성공한 셈이다.

해서인지 때가 많았다.

노인의 능허리 아래를 밀어줄 때는 내 허리에 잡아당기는 듯한 통증이 왔지만 참을 만하긴 했다. 그래도 천천히 때를 미니 삐끗한 허리가 약간 뻐근하게 당기는 것 외엔 별 무리가 없었다. 덕분에 허리가 얼마나 좋아졌는지 가늠할 수 있어서 다행이라는 생각이 들고 노인을 만난 것이 고마웠다. 이로써 때밀이로서의 재기에 성공한 셈이다. 정성껏 등을 다 밀고 나니 노인이 환한 얼굴로 감사의 인사말을 건넸다.

"고맙습니다. 나도 좀 밀어드리지요."

당연히 정중하게 사양했지만 묵직하고 부드러운 그의 음성에 고마워하는 마음이 듬뿍 담겨있음이 느껴져 내 마음도 환해졌다.

2007년 5월 4일

쓱쓱, 다시 누군가의 등을 밀어주고 싶다

운동을 하고 싶다.

아침마다 헬스장에서 운동을 하고 그에 딸린 목욕탕에서 때밀이인 나의 '밥'을 찾아 어슬렁거리던, 투병생활 이전의 일상이 그립다.

주말이면 재활원 마당이 봉사하러 온 차들로 꽉 찬다.

가족과 함께 오는 봉사자도 많이 있다. 그들은 사랑하는 자녀들에게 남을 위한 배려를 가르치고 경험하게 하는 것은 물론 배려하고 있다는 자긍심을 맛볼 수 있도록 한다.

하지만 왜 봉사활동을 해야 하는지도 모르고 가족에게 이끌리다시피 오는 아이가 더 많은 것 같다.

봉사는 의무적인 봉사와 자원봉사로 나눌 수 있다. 의무적인 봉사

어서 완쾌되어 목욕탕을 주름잡으며 탕 안을 둘러보고, 적합한 사람을 찾아내어 다시 등을 밀어주고 싶다. 그 축복의 일상으로 되돌아가고 싶다.

는 개인이 어떤 목적에 의하여 활동하거나 단체나 조직에 소속되어 하기 싫어도 어쩔 수 없이 해야만 하는 경우를 말한다. 하지만 자원봉사는 성격이 다르다. 대가를 바라지 않고 마음에서 우러나서 하는 것이다. 의무적인 봉사도 안하는 것보다야 하는 것이 낫지만 별 향기는 없다. 하지만 참 봉사는 기쁨과 즐거움의 향기가 온 사방으로 퍼져나간다.

봉사를 하고 난 뒤의 느낌은 사람마다 조금씩 다를 것이다. 마음에서 우러난 참 봉사는 남다른 보람과 즐거움을 맛보게 된다. 즐겁고 기뻐하는 것을 지켜보는 피봉사자 또한 즐겁고 기쁘다. 기쁨과 즐거움을 느끼는 사람이야 말로 진정 행복하다고 할 수 있다. 진정한 참 봉사는 타인을 위한 것이 아니다. 바로 나를 위하는 것이다. 이것을 깨달아야 봉사의 참 의미를 안다고 할 수 있다.

나 역시 봉사랍시고 목욕탕에서 낯선 이의 등 미는 일을 20년째 해왔다. 그 좋아하는 일을 지금은 하지 못하고 있으니 흡사 장난감을 갖고 놀다 빼앗긴 기분이다. 위암에 걸려 항암치료를 받고 있는 중이다. 좋아하던 목욕탕에도 못가고 완쾌될 날만 기다리고 있는 처지다.

이 얘기를 하는 것은, 봉사를 희망하거나 실천하고 있는 사람이라면 좋아하고 즐기는 마음으로 타인을 배려하고 도와주기를 바라는 마음에서다. 나아가 누군가에게 베푼 친절이나 배려는 나를 위한 것임을 바로 깨달아 봉사의 기회를 얻었음에 감사할 줄 알았으면 좋겠다.

다만 봉사 좀 한답시고 타인 앞에서 우쭐거리는 마음이 생기거나 겸손치 못해 교만에 빠지는 것은 경계해야 할 일이다. 예수그리스도는 '구제를 할 때에 오른 손이 하는 것을 왼 손이 모르게 하여 네 구제함이 은밀하게 하라'는 가르침으로 남을 위하는 일을 경계했다. 불가佛家에는 이와 비슷한 가르침으로 무주상보시행無住相布施行이 있다. 베푸는 사람이나 배품을 받는 사람이나 자연스럽게 주고받아야 하기 때문에 굳이 생색을 내지 않는 보시행을 말한다.

그런데 이 생색내고픈 마음을 잘 갈무리하기란 말처럼 쉬운 일이 아니다. 사람은 누구나 잘난 척 하기 쉬운 존재다. 그러니 잘난 척 하기 전에 미리 타인의 수고로움이나 고마움을 잘 알아주고 인정해 주는 것이 필요하다고 생각한다. 타인에 대한 칭찬이나 격려는 결국 나 자신에게 돌아오는 것인데 주저할 게 없는 일 아닌가.

봉사奉仕의 사전적 의미는 '남을 위해 노력함' '국가와 사회를 위해 헌신적으로 일함'이라고 되어 있다. 흔히 '봉사'라고 하면 보통사람들이 해내지 못할 거창한 것으로 생각한다. 그래서 봉사하기를 어렵게 여기거나 아예 하지 못할 일이라 생각하기도 한다. 더러는 '내 코가 석자인데 남 생각할 겨를이 어디 있겠냐'면서 아예 봉사하려는 마음 자체를 접기도 한다.

하지만 생각을 조금만 바꾸면 할 수 있는 일이 얼마든지 있다. 남을 위해 하는 보시에 대해 아함경에서는 일곱 가지를 말하고 있다.

어서 완쾌되어 목욕탕을 주름잡으며 탕 안을 둘러보고, 적합한 사람을 찾아내어 다시 등을 밀어주고 싶다. 그 축복의 일상으로 되돌아가고 싶다.

첫째, 눈으로 짓는 보시는 사랑스럽고 다정한 눈빛을 짓는 것이고 둘째, 얼굴로 짓는 보시는 웃는 얼굴, 밝은 얼굴, 부드러운 얼굴을 하는 것이고 셋째, 말로 짓는 보시는 정직하고 칭찬하는 말을 하는 것이며 넷째, 마음으로 짓는 보시는 남의 잘한 일, 훌륭한 일을 보면 마음으로 찬성하고 동참하는 것이며 다섯째, 몸으로 짓는 보시는 남의 일을 함께 거들어주는 것이며 여섯째, 좌시佐施는 양보할 줄 아는 마음이며 일곱째, 사시舍施는 남을 관찰하여 편안하고 기쁘게 해주는 것을 말한다. 이때도 당연히 보시했음을 내세우거나 생색을 내지 말 것이며 그 어떤 보답도 바라지 말아야 한다고 가르치고 있다. 그러니 우리가 할 수 있는, 마땅히 해야 할 봉사의 방법이야 얼마나 많겠는가.

봉사는 일상생활을 통해 함께 느끼고 깨닫는 가운데서 상대에 대해 배려하는 마음을 갖게 한다. 또한 자긍심과 함께 겸손의 미덕을 배우게 되어 평범한 일상에서도 쉽게 기쁨과 즐거움을 맛볼 수 있게 해준다. 얼마나 큰 축복인가. 이것만으로도 이미 스스로 많은 보답을 받는 것이다.

나도 어서 완쾌되어 목욕탕을 주름잡으며 탕 안을 둘러보고, 적합한 사람을 찾아내어 다시 등을 밀어주고 싶다. 그 축복의 일상으로 되돌아가고 싶다.

2014년

제5부

내 생의 마지막 연수研修

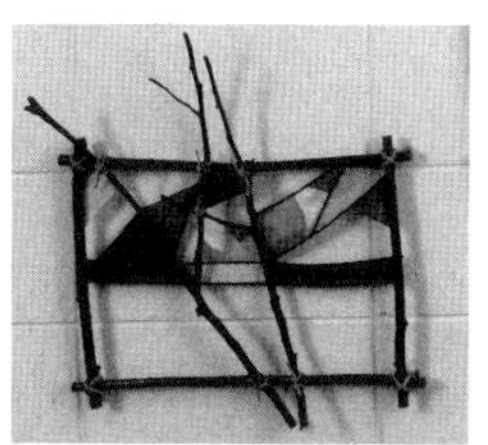

어떤 삶이든 건너야할 강은 있게 마련이다. 이번 교장연수 역시 나에겐 건너야할 강이었다. 무사히 통과의례를 치렀으니 이제 새로운 땅을 딛고 굳건하게 설 차례다. 언제 올지 알 수 없는 기회이긴 하지만 새로운 걸음 걸어볼 그날을 기다려 본다.

수련원에서 생긴 일

중등부 스카우트 대원 38명이 해마다 참여하던 아구노리(국제 장애청소년 야영대회) 대신 청도군 운문면에 있는 국민청소년수련마을로 떠났다.

굽이굽이 산모롱이를 돌던 차가 운문사 길로 접어들면서부터 거침없이 달리더니, 산내마을을 벗어나 좌측 도로로 방향을 바꾸었다. 좁은 다리를 건너 개울을 옆에 끼고 깎아지른 산 아래를 따라 한동안 올라갔다. 좌측 숲 사이로 붉은 지붕이 보이는가 싶더니 이내 수련원마을이 코앞에 닿았다. 저만치 보이는 '성보학교 수련 환영' 현수막이 우리를 반갑게 맞이했다.

아이들은 수련원에서 준비한 족대를 들고 얕은 물속으로 들어가 물속에 주저앉아 물장난을 치기도 했고, 물에 빠진 친구를 보고 환호성을 지르기도 했다.

첫째 날

숲 속의 수련원은 조용하고 아늑했다.

먼저 온 학교의 체험행사가 끝나지 않아 기다리다가 점심시간이 되어 나무그늘에서 점심을 먹었다. 지도교사들이 준비해 온 김밥을 먹어가며 식사지도를 하고 있는데 건너편에선 B교사가 밥을 먹지 않으려는 주형이와 씨름을 하고 있었다.

"얼른 먹자. 맛있어."

주위에서 지켜보던 다른 선생님들이 함께 달래고 얼러도 녀석은 들은 척도 않고 막무가내였다. 그러다 갑자기 자기 손으로 자기 뺨을 사정없이 후려쳤다. 말릴 틈도 없이 일어난 자해행위가 계속 이어지자 B교사는 물론 주위의 다른 교사들까지 달려들어 팔을 잡고 제지를 했지만 소용이 없었다.

"그냥 못 본 척 하십시오."

정서장애아들이 보이는 특성 중 하나이기 때문에 행동수정의 기본 방법인 무관심으로 대처하자는 의도였다. 잠시 후 주형이가 잠잠해지더니 손끝으로 자신의 자해행위를 말리던 P교사의 몸을 살짝 건드린 뒤 그 손가락을 코에 갖다 댔다. 그리고는 혼잣말로 뭐라고 중얼대며 금방이라도 울음이 터질 듯한 표정을 지었다. 정서장애아 중에는 냄새에 아주 민감하고, 평소 자기를 괴롭히거나 도전적인 행동으로 스트레스 주는 사람을 대상으로 손끝 터치를 하는 행동특성이 있다. 한동안 주형이는 꿈쩍도 하지 않았다. B교사가 몇 번이고 다시 밥 먹이려는 시도를 하며 애원에 가깝도록 다독거렸지만 꿈쩍도 않았다. 그런데 갑자기 '첨벙'하는 물소리와 함께 주형이가 실개천으로 벌렁 넘어졌다. P교사가 주형이의 순간적인 공격을 피했는데, 거꾸로 주형이가 물속에 빠져버린 것이었다. 고함을 지르며 특유의 동작을 취하던 주형이는 오래지 않아 잠잠해졌다. 정서장애자가 흥분했을 때는 감정과 함께 열을 내려줘야 한다는 이론과 딱 맞아떨어지는 상황이었다.

매스컴을 통한 신고와 고발이 난무하는 요즘, 만약 지나가는 행인이 자초지종을 모르고 이 광경만 보았을 경우 어떻게 되었을까? 혹여 휴대폰 카메라를 들이대고 촬영이라도 했다면 '꼼짝 마라'가 되는 게 아닌가. 특수교육에서 가장 어렵고 문제가 되는 것이 이런 행동장애를 가진 학생들임은 잘 알고 있다. 하지만 학생들의 관심과 요구가 무엇인지를 정확하게 파악하는 것이 너무도 힘들고, 이 학생들에게 심적으로 어떤 스트레스도 받지 않게 해야 한다는 것 외엔 특별한 교육 대안이 없으니 답답할 노릇이다.

저녁식사는 학생들이 좋아하는 식단으로 짜여 아무런 문제없이 맛있게 먹었다.

밤 8시부터 스카우트 합동 선서식이 있었다. ㄷ자 대형으로 모여 촛불의식과 표창 수여식도 가졌는데, 교장 대신 교감인 내가 즉흥적으로 격려사를 했다. 작은 뜰에 모닥불이 지펴지고 아름다운 여름밤 분위기가 무르익어갔다.

아이들은 수련원에서 준비한 족대를 들고 얕은 물속으로 들어가 물속에 주저앉아 물장난을 치기도 했고, 물에 빠진 친구를 보고 환호성을 지르기도 했다.

둘째 날

아침식사를 마치고 과정활동으로 '시냇가에서 고기잡이'를 시작하였다. 다리 밑으로 학생들을 인솔해 가서 마음껏 즐길 수 있게 두었다. 아이들은 수련원에서 준비한 족대를 들고 얕은 물속으로 들어가 물속에 주저앉아 물장난을 치기도 했고, 물에 빠진 친구를 보고 환호성을 지르기도 했다.

나도 양말을 벗고 흐르는 물속으로 들어가 봤다. 발을 디딜 때마다 삐죽한 돌들이 밟혀 발바닥이 아팠지만, 후덥지근하던 더위가 한꺼번에 날아갔다.

오후가 되자 서서히 구름이 끼기 시작해 한결 더위가 가셨다. 시원한 건 좋지만 날씨 때문에 오후 과정으로 계획되어 있는 '수영하기'는 무리가 아닐까 염려하면서 수영장으로 향했다. 파란페인트로 깨끗하게 단장한 수영장은 페인트 색 덕분에 물이 더욱 투명하고 파랗게 보였다. 조금 전의 염려가 슬그머니 물러났다.

옷을 벗으니 뇌성마비인 학생들은 운동부족 탓인지 거의 뼈만 앙상하게 드러났다. 이들에게만 특별히 구명조끼를 입혀 담당교사가 함께 물속으로 들어가서 몸 전체를 끌어주며 열심히 발차기를 시켰다. 그런데 대여섯 명의 학생들은 몸을 도사리며 물에 들어가기를 망설였다. 지도교사가 물속으로 끌어들이니 고함을 지르며 발버둥을 쳤다. 교내에서도 손꼽히는 거구이며 비만 3단계가 넘는 창록이는 물을 좋아하는지 평소의 무표정과는 달리 만면에 웃음을 띤 채 당당하고 환한 모습으로 물에 들어서고 있었다. 순간 비명소리가 합창으로 들렸다. 창록이가 목욕탕이라 착각했는지 입고 있던 팬티를 벗어 밖으로 내던진 것이다. 창록이는 여러 사람들이 보는 가운데 자랑이라도 하듯 거대한 알몸으로 당당히 서있었다. 너무 순간적인 일이라 지켜보던 교사들이 황당하여 말을 잊고 입만 벌리는데, 젊은 남교사들이 냅다 뛰어들어 앞을 가려주었다. 이 또한 장애아의 특성이니 어쩔 수 없는 부분이다. 간신히 팬티를 입혀 다시 물속으로 들여보내니 녀석이 너무나 천진한 미소를 지었다. 그 미소를 보고 다들 전염이라도 된 듯 따라 웃을 수밖에 없었다.

담당교사 K가 한 학생이라도 더 물을 체험할 수 있도록 해주려는 욕심에서 뇌성마비 학생을 물속으로 들여보낼 때는 조금 걱정이 되었다. 괜찮겠냐는 내 노파심에 K교사는 염려마시라고 힘찬 목소리로 대답했다. 그 목소리에 깃든 열정이 고스란히 전해졌다. 열의가 넘치는 젊은 교사의 자신에 찬 대답을 들으니 무척 미더웠다. 하지만 학생이 이동할 때나 체험활동 과정에서의 안전예방 조치는 필수라 신경을 곤두세우지 않을 수가 없었다.

시간이 얼마나 지났을까. K교사가 구명조끼를 입은 한 뇌성마비 학생을 황급히 물위로 끌어올리면서 도와달라고 소리쳤다. 학생은 창백한 얼굴로 온몸을 사시나무 떨듯 떨고 있었다. 항상 안전사고에

아이들은 수련원에서 준비한 족대를 들고 얕은 물속으로 들어가 물속에 주저앉아 물장난을 치기도 했고, 물에 빠진 친구를 보고 환호성을 지르기도 했다.

만전을 기해달라고 부탁을 했고, 나도 지켜보고 있었지만 돌발사태가 일어난 것이다. 떨고 있는 학생을 보니 당황스럽고 하늘이 노래졌다. 제발 학생이 무사하기만을 빌었다. 마른수건으로 몸을 닦고 주무르고 비비는 등 응급조치를 취하여도 한기는 가라앉을 기미가 안 보였다. 초긴장 상태로, 벗어놓은 다른 학생들의 옷을 겹겹이 입히고 계속 마사지하기를 20여 분, 차츰 혈색이 돌아왔다.

그런데 온갖 기우들이 사라지나 싶던 그 순간, 학생이 다시 물속에 들어가겠다고 발버둥을 쳤다. 조금 전의 급박한 상황을 겪은 터라 담당 K교사가 당연히 거절할 줄 알았는데 조심스럽게 다시 시도를 했다. 학생이 물에 대한 공포를 이기고 물을 즐길 줄 알게 하기 위해 재도전을 시키는 K를 다시 한 번 쳐다보았다. 잠시 후 응급처치를 받던 그 학생은 친구들과 함께 수영장에서 신나게 소리치며 놀고 있었다. 가슴이 뭉클했다.

다음은 수영장에서 나와 모터보트를 타고 작은 인공호수를 도는 코스였다. 나도 함께 보트를 탔다. 확성기에서 빠르고 경쾌한 음악이 흘러나와 분위기를 살렸고 숲속에선 새들이 지저귀고 바람은 부드럽고 시원했다. 보트가 물살을 가르며 흰 물거품을 쏟아내니 청아한 물 냄새가 코끝을 스쳤다. 검푸른 빛의 호수는 물이 맑아 바닥이 훤히 보였다. 수초 사이를 유영하던 물고기들이 모터 소리에 놀라 재빠르게 달아났다.

팔각정 둘레로 물길을 내어 물이 흐르게 해놓고는 커피나 간단한 요깃거리를 팔고 있었는데, 다른 학교에서 온 학생들로 북적였다.

이동 중 전공과 학생 윤학이의 휠체어가 넘어지는 사고가 발생했다. 안전사고에 따른 긴장의 끈을 더욱 조여야 했다. 큰 상처가 나지 않아 다행이긴 하지만 이를 보는 부모의 마음은 어떨까. 휠체어가 넘어진 것은 땅바닥이 고르지 못한 곳에서 일어난 일이라 어쩔 도리가 없었지만 부모는 그렇게 생각지 않을 것임을 짐작하기에 마음이 편치 않았다. 담당교사에게, 부모와 얘기할 땐 부디 부모의 입장에서 생각하고 말하라는 부탁을 하면서도 마음이 무거웠다. 모든 것은 인솔 교감인 내가 책임지는 것, 담당교사에게 안전에 특별히 더 신경을 쓰라고 거듭 당부를 했다.

중등부의 동규는 정서장애학생으로 평소 잠시도 한곳에 가만히 있지 못하고 돌아다녀야하고, 한 가지 일에 관심이 가면 끝까지 그 일에 매달리는 집착을 보여 한 사람이 꼭 붙어 다녀야 할 정도다. 오늘은 혼자 중얼거리면서 담당교사의 손을 잡고 버스 있는 곳으로 끌고 가서 문을 열다가 열리지 않자 열어달라고 막무가내로 떼를 썼다.

수련원에 도착하면서부터 야단을 피우던 주형이는 계속 설치며 안절부절못해 담당선생이 진땀을 뺐다. 그래도 담당선생이 작년 담임이었던지라 주형이의 특성을 잘 이해하고 있어 그나마 막무가내 고집과 돌출행동을 사전에 방지하고 간신히 제어할 수 있었지 다른

아이들은 수련원에서 준비한 족대를 들고 얕은 물속으로 들어가 물속에 주저앉아 물장난을 치기도 했고, 물에 빠진 친구를 보고 환호성을 지르기도 했다.

교사들의 말은 들은 척도 하지 않았다.

희조는 정서불안증세가 있는 학생으로 말이 많고 자기중심적인 사고를 가진 것이 특징이다. 누구든 처음 희조와 대화를 나누면 아주 그럴듯하게 사실처럼 이야기를 하여 많은 오해를 불러일으키는데, 주형이와는 견원지간이라 서로가 눈길도 마주치지 못한다. 여차하면 참지 못하고 집적대거나 손이 올라가고 치고 박는 사태가 벌어졌다.

저녁 식사 후 평가 때, 문제 일으킬 우려가 있는 학생을 체험활동이나 수련회활동에 어떤 방법으로 참여시킬 것인가에 대한 논의가 있었다. 모든 교사들은 안전문제를 생각한다면 참여를 고려해 봐야 한다는 의견이었다. 안전과 책임회피 사이에 끼인 교사들의 입장이 매우 씁쓸했다. 그러나 학부모와 학생의 입장에서 보면 거부란 있을 수가 없다. 대안이 없는 것은 아니다. 학생 개인의 행동특성과 강화방법을 효율적으로 지도하기 위해서는 담임이 꼭 참여해야 하며 특히 감당이 어려운 학생은 부모와 동행하거나 봉사도우미를 활용해야 한다. 하지만 현실적으로는 쉽지 않다.

숲속의 여름밤, 캠프파이어가 열리기 직전에 학교 봉고차로 위문을 온 이선옥, 이수진, 전계정, 김선영, 조명호, 박영호 기사가 조별로 움직이고 활동하는 데 많은 도움을 주었다.

폭죽이 밤하늘을 화려하게 수놓고 경쾌한 리듬과 함께 캠프파이어가 시작되니 무겁던 분위기가 술렁대며 순식간에 활기차게 바뀌었다. 장애학생들 대부분은 신나는 음악에 즉각적인 반응을 보인다. 그 순간에는 누구의 눈치도 보지 않고 물을 빨아들이는 스펀지처럼 음악에 솔직하게 반응하면서 흥에 겨운 자기 모습을 그대로 드러내는 특성이 있다. 그것은 순수한 마음의 열정이다. 그런 특성을 반증하듯 학생들은 자신의 열정이 이끄는 대로 신나는 음악을 타고 함께 흘렀다. 그때 갑자기 동규와 주형이가 좌충우돌하며 본부석으로 뛰어 올라 마이크를 잡고 소리를 질러댔다. 나무랄 수도, 웃을 수도 없는 상황이 벌어진 것이다. 모든 시선이 동규와 주형에게로 집중되면서 분위기가 산만해지긴 했지만 그런대로 무사히 하루가 지나갔다.

아이들은 수련원에서 준비한 족대를 들고 얕은 물속으로 들어가 물속에 주저앉아 물장난을 치기도 했고, 물에 빠진 친구를 보고 환호성을 지르기도 했다.

셋째 날

이른 아침, 주형이가 B교사와 함께 산책을 하고 있었다. 가만히 보니 주형이가 못마땅한 표정으로 끌려가는 형국이었다. 늦게까지 자지 않아 눈은 퀭한데 반바지를 보니 불룩하게 텐트를 치고 있었다. 맑은 개울 앞에서 잠시 서성이는가 싶더니 그네가 있는 곳까지 와서는 그네에 앉아 밀어달라는 몸짓언어를 했다. 그네가 움직이기 시작하자 순식간에 주형이의 표정이 환하게 밝아졌다.

주위 사람들이 장난이나 재미로 이런 정서장애아를 집적거리거나 원하지 않는 것을 요구하여 스트레스를 주면, 이들의 정서가 더욱 불안해져 난폭해지는 행동의 악순환을 가져온다. 이들이 비장애인들과 건강하게 어울려 함께 살아갈 수 있는 방법은 교육현장에서만 고민해서 될 문제가 아니다.

마지막 날

햇살이 고개를 들지 못할 만큼 뜨겁고 눈부셨다.

오전에 한 도미노게임과 함께 수련원에서의 일정이 모두 끝났다. 감포로 가서 바다구경을 하고 돌아가면 또 한 단락이 마무리된다. 아슬아슬하고 조마조마하면서도 더러 가슴 따뜻한 순간들을 만나기도 하는 체험행사, 감포행 차 안에서 마지막까지 안전하고 무사하길 빌면서 피곤한 눈을 들어 짙푸른 녹음을 본다. 눈부신 태양 아래 반짝이는 잎사귀들이 힘차다.

아이들은 수련원에서 준비한 족대를 들고 얕은 물속으로 들어가 물속에 주저앉아 물장난을 치기도 했고, 물에 빠진 친구를 보고 환호성을 지르기도 했다.

성보천사들 제주도로 수학여행가다

4월19일 제주에서의 첫날

처음 타보는 비행기

이른 아침 하늘은 짙은 회색 단층이다.

성보학교 졸업반 중고등부 32명이 제주도로 졸업여행을 떠나는 날이다. 우여곡절이 있었지만 담임교사들의 완곡한 주장을 교장이 받아들였다. 우리 학생들이 언제 비행기 타고 제주도엘 가보겠느냐는 것이었다. 형편이 어려운 학생들은 학교에서 지원까지 했다.

공항도착이 7시10분. 학부모들이 공항로비에서 기다리는 동안 밝은 목소리로 이야기 나누며 웃는 모습에서 들뜬 마음을 읽을 수 있다. 휠체어 탄 학생이 9명이나 되다보니 인솔책임을 맡고 있는 입장이라 중압감을 떨칠 수 없다.

학생들은 비행기를 처음 타보는지라 두려움과 신기함으로 들뜨면서도 떨고 있다. 육중한 동체가 활주로를 사뿐히 차오르며 이륙하니 기내에 있던 학생들이 환호성을 터트린다. 비행기가 고도를 높여 수직으로 하늘을 뚫고 오르니 눈부신 태양이 기다렸다는 듯 반겨준다. 비행기 창밖의 하늘은 구름바다를 연출하고 있다. 목화송이들이다. 폭신한 목화송이들 위로 훌쩍 뛰어 내리고 싶은 충동이 인다.

제주에 도착할 시각이 거의 다 되었는지 안전벨트를 매라는 안내방송이 나온다. 제주 모습은 그림처럼 아름답다. 그런데 고등부 공혜숙 학생의 표정이 이상하다. 소변을 참지 못하겠단다. 기내화장실로 후다닥 끌다시피 데려가는 사이에 비행기가 사뿐히 활주로에 내려앉는다.

삼다도 제주에 첫발을 내딛다

공항을 빠져나오니 11시가 넘어 있다. 날씨가 약간 흐렸지만 공기가 맑고 산뜻해서 기분이 좋다. 우리의 도착을 기다렸던 제주 사라

중고등부 졸업반 32명이 제주도로 졸업여행을 떠나는 날이다. 우리 학생들이 언제 비행기 타고 제주도엘 가보겠느냐는 담임교사들의 완곡한 주장을 교장이 받아들였다. 형편이 어려운 학생들은 학교에서 지원까지 했다.

산악회 봉사대원 3명이 우리를 반갑게 맞이한다.

첫 코스는 중문관광단지 안에 있는 여미지如美地식물원이다.

버스가 해발 300m의 4차선 서부관광고속도로를 시원하게 달린다. 해변에 시커먼 먹구름이 잔뜩 끼어 멀리서 보면 첩첩 고산지대를 연상시킬 것 같다. 가끔씩 뿌리는 가랑비가 달리는 버스 유리창에 부딪친다. 도로변에서 붉게 타고 있는 영산홍의 정열은 빗속에서도 화려하다. 소박함과 단정함을 한껏 드러내고 있는 유채꽃도 시선을 끈다.

가이드가 제주의 특이하고 이색적인 어감의 방언으로 인사를 하니 무슨 말인지 알아듣는 학생이 없다. '왔수까'는 '왔습니까'란 뜻이니 '왔수다'라고 대답하면 된다고 일러주며 "알았수까?"하니 학생들이 금방 알아듣고 "알았수다."라며 응답해서 한바탕 웃는다. 가이드는 친근감을 느끼게 하는 제주 특유의 짧고 강한 어감의 사투리로 안내를 계속한다.

제주는 장마철이라 고온다습하면서도 날씨 변덕이 심해서 목적지인 여미지식물원에 도착을 하니 그새 언제 그랬냐는 듯 맑게 개어 쾌청하다.

낙원을 방불케 하는 여미지식물원

여미지식물원은 유리지붕을 비롯해 외관이 변해서 제법 달라보였다. 지붕이 돔형 유리로 덮여있는데 부챗살 주름 형태가 특이하여 이채롭다. 중앙의 높이가 38m인데 엘리베이터로 올라갈 수 있도록 되어있다. 유리창 밖 푸른 바다의 경치가 너무나 시원스러워 가슴이 뻥 뚫리면서 아늑하고도 평화롭다. 쾌청한 날이면 최남단 마라도가 가물가물 눈에 잡힌다고 한다. 그 사이 다시 날이 흐려져 아쉬움이 생긴다.

전망대에서 내려오니 깊지도 넓지도 않는 조그만 인공 연못 속에서 멍석을 닮은 지름 1.5-2m정도의 빅토리아 수련이 반긴다. 탐스럽게 핀 흰색과 분홍색의 수련이 앙증맞고 예쁘다. 키도 엄청 크다. 원산지인 파라과이에서는 생명체들이 간혹 악어의 공격을 받을 때가 있는데 이때 빅토리아 수련이 피난처가 되기도 한단다. 높게 자란 사막선인장은 귀신의 얼굴을 닮았다고 하여 귀면각鬼面角이라 부른다고 한다. 한쪽 옆엔 멕시코가 원산지인 금호金鯱와 길상천吉祥天은 꽃이 연꽃 형태로, 그 자태가 기품이 있어 보인다. 희귀한 각종 식물과 꽃으로 가득한 여미지식물원은 한마디로 지상낙원이라 해도 손색이 없을 정도다.

중고등부 졸업반 32명이 제주도로 졸업여행을 떠나는 날이다. 우리 학생들이 언제 비행기 타고 제주도엘 가보겠느냐는 담임교사들의 완곡한 주장을 교장이 받아들였다. 형편이 어려운 학생들은 학교에서 지원까지 했다.

'역지사지'를 떠올리게 하는 점심시간

식물원을 나와 점심식사를 하기 위해 제주가든으로 간다. 교사들이 우선 급한 점심을 마친다. 성보재활원에서 생활하는 오태용이 식사지도를 한다. 평소 학교에서 담임들이 점심시간에 식사지도를 할 때와 마찬가지다.

오늘도 누군가에게 개별 식사지도를 해야 할 처지다. 명색이 인솔 총책임자이며 특수교육 일선현장의 선배로서 모범을 보여야 한다. 조직 책임자의 권한 뒤에 따르는 책무감 수행 정도를 보면 그 사람의 인격을 가늠할 수 있다는 말이 생각난다. 닥치면 못할 일이 없다고 했던가?

태용이가 눈치 하나는 참 빠르다. 숟가락을 입으로 가져가기도 전에 입을 벌린다. 흡사 어미 새가 물어다 주는 먹이를 받아먹으려고 입을 한껏 쫙 벌리는 새 새끼 같다. 무심코 쥐고 있던 숟가락을 태용이의 입으로 넣는 순간 화들짝 놀란다. 금속성소리가 들릴 정도로 숟가락을 꽉 물고 놔 주지 않는다. '자라가 입으로 무는 힘은 젓가락도 끊을 수 있을 정도'라는 말이 얼핏 생각난다. 어릴 때 이 말을 듣고 직접 젓가락을 넣어 본 적이 있다. 섬뜩할 만큼 강한 힘에 많이 놀랐던 그 때가 떠오른다. 태용이가 입으로 숟가락을 무는 힘도 엄청나 경련을 일으킬 정도다. 입을 벌려 음식물을 제대로 씹지 못하거나 입가로 음식물이 흘러내려 우물거리다 꿀꺽 삼킬 때면 기도가 막힐까봐 조바심이 난다. 생에 대한 애착이고 삶에 대한 말 없는 몸부림일까? 뇌성마비 장애자들은 입술 주위와 입안의 작은 신경이 마비가 되어 음식물을 입속에 잘 넣지 못하고 잘 씹지 못해 목구멍으로 넘기는 일조차 어렵다.

뇌성마비 학생들을 제외한 대부분의 학생들은 아주 오랜만의 외식이라 맛있게 식사를 한다.

비장애인들이 장애인들에 대해 이해와 인식을 달리할 수 있는 길은 역지사지다.

소인국 테마파크와 수중동물 쇼

세계여행을 떠나기 위해 곧바로 소인국 테마파크로 향한다. 말로만 듣거나 잡지 신문, TV에서만 보던 세계 각국의 대표적 건축물이나 상징물을 초미니로 축소해 정교하게 제작해놓은 곳이다. 실물은 아니지만 여기저기를 돌아보니 세계여행 일정에 오른 기분이다. 미국의 '자유의 여신상'과 '큰 바위의 얼굴', 호주의 '오페라하우스'가 인상적이다.

엷은 안개 속 가랑비까지 내리더니 점차 빗방울이 굵어지고 바람이 거세어진다. 날씨가 황당할 만큼 변화무쌍한 것이 제주 기상의

중고등부 졸업반 32명이 제주도로 졸업여행을 떠나는 날이다. 우리 학생들이 언제 비행기 타고 제주도엘 가보겠느냐는 담임교사들의 완곡한 주장을 교장이 받아들였다. 형편이 어려운 학생들은 학교에서 지원까지 했다.

특징이라던가. 변덕스런 날씨가 여유를 가지고 보고 즐기는 것을 포기하게 만든다. 테마파크는 맛만 보고, 다음 코스인 수중동물 쇼를 관람하기 위해 이동한다. 간헐적인 비바람이 계속 몰아쳐 을씨년스럽기까지 하다.

쇼가 열리는 실내로 들어가니 물오른 동물의 쇼에 정신을 빼앗겨 금방 바깥 날씨를 까맣게 잊어버리게 한다. 수중동물의 감각적인 재롱은 혀를 내두를 만큼이다. 절로 탄성이 나온다. 쇼를 관람하면서 동물들의 조련과정과 인간의 교육관계를 생각해 보니, 비록 장애를 가진 우리 성보천사들이지만 그들에게 무한의 가능성과 희망이 있음을 다시금 일깨워준다.

아름답고 곧은 폭포
천지연 가는 길

쇼 관람을 끝내고 천지연폭포로 향한다. 오늘의 마지막 일정이다. 날씨가 점차 개어 모두들 좋아한다. 천지연 입구의 길 좌우에 연두색 녹색으로 어우러진 짙은 숲이 반겨주니 마음이 한결 편안하다. 녹색향연이 펼쳐지고 있는 길을 따라 걷는 우리 학생들이 앞서거니 뒤서거니 하면서 이야기를 나누는 등 여유로움을 즐긴다. 고등부학생 휠체어를 밀고 앞장서서 폭포를 향해 가는 내내 관광객들이 보내는 연민의 시선이 꽂힌다. 장애에 대한 이해와 함께 장애인 비장애인이 더불어 살아갈 수 있는 환경이 더 절실히 필요한 현실임을 실감한다.

이마에 땀이 송글송글 맺힐 때쯤 되니 멀리 천지연폭포가 보인다. 물줄기가 하늘에서 떨어지는 것으로 보일만큼 곧고 강한 힘이 느껴진다. 아래로 떨어져 하얀 포말을 일으키며 천지연 수면 위로 퍼져나가는 모습은 볼수록 시원함을 느끼게 하는 장관이다.

서귀포시가 한눈에 내려다보인다는 한라산은 우리나라 백두산 다음으로 높은 산이다. 아스라이 보이는 완만한 능선을 따라 한라산 정상으로 시선을 옮기니 육안으로는 높다는 생각이 들지 않는다. 외형적인 산세가 험준하고 우람할 것으로만 상상했는데 실제 보이는 한라산의 자태는 인심 좋은 시골 아낙의 넉넉한 모습이요, 편안하고 다소곳하면서도 얌전하다. 한라산 정상은, 구름과 안개와 비에 가려 연중 60일 정도밖에 볼 수가 없다고 한다. 운이 좋은지 한라산 전경이 또렷하고도 선명하게 시야에 잡힌다.

천지연 폭포에서 돌아오는 길목에 묵직한 돌하르방이 점잖게 서 있다. 돌하르방은 손의 위치를 보고 문관과 무관으로 구분했다. 오른손이 왼손 위에 올라 있으면 문관이고 반대로 왼손이 오른손 위에 있으면 무관이다.

천지연에서 쏟아져 내려오는 물길이 제법 넓은 폭을 유지하면서

중고등부 졸업반 32명이 제주도로 졸업여행을 떠나는 날이다. 우리 학생들이 언제 비행기 타고 제주도엘 가보겠느냐는 담임교사들의 완곡한 주장을 교장이 받아들였다. 형편이 어려운 학생들은 학교에서 지원까지 했다.

흐르는데, 주위의 녹음과 어울려 물빛이 푸르다 못해 검푸른 색상이다. 물을 건너는 다리 아래 수면 위로 통통하고 큼직한 금빛잉어와 흑색잉어 떼가 모여들어 노닐고 물오리들이 한가롭게 자맥질을 하고 있다. 그 광경이 무릉도원을 연상케 한다. 천지연 폭포가 장엄하다고 할 순 없겠으나 쏟아져 내리는 물줄기는 막혀있던 가슴의 답답함을 한꺼번에 뚫어주기에 충분하다.

똥오줌도 마다않는 선생님들에 대한 감동과 존경

첫날 일정이 너무 빡빡하여 휠체어 탄 학생들을 승하차시키는 일도 만만치 않다. 교사들과 자원봉사자들 보기 미안할 정도로 그들의 수고가 많다. 특히 체격이 큰 고등부 박영주는 서로가 말없이 승하차시키기를 미룰 정도다. 덩치 큰 학생들은 요령껏 어깨에 둘러메듯이 했는데, 이때도 반드시 옆에서 한 사람이 보조를 해야 한다. 코스별로 승하차시키기를 수십 번 반복하다보니 남자교사들은 파김치가 되어버려, 내년에는 인솔자로 따라오지 않겠노라 예고를 할 정도다. 이러한 사실을 부모들은 알고나 있을까?

일정을 마치고 숙소인 SUNLAND호텔로 돌아오는 길, 무사히 하루를 마친 안도감이 몰려온다. 관광회사에서 따라온 전무와 호텔 로비에서 차를 마시게 되었는데, 전무가 느닷없이 특수학교 교사들 다시 봐야겠다는 말을 한다. 내심 긴장이 된다.

"교감선생님, 저는 오늘 학생들을 인솔하는 선생님들의 모습을 보고 감동을 받았습니다. 똥오줌을 마다않는 선생님들이 존경스럽습니다."

진지한 표정으로 힘주어 말하는 그에게서 진심이 느껴진다. 예상치도 못한 말이었지만 진심에서 우러나오는 그의 마음과 말이 고마웠다. 세상 사람들이 외면하는 장애인 교육에 남다른 마음으로 헌신하고 있음을 알아주고 인정해 준다는 그 사실 하나만으로도 특수교사들은 보람과 긍지를 느낄 것이다.

밤 10시가 되기 전에 평가회를 열어 내일의 계획을 검토하고 오늘의 일을 평가 반성하는 자리, 모두가 진지하다. 나름대로 좋은 안을 내고, 내년도까지 대비하는 치밀함도 보인다.

아름다운 교육애

제주로 여행을 떠나올 때 학교 친목회를 비롯해 여러 선생님들이 나름대로 정성을 보여주었다. 그 돈을 여행 온 학생들을 위해 쓰자

중고등부 졸업반 32명이 제주도로 졸업여행을 떠나는 날이다. 우리 학생들이 언제 비행기 타고 제주도엘 가보겠느냐는 담임교사들의 완곡한 주장을 교장이 받아들였다. 형편이 어려운 학생들은 학교에서 지원까지 했다.

는 것으로 의견이 모인다. 부모님의 고마움을 알게 하자는 의견에 1인당 만 원을 학생들에게 주어 부모님께 드릴 선물사기 교육을 하자는 것이다.

여행 일정이 끝날 때까지 계속 수고해 줄, 제주 사라산악회 자원봉사자들에게도 말로만 수고했다고 할 게 아니라 고마운 마음을 담은 조그만 선물을 사자는 제안에도 의견일치를 본다. 생활부장과 몇몇 선생님들은 감사의 뜻을 적은 쪽지를 준비하기로 한다. 예산을 잡아보니 그래도 돈이 조금 남을 듯해서 나머지 돈은 학생들의 노래방 체험비와 간식구입비로 쓰자는 의견에도 찬성을 한다. 일반학교에서는 꿈만 같은 일이요, 상상조차 하지 못할 아름다운 교육애다.

4월20일 제주에서의 둘째 날

제주에서 맞은 장애인의 날

4월 20일은 '장애인의 날'이다.

장애인들에게는 생일날이나 다름없다. 일부러 장애인의 날로 때를 맞추진 않았지만 학생들에겐 이 여행이 평생 잊지 못할 추억이 되겠기에 의미가 남다를 것이다.

걱정했던 것과 달리 날씨가 맑아 학생들의 기분이 좋아 보인다. 하지만 바람은 예사롭지 않다.

식전에 가이드가 자판기에서 커피를 빼준다. 맛이 아주 일품이다. 느긋하게 커피를 마시며 연극무대를 지켜보는 관객의 기분으로 주위를 둘러본다.

가정경제의 주도권이 남자에서 여자에게로 이동되었음을, 호텔에 투숙한 관광객 대부분이 여성이라는 사실을 보고 다시금 확인한다.

학생 식사지도 때문에 담임이 밥을 굶다시피 하는 경우가 있어 비담임이 먼저 식사를 하고 돕기로 한다. 오태용과 신선균은 뇌성마비로 음식 씹는 기능이 아주 미약하여 음식물을 그냥 넘기다가 자주

중고등부 졸업반 32명이 제주도로 졸업여행을 떠나는 날이다. 우리 학생들이 언제 비행기 타고 제주도엘 가보겠느냐는 담임교사들의 완곡한 주장을 교장이 받아들였다. 형편이 어려운 학생들은 학교에서 지원까지 했다.

목구멍이 막혀 컥컥거린다. 이런 학생들에게는 잘게 썬 고기, 가시 없는 생선을 주도록 신경 써야 됨은 물론 음식물이 기도를 막지 않도록 특별한 주의가 요구된다. 그런데 오태용은 잘 씹지도 못하면서 고기를 얼마나 좋아하는지 고기 없이는 아예 먹을 생각조차 하지 않는다.

오늘의 첫 일정은 코끼리 쇼 관람이다. 힘이 세어 보이는 남자 자원봉사자 한 분이 휠체어 탄 학생을 들어 승차시키느라 진땀을 뺀다. 드디어 학생들을 실은 버스가 관광도로를 달린다. 녹색이 깔린 도로변을 따라 줄지어 피어있는 연보라, 노랑, 빨강의 꽃들이 학생들의 마음을 더욱 즐겁게 만들어준다.

제주의 날씨가 변덕스럽다더니 맞는 말이다. 갑자기 강한 바람이 일더니 소나기가 퍼붓는다. 버스가 달리고 있는 관광도로의 위치는 제주시 회천동 일대로 지대가 높아, 겨울바람을 방불케 하는 광풍이 몰아쳐 사람조차 날려버릴 기세다. 초등학교 시절 교과서에서 본 동아줄로 지붕을 이은 초가집이 절로 생각난다.

비바람이 그치질 않아 야외에서 펼치는 코끼리쇼 관람은 불가능하여 결국 실내에서 열리는 마상 쇼로 바꾸어 진행하기로 한다.

과거와 현대가 공존하는 성읍민속마을

남제주군 표선면 성읍 2리로 접어드니 도로가에 유채꽃이 만발해 있다. 제주의 봄기운이 싱그러움을 더해준다.

성읍민속마을은 한라산 중간지대에 위치한 마을로, 제주가 3개의 행정구역으로 나뉘어 있을 때 정의현旌義縣이라 불렸던 도읍지이기도 하다. 마을 전체가 중요민속자료로 지정되어 유무형의 문화재가 산재해 있다. 관광객 수가 증가하면서 음식점 등이 늘어나 외관은 상업지역으로 변했지만 풍습과 전통은 그대로 유지되고 있는 곳이다. 부엌으로 통하는 굴뚝이 따로 없어 옛날엔 소똥과 말똥으로 땔감을 했다고 한다. 특이한 것은 제주에는 아무리 비가 많이 와도 전 지역 토양이 화산흙이라 물 빠짐이 지나치게 좋은 탓에 벼농사를 짓지 못한다고 한다.

마상 쇼와 자연의 힘과 아름다움의 조화 미천굴

우리가 탄 버스가 조랑말타운 가까이로 접어든다.

칭기즈칸 후예들인 몽고 마술단이 펼치는 마상 쇼는 손에 땀을 쥐게 만든다. 달리는 말 위에서 벌이는 마상 쇼는, 공기를 가르는 싸늘하고 날카로운 말채찍과 함께 시작된다. 스피드와 힘의 조화, 율동감과 박진감 넘치는 날렵하고 민첩한 동작 등에 모두가 입을 다물지

중고등부 졸업반 32명이 제주도로 졸업여행을 떠나는 날이다. 우리 학생들이 언제 비행기 타고 제주도엘 가보겠느냐는 담임교사들의 완곡한 주장을 교장이 받아들였다. 형편이 어려운 학생들은 학교에서 지원까지 했다.

못한다. 연약하고 나이 어린 소녀들이 보여주는 아슬아슬한 묘기는 관람객들을 숨죽이게 만들기 충분하다.

장면이 끝날 때마다 우뢰와 같이 터지는 박수와 환호성에 우리 학생들도 적극 동참하여 화답한다.

쇼가 끝나자 남자화장실을 여자들이 점거하여 북새통을 이룬다. 제주여행객 대부분이 여자들이라는 말을 여기서도 유감없이 증명해 보인다.

성안민속마을에서 이곳 유일의 토속적인 똥돼지 양념구이로 점심 식사를 하러 간다는 안내방송에 학생들이 모두 웃는다. 도로 옆 돌담의 뚫린 구멍 틈사이로 세찬 바람이 지나가면서 휘파람소리를 내며 허공으로 퍼진다. 평화롭다. 들판의 조랑말들도 한가로이 풀을 뜯고 있다.

점심 먹을 식당은 먼저 온 관광객들로 꽉 들어차 있다. 복잡한 사람들 틈에 끼여 바쁘게 먹어야하는 점심이지만 고맙게도 학생들은 얼큰한 돼지양념고기를 잘도 먹는다. 언제 어디서나 내 마음이 즐거우면 그 곳이 바로 천국이다. 어느 스님의 법문이 생각난다. '좋고 나쁨, 옳고 그름은 모두 마음에서 일어나니 마음공부를 착실하게 하라'고 하셨는데, 이 순간 정말 가슴에 와 닿는다.

점심을 마치자 다음 일정을 위해 차가 미천굴美千窟로 향한다.

굴의 길이는 총 1.7Km다. 광장 분수대에선 짧은 타임으로 솟구치는 물줄기가 시선을 끈다. 허공의 물줄기가 바람결에 뽀얗게 흩어지면서 물방울을 튀겨 주위 사람들의 옷을 적시는 걸 보고 관광객 모두가 좋아서 깔깔거린다. 타 지방에서 수학여행 온 학생들이 개구쟁이가 되어 분수대에서 옷을 적시느라 야단법석이다.

어둡고 습기 찬 공기로 인해 동굴의 입구에서부터 칙칙한 느낌이 감겨온다. 희미한 불빛 아래에서 연두색 이끼가 자라고 있는 것이 보인다. 컴컴한 동굴 천정에서 차가운 물방울이 떨어진다. 물방울을 맞으며 한 발 한 발 걷다보니 자연의 힘과 조화가 기막히게 어우러져 있음에 새삼 경이감이 든다. 시원하게 뚫린 동굴 안을 걸으면서도 학생들의 안전 때문에 신경은 곤두서있다.

신명으로 꽹과리 치니
한바탕 놀고 가세

수목원 한편에 있는 타악기 체험장에 북, 장구, 징, 꽹과리, 소북, 종이 매달려 있다. 지나가는 사람들마다 한 번씩 툭툭 두드리며 지나간다. 꽹과리를 들고 장단을 맞춰보니 생각대로 잘 되지 않는다. 꽹과리를 제자리에 걸어두려고 하는데, 지켜보던 나이든 관광객이 애원하듯 말한다.

"한 번만 더 쳐주시우."

그러면서 엄지손가락을 치켜세운다.

중고등부 졸업반 32명이 제주도로 졸업여행을 떠나는 날이다. 우리 학생들이 언제 비행기 타고 제주도엘 가보겠느냐는 담임교사들의 완곡한 주장을 교장이 받아들였다. 형편이 어려운 학생들은 학교에서 지원까지 했다.

여러 사람들 앞에서 꽹과리를 쳐본 적은 단 한 번도 없다. 겸연쩍고 자신이 없었지만 용기를 내어본다. 평소 듣던 리듬감과 가락을 살려 나름대로 비슷하게나마 해보려고 정신을 차려 열심히 두드린다. 꽹과리 소리를 듣고 망설이고 있던 몇 사람들이 자연스럽게 모여들더니 제각기 장구와 북과 징을 들고 장단을 맞추니 순식간에 생각지도 않던 농악판이 벌어진다. 그러자 지나던 관광객들이 때 아닌 풍물소리에 흥이 겨웠는지 어깨를 들썩이면 덩실덩실 춤을 추기 시작하는 것이 아닌가. 난생 처음 꽹과리를 쳐보는지라 얼떨떨하였지만 주위를 아랑곳 하지 않고 덩실덩실 흥겹게 춤을 치는 관광객들을 보니 나도 모르게 힘이 나서 신들린 것처럼 저절로 흥이 난다. 묘한 감동과 함께 처음으로 농악의 묘미를 맛본다. 그 누구도 주위를 의식하거나 주저하거나 눈치 보지 않는다. 그들의 춤사위는 인위적으로 꾸며낸 것도, 세련된 것도 아닌 흥에 겨워 나오는 자연스러운 몸짓이다. 민초들의 투박하면서도 절로 우러나오는 이 신명이 바로 오늘날 막춤과도 같은 것 아니겠는가. 그야말로 자연발생적인 놀이한 마당이다. 우리 민족이 흥 많고 멋을 알아 노래와 춤을 즐긴다는 사실을 그대로 입증하는 것 같다.

얼마나 심취하였는지 학생들이 기다리며 지켜보는 것도 몰랐나 보다. 흥겹게 두드리던 꽹과리를 멈추니 다른 악기들도 일제히 멈춘다. 농악에서 꽹과리가 차지하고 있는 비중을 알 것 같다.

꽹과리를 쳐달라고 부탁하던 나이 드신 분이 다가와 고맙다고 악수까지 청한다. 기분이 대단히 좋다.

'드나드는 곳이 좁은, 끝이 뾰족한 땅' 섭지코지

미천굴을 빠져나와 아름다운 해변을 끼고 시원하게 달린다. 차창 밖의 바람소리가 웅웅웅 하는 것으로 보아 바닷바람이 얼마나 센지 짐작이 간다. 일렁이는 파도 너머 쪽빛바다, 나지막하지만 당당한 자세로 선 성산 일출봉이 파도를 잠재운다.

버스는 일출봉을 바로 눈앞에 두고 '섭지코지'로 향한다.

이름이 너무 특이해서 외래어가 아닐까 생각했으나 순수한 제주도 사투리로 '드나드는 곳이 좁은, 끝이 뾰족한 땅'을 이른다고 한다. 일행이 선 자리가 100m 내외의 비좁은 협지狹地다. 바닷바람이 얼마나 거센지 숨을 제대로 못 쉴 정도다. 해풍은 성난 파도를 불러와 바위를 할퀴며 물거품을 토한다. 비치는 태양의 각도에 따라 바다색이 시시각각 변한다. 바닷물이 까맣게 보이는 곳은 분출된 용암이 바다 속에 그대로 식어있는 상태란다. 바다색이 맑고 밝게 보이는 곳은 모래가 깔린 얕은 곳으로 녹색은 바다 수심이 가장 깊은 곳이다.

협지연대가 있는 곳으로 가는데 바람을 등지고 안내판을 보아야 할 정도다. 거센 바닷바람은 나 정도의 몸뚱이는 가볍게 날려 보낼 기세다. 협지연대는 통신시설이 발달하기 이전 적의 침입 시 위급상황을 알리기 위해 군대가 주둔하고 있는 곳인 방초소, 수전소 등으로 연락하기 위한 통신망의 하나로 볼 때 육지의 봉화대와 같은 역할을 했다.

하지만 해안으로 접근하는 배를 자세하게 관찰하고, 또한 적군과 전투하기 위한 요새라는 점이 다르다. 제주에는 38개의 연대가 있어 낮에는 연기로 밤에는 불빛으로 연락했다. 이는 육지의 봉화와 같은 역할이다.

섭지코지 언덕 아래로 펼쳐진 망망대해, 넘실대는 검푸른 파도는 시시때때로 성을 내며 할퀸다. 산산이 부서지는 하얀 물보라가 수평선 위로 아득한 물안개를 피워낸다. 하늘에서 사선을 그으며 내리꽂히는 광풍은 바다 위로 둥근 파장을 일으키는 기이한 현상을 연출한다.

TV연속극 '올인 하우스' 촬영장이 있는 산책로를 따라 가니 검은 현무암이 질서정연하게 서서 관광객을 맞이한다. 안쪽 건너편에 드라마에서 보던 성당이 보인다. 그런데 왠지 바다풍경과는 별로 어울리지 않는다.

한 폭의 그림
성산 일출봉

눈앞에서 한 폭의 그림인 듯 보이는 성산 일출봉이 세찬 바람 속에서도 젊잖게 우리 일행들을 맞이한다.

남제주군 성산읍 성산리의 천연기념물 제420호인 이 일출봉은 해발 182m의 석봉石峯으로 성산반도를 형성하며 분화구가 13ha의 분지를 이루고 둘레의 99개 기암봉우리가 아름다움을 자랑한다. 동쪽 수평선 너머 떠오르는 해맞이는 그야말로 탄성을 자아내게 만든다는데, 보지 못함이 아쉬움으로 남는다.

바람막이 하나 없이 사방이 휑한 산책로에도 섭지코지와 같이 차가운 바람이 거세게 몰아쳐 몸이 휘청거리고 숨쉬기가 어렵다. 날씨도 약간 시릴 정도로 차갑고 썰렁하다. 그래서인지 관광객도 몇 사람 보이지 않는다.

"교감선생님, 마음속 나쁜 것들이 몽땅 날려가네요."

한껏 움츠린 채 말없이 함께 걷던 최영호 부장이 한 마디 한다. 산책로 아래 경사진 비탈엔 해변을 향해 가물가물하게 계단이 놓여 있다. 차 떠날 시간이 거의 된 것 같은데 최 부장은 자꾸만 계단 아래 해변으로 내려가자고 한다. 차갑고 거센 바람을 안고 되올라오기가 귀찮고 거북하여 그냥 가자고 했지만 최 부장은 '아직 시간이 좀

중고등부 졸업반 32명이 제주도로 졸업여행을 떠나는 날이다. 우리 학생들이 언제 비행기 타고 제주도엘 가보겠느냐는 담임교사들의 완곡한 주장을 교장이 받아들였다. 형편이 어려운 학생들은 학교에서 지원까지 했다.

남아있다'면서 미련을 버리지 못한다.

결국 함께 해변으로 향한다. 지척에 내려다보이는 해변으로 크고 작은 바위들이 조화를 이루고 있고, 그 사이로 밀려온 거친 파도는 포말을 이루며 산산이 부서져 허공으로 튀어 올라 작은 물방울이 된다. 발 고운 가루처럼 잘게 부서진 물방울이 태양에 역광으로 반사되니 초록빛 바다를 배경으로 피어오르는 무지개가 신비스러울 정도다. 해변에 당도하니 멀리서 보이던 초록빛 바다는 간곳없고, 현무암 깔린 검푸른 파도만이 삼킬 듯 철썩이다 부서져 거품만 남기고 사라지곤 한다.

"와아, 바람이 와 이래 쌔노. 교감샘, 여까지 왔는데 회나 한 접시 하고 가입시더."

최 부장은 내 대답을 듣기도 전에 벼랑 밑에 있는 조그마한 횟집으로 먼저 들어가 버린다. 횟집이 금방이라도 바람에 날아갈 듯 허술하게 보인다. 조그만 접시에 담아주는 전복, 멍게, 회 등을 먹어보니 예상외로 맛이 좋다. 전복의 오돌오돌 씹히는 맛 또한 일품이다. 맛있게 먹으면서도 한편으로는 우릴 기다리지나 않을까 은근히 걱정을 하면서 거의 다 먹어 가는데, 어떻게 냄새를 맡고 왔는지 갑자기 오 부장과 가이드가 불쑥 들이닥친다.

"아이구, 두 분이 여기에 계셨구만. 아, 얼마나 찾은 줄 아십니까? 그리고 아무도 모르게 이렇게 두 분만 살짝 와서 회를 자시면 안 되지요."

뜻밖의 출현으로 가슴이 덜컥 내려앉는다. 난감해진 우리들의 표정이 어떠했을까? 오 부장이 던진 농담 속 진담에 도둑질하다가 들킨 사람처럼 당황스럽고 얼굴이 붉어진다. 오 부장의 넉살에 하는 수 없이 다시 회 한 접시를 시키고 나니 최 부장이 계산을 한다.

일출봉 언덕에 관광객은 한 사람도 보이지 않고 우릴 기다리는 버스만이 바람 속에 댕그라니 앉아있다. 다시 한 번 가슴이 내려앉는다. 버스에 오르니 우리에게 꽂히는 시선 때문에 얼굴을 들 수가 없다.

"와, 자연산, 자연산 멍게, 자연산 회……."

인솔교사 모두가 이구동성으로 소리치며 합창을 한다. 오 부장과 최 부장은 변명하기에 바쁘다. 다음 장소로 이동을 하고, 시간이 지나 호텔에 도착할 때까지 인솔책임자인 나는 고개를 들지 못한다.

오후 5시가 넘어서야 세찬 제주의 바람이 조용히 잦아들기 시작한다. 차 안에서 내일은 날씨가 좋다는 일기예보를 듣는다.

진정한 봉사는 '남이 아닌 나 자신을 위함'에서 출발한다

진정한 봉사는 '남이 아닌 나 자신을 위함'에서 출발한다.

많이 피곤하였던지 일정을 마치고 숙소로 돌아오는 버스 안에서 그만 깜박 잠이 들었던 모양이다. 잠결에 어렴풋이 뒷좌석에서 얘기

중고등부 졸업반 32명이 제주도로 졸업여행을 떠나는 날이다. 우리 학생들이 언제 비행기 타고 제주도엘 가보겠느냐는 담임교사들의 완곡한 주장을 교장이 받아들였다. 형편이 어려운 학생들은 학교에서 지원까지 했다.

소리가 들린다. 눈을 감은 채 귀를 기울인다.

"봉사를 많이 하시는 것 같네요."

"아니 뭐 봉사라고 내세울 것도 없는 그런 일들이지요."

"봉사는 누구나 한두 번쯤은 경험을 하는데, 저는 이렇게 생각해요. 진정한 봉사는 남을 위한 일이 아니고 바로 나 자신을 위한 것이지요."

화들짝 놀란다. 나 역시 평소 티내지 않고 혼자서 남을 위한 봉사를 한답시고 했는데, 10년 세월이 흐르고 나서야 '봉사는 남을 위하는 일이 아니라 바로 나 자신을 위한 일'이란 것을 깨우친 늦깎이기 때문이다. 이런 대화를 나누고 있는 사람들이 누구인가 몹시 궁금하다. 슬쩍 돌아보니 오경환 부장과 제주 사라산악회에서 나온 나이가 지긋한 여자 자원봉사자다.

우연히 잠결에 들은 그들의 대화를 통해, 오 선생과 현지 자원봉사자는 평소 실천을 통한 봉사자로서 '봉사의 참의미와 봉사정신'을 알고 실천하는 훌륭한 분임을 알아차린다. 그들 덕분에 마음속에서 따뜻한 기운이 번져나가고 있음을 느낀다.

4월21일 제주에서의 셋째 날

368개의 한라산 기생화산, 오름

아침 6시에 눈을 뜨니 햇살이 눈부셔 기분이 좋다. 오늘은 2박3일의 일정을 마치고 대구로 돌아가는 날이다.

그런데 강풍주의보 발령이 내렸다는 일기예보를 들으니 돌아가는 비행기가 결항될까봐 은근히 걱정이 된다.

호텔에서 아침 식사를 마치고 이내 버스에 오른다.

차는 한라산의 완만한 능선을 따라 잘 닦여진 관광도로를 달린다. 한라산 정상이 바로 눈앞에 다가온다. 정상 부근에는 겨울에 내렸던 눈이 아직도 녹지 않고 그대로 쌓여있다.

우리나라에서 2번째로 높은 산이고, 한강 이남에서는 가장 높은 한라산이지만 대구의 팔공산에 비하면 산세가 순하다. 한라산은 우람하기보다 완만한 자태로 곡선을 그리고 있어 수줍고 순박하면서도 넉넉함을 풍기는 시골처녀 같다면, 팔공산은 철벽같은 병풍이 둘러싸고 있어 씩씩하고 활달함이 넘치는 사나이 같다고나 할까?

제주에 오면 '오름'이란 말을 많이 듣는다. 오름은 제주 사투리로

중고등부 졸업반 32명이 제주도로 졸업여행을 떠나는 날이다. 우리 학생들이 언제 비행기 타고 제주도엘 가보겠느냐는 담임교사들의 완곡한 주장을 교장이 받아들였다. 형편이 어려운 학생들은 학교에서 지원까지 했다.

화산을 말하는데, '기생화산'을 지칭한다. 쉽게 말하여 '새끼화산'이라고 말을 하면 어떨까 싶기도 하다. 한라산 중간 산간지대에 오름이 많이 분포되어있는데 그 수가 무려 368개에 달한다고 한다. 그렇다면 화산폭발 당시 백록담에서 시작하여 368개의 기생화산이 동시에 폭발했다는 말이 된다. 그 엄청난 상황은 아무리 상상해보려 해도 그림이 잘 그려지지 않는다.

오름은 외형적 특징으로 보아 원형 오름, 말굽형 오름, 원추형 오름, 복합형 오름 등으로 이름을 달리한다.

신비의 도깨비 도로를 체험하다

버스가 관광도로를 따라 한참을 달리다가 거꾸로 가는 도로인 '도깨비 도로', '신비의 도로'라는 표지판이 붙은 곳에서 도로체험을 위해 멈춘다.

버스에서 내리니 공기가 더 없이 맑고 깨끗해 저절로 심호흡을 하게 된다. 시원하고 약간 서늘한 가을 날씨를 연상케 하는 기분 좋은 날씨다.

'신비의 도로'는 길이가 약 200m 정도인데 도로경사가 제법 높아 눈으로 봐도 약간 가파른 오르막 도로임이 분명하다. 그런데 실험을 해보이기 위해 경사진 도로에 물을 쏟아 부으면 포장된 도로 내리막

길로 물이 주르르 흘러내려야 할 터인데 그렇지 않다. 다른 실험으로 증명해 보이기 위해 자전거타기, 휠체어밀기, 걷기, 버스의 시동을 끄고 실험을 하니 버스가 오르막을 향해 서서히 움직이는 것을 보고 모두 놀라 탄성을 지른다. 보면 볼수록 신기하다. 그런데도 이 신기한 현상이 모두 '착시현상'이라니 영 실감이 나지 않는다.

느닷없이,
사실무근의 말을 이어가는
선균이 앞에서…

다른 곳으로 이동을 하기 전 잠시 휴식을 하는데 고등부 신선균 학생이 나를 보더니 느닷없이 말을 던진다.

"교감선생님, 우리 아버지가 교감선생님을 별로 좋게 생각하지도 않고 마음에도 들지 않는다고 해요."

너무나 뜻밖의 말이라 영문도 모르겠고 어안이 벙벙하여 잠시 가만히 있는데, 옆에서 듣고 있던 다른 선생님들이 묘한 웃음을 흘린다. 난감하고 난처해서 어쩔 줄을 모르다가 '침착하자'를 몇 번이나 속으로 다짐하고 나서 선균이에게 나직하게 다시 물었다.

"선균아, 나는 너희 아버지 얼굴도 모르는데 무슨 말을 그렇게 하냐?"

"우리 아버지가 교감선생님이 별로 마음에 들지 않는다고 해요."

중고등부 졸업반 32명이 제주도로 졸업여행을 떠나는 날이다. 우리 학생들이 언제 비행기 타고 제주도엘 가보겠느냐는 담임교사들의 완곡한 주장을 교장이 받아들였다. 형편이 어려운 학생들은 학교에서 지원까지 했다.

다시 한 번 똑같은 말을 한다. 그러자 나도 모르게 무슨 큰 잘못이나 저지른 사람처럼 얼굴이 붉어져 할 말을 잃어버리고 만다.

성보학교로 승진발령을 받아 온 지 2개월도 채 되지 않는데 이 무슨 말인지… 혹여 나도 모르게 무슨 실수라도 했나? 정신이 번쩍 들어 나의 지난 일상의 필름을 초고속으로 돌려본다. 그래도 마땅히 떠오르는 것이 없다.

“교감선생님, 이 녀석은 평소 말이 왔다 갔다 하니까 신경 쓰지 마십시오.”

O교사가 내 심각한 표정을 보고 웃으면서 그렇게 말한다. 이 광경을 유심히 지켜보던 K교사가, 옆에서 보고 웃고 있는 나이든 관광객 한 분을 가리키며 묻는다.

“선균아, 이 분은 누구시냐?”

“예, 권영탁 교장선생님입니다.”

다시 또 물어도 대답은 똑같다. 예상치 못한 엉뚱한 대답에 놀라지 않을 수 없었지만 나는 그 대답으로 그나마 안도의 숨을 쉰다. 잠시 교장이 된 그 관광객은, 말없이 선균이를 보며 희미하게 미소를 짓다가 어디론가 사라진다.

차가 출발하려는데 조금 전의 ‘관광객 교장’이 제주신토불이 엿을 3봉지나 사서 먹으라고 주고 간다.

자연생태학습관에서,
장애인을 대하는 사람의 표정만으로
읽을 수 있는 것들

다음 코스인 자연생태학습관으로 이동한다.

제주 유치원생들이 노랑병아리 마냥 통일된 복장을 하고 줄지어 다닌다. 너무나도 사랑스럽고 귀여워 손을 내밀어 악수를 청하니 스스럼없이 웃으며 손을 맞잡는다. 천사 같은 아이들의 따스한 체온이 두고두고 새롭다.

자연생태학습관에서는 지체부자유 1급인 오태용을 담당했다. 오태용도 손 흔들며 소리치는 귀여운 유치원생들을 보니 기분이 좋은지 말 대신 특유의 표정을 지으며 목청껏 괴성을 질러댄다. 이를 본 유치원어린이들이 겁을 먹은 듯 멍하니 지켜보다가 쪼르르 자기자리로 달려간다. 우리는 장애인을 대하는 사람의 표정만 보고도 얼마나 진정으로 이해하고 사랑하는지 알 수가 있다.

제주에서의
마지막 점심식사

이 점심을 마치면 제주 여행의 모든 일정을 마치게 된다.

별로 크지도 깨끗하지도 않은 식당은 육지에서 온 수학여행 팀을

중고등부 졸업반 32명이 제주도로 졸업여행을 떠나는 날이다. 우리 학생들이 언제 비행기 타고 제주도엘 가보겠느냐는 담임교사들의 완곡한 주장을 교장이 받아들였다. 형편이 어려운 학생들은 학교에서 지원까지 했다.

전문으로 받고 있다. 장애인들에게는 식사시간이 충분하게 주어져야 하는데 계속 밀려드는 수학여행 팀들로 인해 그럴 여유가 없다. 수학여행 마지막 날 마지막 식사인데 밥과 반찬이 영 부실하다.

식사 도우미를 하려면 눈치껏 먼저 식사를 해야 하기 때문에 행정실장과 나는 재빠르게 빈속을 채우며 후딱 먹었다. 그랬더니 속이 좋지 않고 거북하다. 여행에서는 먹는 즐거움을 뺄 수가 없는데 단체여행에서 그 '먹는 즐거움' 찾기가 웃기는 일인가 싶다.

"애, 그냥 삼키면 안 돼. 꼭꼭 씹어."

"반찬은 고루 먹어야지."

"천천히 먹어야지."

지도교사는 혹 음식물이 목에 걸릴까봐 제일 신경이 쓰인다. 특히 생선 가시가 문제다. 식사지도를 받는 학생들은 거의가 뇌성마비 중증장애를 가진 학생들이다.

점심에는 동규를 맡았는데 반찬이 먹을 만한 것이 없어 김치찌개에다 말아주었다. 계란 더 먹겠다는 것을 억지로 만류하고 나니 동규 표정이 영 좋지 않다. 모르는 척 내색을 하지 않았지만 이 아이들에게 먹는 것보다 더 큰 즐거움이 또 어디 있겠는가. 안타깝고도 마음이 찔린다.

수학여행의 마지막 일정
탐라목석원

탐라목석원耽羅木石苑 탐방을 끝으로 2박3일 일정의 수학여행을 모두 마치게 된다.

탐라목석원은 제주도 기념물 25호로 지정된 곳인데 이곳의 전통가옥이 아주 인상적이다. 사람들은 이 전통가옥을 배경으로 자신의 모습을 담은 사진촬영에 여념이 없다.

볼거리로는 예술적인 미가 담긴 100여 점의 목물木物과 사람머리 형상을 하고 있는 석두 100여 점 등이다.

목물은 한라산 난대림지대에서 자생하는 조록나무로, 수백 년 걸쳐 땅속에서 썩다가 남은 뿌리를 캐내어 예술적 미를 살려 조각한 것들이다. 1973년 4월에 이 목물들 중 20여 점이 문화재로 지정 되었고, 1977년 12월에는 제주도 고시 제1069호 외부담장 2,730평이 보호구역으로 지정되기도 했다. 특히 죽은 자를 위해 무덤 좌우에 제주석으로 30cm에서 1m높이로 세운 동자석이 특이했다. 동자석의 얼굴 형상이 제각기 다르고도 재미있게 표현되어 있다. 이중에서도 단순한 얼굴 형태에 코만 조각하여 '보지도 듣지도 말하지도 않고 바라만 본다. 이는 오로지 망자와 함께 영원히 하겠다는 비장한 각오의 숨소리가 들리는 듯하다'고 적혀 있는 동자석에 공감이 간다. 이는 조선 초기 1900년 전후에 성행했던 장묘문화라고 전문가들은

중고등부 졸업반 32명이 제주도로 졸업여행을 떠나는 날이다. 우리 학생들이 언제 비행기 타고 제주도엘 가보겠느냐는 담임교사들의 완곡한 주장을 교장이 받아들였다. 형편이 어려운 학생들은 학교에서 지원까지 했다.

추정하고 있다.

연녹색 수목들 사이로 들려오는 뻐꾸기 소리가 이내 이름 모를 다른 새들의 지저귐에 묻혀버린다.

목석원 출구로 나오니 시원하고 서늘한 해풍이 불어와 여행객들의 기분을 한층 더 상쾌하게 한다. 자연스럽고 소담하게 꾸며진 녹색정원 탐라목석원은 마음의 자유와 편안함의 여유를 동시에 느낄 수 있게 한다.

여행이나 체험활동을 하면서 처음 대하는 장면들에 대한 느낌이나 새로운 사실들을 기록하는 학생이나 일반인들은 거의 찾아 볼 수 없어 그것이 조금은 안타깝다. 여행이나 체험활동을 통하여 무언가를 생각하고 느낀 것을 메모한다는 것이 말처럼 쉽지는 않다. 때문에 어릴 때부터 이러한 습관을 길러주는 것이 교육적으로도 매우 필요한 것임을 다시 한 번 깨닫는다.

감사와 고마움의 표현을
할 줄 알면
얼마나 좋을까

목석원에서 혹시 우리 학생들의 무단이탈이 생기지나 않을까 걱정이 되어 시간을 앞당겨 미리 출구로 나온다. 벌써 먼저 나온 학생들이 여러 명 보인다. 그 중 어제 저녁을 먹여주었던 조진호가 휠체어에서 핸드폰을 만지작거리고 있다.

"진호야, 선생님이 핸드폰 한 번 사용해보자."

"안돼요."

아주 짧게 단호하게 말을 한다.

"진호야, 선생님 핸드폰은 배터리가 다 떨어져서 통화가 안 되니 한 번만 사용해보자, 응?"

"안돼요."

조금 전과 똑같이 한 마디로 거절한다. 웬만하면 싫어도 한 번쯤 내어줄 만도 한데 거듭 거절을 하니 서운함이 생겨서 나도 모르게 하지 말아야할 말을 내뱉고 만다.

"에이, 진호야, 섭섭하다. 너 어제 저녁 식사시간에 누가 밥 먹여주었지?"

그래도 진호는 눈 하나 깜빡하지 않고 표정 하나 변함이 없다.

학교에서의 인성교육에 문제가 있나 하는 생각도 스쳐간다. 그저 무심하기만 한 진호에게 씁쓰레한 마음과 연민이 교차된다.

장애학생들은 대체로 자기 물건에 대한 집착이 강해 남에게 주거나 음식을 나눠 먹을 줄 모른다. 싫고 좋음이 너무나 분명하고, 남에게 의지하고 받을 줄은 알아도 다른 사람을 배려하고 베풀 줄은 잘 모른다. 의사표현이 잘되지 않는 장애학생들이라고 스스로 변명도

중고등부 졸업반 32명이 제주도로 졸업여행을 떠나는 날이다. 우리 학생들이 언제 비행기 타고 제주도엘 가보겠느냐는 담임교사들의 완곡한 주장을 교장이 받아들였다. 형편이 어려운 학생들은 학교에서 지원까지 했다.

해보지만 아무래도 교사들의 직무유기인 것 같아 한참을 생각해보고 반성도 해본다.

첫 비행기 수학여행
제주여, 안녕

일정을 다 마치자 인솔 교사들이 결산을 한다.

학생 개인당 5천씩을 나누어준 후 가족이나 친구에게 줄 선물 쇼핑시간을 가지기로 한다. 일반학교에서는 보기 힘든 광경이다. 아름답다.

제주공항에 도착할 시간을 넉넉하게 잡아 출발했지만 이동하는 것이 여간 힘든 것이 아니다. 봉사대원과 공항직원의 도움을 받아 학생들의 이동을 완료한다. 봉사대원 3명과 작별을 하면서, 인솔교사들이 짤막하게 쓴 감사의 글귀와 정성을 담은 조그만 선물을 내가 대표로 전달한다. 회자정리라는 말이 떠오른다. 짧은 만남이지만 봉사대원과의 이별이 아쉽다.

제주에 올 때와는 달리 가로 좌석이 12개짜리인 대형여객기로 돌아가게 된다. 비행기가 굉음을 내며 미끄러지더니 이내 사뿐 활주로를 벗어난다. 공중으로 부웅 떠오르는 느낌을 받자 승객들이 있거나 말거나 학생들이 또 한 번 '와아!' 하고 함성을 지른다.

한라산 봉우리 좌우로 팔을 벌리듯 비스듬히 펼쳐진 능선이 자비롭고 넉넉한 어머니 같다. 제주를 품에 안은 정겨운 자태에 단아함마저 풍긴다. 눈 아래 어선 한 척이 검푸른 파도를 헤치며 달아나고, 남겨진 흰 물꼬리가 가물가물 졸듯이 한가롭다.

2006년 4월6일

중고등부 졸업반 32명이 제주도로 졸업여행을 떠나는 날이다. 우리 학생들이 언제 비행기 타고 제주도엘 가보겠느냐는 담임교사들의 완곡한 주장을 교장이 받아들였다. 형편이 어려운 학생들은 학교에서 지원까지 했다.

내 생의
마지막 연수

-2008년 9월 1일 ~ 10월 2일 교장연수 일기

어떤 삶이든 건너야할 강은 있게 마련이다. 이번 교장연수 역시 나에겐 건너야할 강이었다. 무사히 통과의례를 치렀으니 이제 새로운 땅을 딛고 군건하게 설 차례다. 언제 올 지 알 수 없는 기회이긴 하지만 새로운 걸음 걸어볼 그날을 기다려 본다.

청주 교원대학교
함덕관 437호실
연수번호 275

9월1일 맑음

교장자격연수를 받기 위해 청주 교원대학교로 떠나는 날이다. 지난 3월 1차 연수를 함께 받은 교감 중 1차와 4차로 반이 나뉘었는데, 우리 18명은 4차 연수단이다. 버스에 오르니 먼저 탄 반가운 얼굴들이 반겼다. 차안에서 담소를 나누며 웃다보니 해외여행 떠나기 전 마음같이 들떴다.

교장을 두고 교육현장에서는 꽃이라고 한다. 그러나 그 꽃은 전체 교사들 중 4%밖에 피우지 못하는 꽃이다.

솔직히 옛날부터 교사들은 너나없이 연수라면 참가를 꺼려했다. 그렇듯 부정적인 측면이 강해 효율성이 떨어졌으나 지금은 연수비보조도 받고 각종 인센티브도 생겨 자발적 연수 풍토가 점차 조성되고 있다.

대부분 그렇겠지만 나도 연수회 때마다 졸기 일쑤였다. 의무적인 것이라는 이유도 있지만 꼭 해야겠다는 필요성이나 중요성이 결여된 때문일 것이다. 하지만 이번은 교직에서 마지막 연수라 생각하니 감회가 남다르다. 절대 졸지 말고 열심히 연수에 임하여 한 가지라도 더 알고 익혀 현장에 접목시켜 보리라는 생각을 당차게 해본다.

깜박 잠이 든 사이 버스는 어느 듯 청주시가지로 들어섰다. 비가 내리고 있었다. 11시40분에 교원대학캠퍼스 숙소 앞에 차가 멈추었다. 건물 벽에 있는 함덕관含德館이란 이름이 먼저 눈에 들어온다. 누가 지었는지 이름이 참 좋다.

4층 437호실로 방 배정을 받고 연수번호는 275번을 부여받았다. 알고 보니 280여 명이 넘는 연수생들 가운데 나는 나이가 제법 많은 축에 속했다. 방은 고시원처럼 비좁으나 창밖으로 숲이 보여 그런대로 아담하니 마음에 들었다.

대강당에서는 전국에서 온 외국어담당 교사들이 연수를 받고 있는데 모두가 생기발랄한 미혼의 여선생들이다. 간혹 총각선생이 한두 명 보일 뿐. 성비 불균형이 심각하다. 그렇지만 자부심도 갖게 되었다. 외국어 담당교사들은 총 6개월의 연수 중 1개월은 이곳에서 연수를 받는데, 연수시간 뿐만 아니라 그 외의 시간에도 모든 대화는 영어만 사용하도록 되어있으며 나머지 5개월은 외국 현지에서 생활체험을 하면서 외국어를 익히는 과정이라는 데에 놀랐다. 또한 이런 연수 코스가 이번으로만 그치는 것이 아니고 계속된다는 것, 그 많은 연수비용도 국가에서 지급한다는 것이 놀랍다. 글로벌시대를 맞아 펴는 교육정책의 일환이라는 점에서도 아주 긍정적이라고 본다. 그러나 남녀 교사의 성비문제는 간과해서 안 될 심각한 문제다.

개강식과 연수 오리엔테이션이 끝나고 오후에 반장과 분임장을 선출했다. 어쩌다보니 내가 추천이 되었는데 사양하기가 분위기에 맞지 않았다. 내 생의 마지막 연수라는 생각에 반장을 맡기로 하였다. 이어 분임장과 총무를 뽑았다.

17시20분, 저녁식사 메뉴 중 장국이 아주 입맛을 돋우었다.

108호실에서 반장 8명과 15개 분임장, 총무가 모여 자치회장을 뽑았다 .

대구팀은 느티나무 식당에서 별도의 단합모임을 가졌다. 화기애애한 분위기속에서 박진수 교감의 수고에 다함께 박수로 답을 하며 숙소로 돌아왔다. 비 내리는 초가을 밤이 깊어만 갔다.

대구팀 연수단에서 저녁식사 마련하다

9월2일 아침 비

눈을 뜨니 6시가 조금 넘었다.

창 밖에는 회색 가랑비가 소리 없이 내리고 있었다. 잠이 없는 것인지, 부지런해서인지 몰라도 헬스장에는 벌써 자리가 없었다. 건강관리 해야 될 나이니만큼 열심히 헬스장으로 와야겠다는 다짐이 절로 되었다. 땀을 흠뻑 빼고 나니 몸도 마음도 한결 가볍다.

오후 5,6교시에 대구시교육청 이병옥 교육국장의 강의가 끝난 뒤 대구팀 연수단에서 저녁식사 자리를 마련했다. 첫 숟가락을 막 뜨는데 전화가 왔다.

"반장님, 반장회의에 안 오셔요?"

오후 6시20분에 반장회의와 전달사항이 있다는 것을 그만 까맣게 잊고 있었다. 요즘 건망증이 너무 심해졌다. 이러다 나중에 치매가 오지 않을까 은근히 걱정이 되기도 했다.

창의성 개발을 위한 '깍궁놀이'와 4989, 7788의 연상놀이

9월3일 점점 맑음

교육인적자원부 소속 특수교육지원과 김계옥 연구사와 명함을 교환했다. 그도 대구사람이었다. 누군가, 나이가 많이 어린데 벌써 교장자격을 따서 나중 어떻게 하냐며 남의 일 같지 않다고 걱정(?)을 하기도 했다.

교원대 총장이 작가 이외수와 만났던 얘길 했다. 이외수가 "나는 요즘 외계인들과 곧 잘 대화를 하고 있습니다."라고 해서 외계인들이 지구인들을 어떻게 생각 하느냐고 물었더니 "지구인들은 안 해도 될 근심걱정까지 사서 한다더라."라고 대답하더라는 것이다. 난 아마 가장 보편적인 사고를 가진 지구인인 모양이다.

어제에 이어 오늘도 아침 7시에 김계옥 연구사가 사범이 되어 기체조를 하는데 많은 연수생들이 참여하고 있다고 한다. 강당에서 앉은 채로 스트레칭 기체조를 하는데 상당히 효과가 있다고들 하지만 아침헬스를 빼먹지 못하니 아쉬워도 어쩔 도리가 없다.

마지막 시간에는 젊은 교수의 재치와 유머 넘치는 강의가 인상적이었다. 내용은 창의성에 관한 것이다.

5개월 이상의 어린이에게는 '까궁놀이'가 창의성을 높여준다는 것과 장난감을 흔들며 보여주다가 순간적으로 이불속에 감추고 그 장난감을 찾게 하는 것이 어린이들에게 인지력과 집중력 신장에 좋다고 했다. 또 인지과정에서 복잡한 수는 한선으로 연결시키는 것이 익히기도 쉽고 효과적이라고 했다.

4989는 '물건을 사구 팔구'로 익히고, 7788을 기차소리와 연상을 시켜 '칙칙폭폭'의 1자리 단선으로 익히게 하는 것으로 창의성 키우기에도 좋다고 했다. 어떤 사물을 보는 순간 인지하는 능력은, 15초에 7개 정도의 기억을 저장할 수 있을 뿐으로 시간의 제약을 받는다고 한다. 말하자면 단기작용기억의 용량이 15초에 7개밖에 되지 않는다는 것이다. 경험을 기억에 저장시키기 위해 까꿍놀이가 필요하고, 창의성은 그렇게 창고에 저장된 지식을 바탕으로 이루어진다는 것, 그것도 10년 이상의 지식이 축척이 되어야 한다면서 모차르트와 노벨상 수상자들의 사례를 들었다. 지식이 바탕이 되어야 창의성도 솟아난다는 말에 무척 공감이 되었다.

교원대 정동영 교수가 저녁을 사겠다고 하여 나갔다. 처음 보는 사람이라 서먹했지만 모두가 특수교육을 하고 있다는 공통점 때문에 이내 격의 없는 대화로 분위기가 풀렸다. 그야말로 특수교육 가족이라는 끈끈한 정을 느끼게 해주었다. 해마다 교장연수 때면 특수교장 자격연수단에겐 따로 식사대접을 하고 있노라고 했다. 정 교수의 마음이 새삼 따사롭고 그 정이 도탑게 느껴졌다.

입가심을 한다면서 맥주잔을 앞에 두고 14명이 각자 근무하는 학교 소개와 현장의 교육 문제점을 차례로 이야기하다보니 많은 시간이 흘렀다. 진지한 분임토의가 저절로 이루어진 셈이다.

김응래, 최태웅 교감과 함께 정 교수를 데리고 노래방까지 가서 고래고래 고함을 지르며 노래를 하고 돌아왔다.

연수 와서 깨달은 무식, 새삼 부끄럽고 창피하다

9월4일 맑음

씻은 듯 맑은 날씨다. 전형적인 초가을 정취가 물씬 풍긴다. 숙소 유리창 너머로 보이는, 대학생들의 활기찬 표정과 캠퍼스 풍경이 한 폭의 수채화 같다.

아침 헬스장에 며칠 계속 나오는 아가씨가 있었다. 뒷모습은 아가씨였는데 앞에서 보니 젊은 아줌마였다. 이렇게 젊은 사람이 교장연수를 받는가? 사립의 재단과 밀접한 관계를 가진 사람이 교장직무대행을 하면서 교장자격연수를 받고 있나? 도무지 궁금증을 참을 수가 없었다. 교장자격연수 받으러 온 것이냐고 물었더니 그렇다고 하면서 자신은 서울특별시 교육청 소속으로 파견 나온 대학원생이라고 했다. '투자는 생산'이라는 것과 '대한민국은 참 좋은 나라'임에 또

한 번 놀랐다. 연구하는 연구자의 자세도 참 긍정적이라는 생각이 든다. 왕성한 연구활동을 위해서는 우선 체력도 받쳐주어야 하는데 그는 이런 것까지도 잘 알고 관리하는 지혜로운 교사로 보인다.

연수 와서 보니 참 무식하구나 싶어 부끄럽고 창피하다. 정년이 불과 4년6개월밖에 안 남았지만 무엇이든 공부하는 자세로 근무해야겠다는 생각을 해본다.

사회와 교육의 패러다임이 급변하는 시대에 살고 있음을 알게 되었다. 김대중 정권 때 이해찬 총리가 시장경제 논리를 앞세워 교사의 정년을 3년 단축시켜 경력자를 퇴출시키고 1명의 봉급으로 젊은 교사 2명을 채용하여 많은 혼란을 겪었던 것도 이번 연수에서 '신자유주의' 교육정책의 일환이라는 걸 알았다. 평등주의에서 자유주의로, 진보에서 보수로, 획일화에서 다양화로, 균형에서 무한의 경쟁체제로, 평준화에서 자율화로 사회의 패러다임은 바뀌고 있다는 것이 차츰 머릿속에서 정리되었다.

'수업장학의 원리와 절차'를 통해 성장했다는 것을 느낄 때 우리는 교육의 보람을 느낀다. 가르치는 기술은 비록 후천적이라고 하지만 '수업장학은 나에게 많은 도움을 준다'라고 생각할 때 효과가 있다. 교사와 장학담당자와의 협조관계 형성이 우선이다. 교사가 '교장은 최고의 선배교사'라는 생각을 가지도록 하고 공개수업 시 교장과의 수직관계를 개선해야 장학에 효율성을 가진다.

나는 38년간이나 수업공개를 어떻게 해왔나 생각하니 부끄러움이 앞선다. 웃을 일이 아니다.

정 교수가 밥 산다고 하여 모두 강의를 마치는 즉시 현관 입구에서 기다리는데 광주의 한 교감이 연락도 없이 나타나지 않았다. 강의실 앞쪽으로 뛰어가 보아도 사람이 보이질 않았다. 할 수 없이 안내책자를 뒤적여 겨우 김형회란 이름을 알아내어 두 번이나 방송을 했지만 끝내 나타나질 않았다. 그제야 점심식사를 한 뒤 누군가 참석을 못한다고 말한 것이 생각났다. 그때 방송을 듣고 달려온 김 교감이 '반장님께 참석 못한다고 알리긴 했는데, 죄송합니다' 했다. 아뿔싸! 내 정신이 왜 이럴까? 모두들 나를 보고 어이없어 하며 웃어 버렸다.

1층 로비에 커피와 과자, 자동혈압계가 비치되어 있어 체크를 해보니 최고 165까지 나왔다. 재고 또 재어 보아도 1차 고혈압 수치가 나와 불안했다. 쉬는 시간마다 재어보아도 150 이하로 떨어지지 않았다. 생각할수록 은근한 불안이 영 가시질 않았다. 오후 휴식시간, 벌써 누군가 혈압계 앞에 앉아있었다. 그 사람 역시 혈압이 160을 상회하고 있었다. '1차혈압경고' 표시를 보는 순간 나와 같은 사람이 또 있다는 사실에 이상한 안도감이 생겼다. 그가 고개를 갸우뚱하더니 다시 혈압을 쟀다. 별 차이가 없었다. 내가 큰소리로 말했다.

"그 놈의 혈압계가 스트레스를 줍니다. 영 엉터리니까 신경 쓰지 마세요."

"그러네요. 평소에 이렇게 높지 않았는데 엉터리로구먼."

그가 혈압계 앞에서 물러났다.

대전에 있는 내과전문의인 큰 아이에게 전화를 해 혈압 이야기를 했더니 "아버진 체중을 빼셔야 해요. 그러면 정상으로 돌아갈 거예요. 열심히 운동하시고 음식 양을 줄이세요." 한다. 사실 나는 먹는 것을 좋아하고 사랑하는 편이다. 이번 연수를 하면서 몸무게를 줄이기 위해 식당에서도 먹는 양을 줄이고 아침마다 헬스를 하면서 온몸이 푹 젖도록 열심히 운동하리라 다짐을 했다.

손문의 '짐꾼의 복권'과 서산대사의 '누렁소와 검정소'

9월 5일 금요일 맑음

오늘은 집으로 돌아가는 날이다. 일주일 만이라 그런지 조금은 들뜬 기분이다. 어차피 이곳까지 왔으니 오늘도 열심히 연수를 받자. 한 가지라도 더 알고 더 얻어 돌아가자. 마음속으로 다짐을 또 해본다. 연수는 재미있게, 즐겁고 행복하게!

강의의 요점을 정리해본다. 사고는 미리 예방을 해야 하고, 사고 발생 시 발생순간 대처해야할 일들 중에서 중요한 것을 우리 교사들은 잘 모르고 있다. 첫째 사고 발생당시 교사의 위치가 중요함을 알고 대처해야 한다. 학생활동 당시 사고우려가 예측 가능한 것이었나? 아니면 돌발사고인가가 중요한 관건이다. 전자의 경우는 책임을 피할 수가 없다. 그래서 현장체험이나 야외활동 시 미리 사고예방에 대해 점검과 예측을 해보아야 한다.

인간을 도구로 사용하려는 교육이 되어선 안 된다. 교육이란 삶을 가르치고 배우는 것, 바람직한 행동으로 변화하게 도우는 것, 유능한 사람으로 변화시키는 것, 불완전한 인간을 교육하여 바람직한 인간으로 육성하는 것, 잠재된 천부적 능력의 발현을 도와주는 일 등등이다.

교육은 기초로 돌아가야 한다. 우리의 전통교육에서 규율의 엄격성과 사제 간의 공고한 유대강화 및 철저한 이해교육이 필요하다. 우리의 것, 전통예절을 버리면 어떻게 될 것인가? 미국 학교는 점심시간의 규율이 엄격하기로 유명하다고 한다. 조용한 분위기 속에서 식사를 하는데 조금이라도 소란을 피운다거나 떠들면 교실 뒤로 물러나 있어야 한다.

손문의 예화 중에서 '짐꾼의 복권' 얘길 들었다.

복권을 장대 홈통에 넣어둔 사람이 복권이 당첨된 사실을 알고 더 이상 필요가 없어진 장대를 강물에 버렸다. 뒤늦게 장대 속에 든 복권이 생각나 장대를 찾았으나 이미 장대는 흔적도 없이 떠내려갔더라는 뒤늦은 깨달음에 대한 이야기다.

엄격한 기초훈련이 중요함을 말해주는 예로써 서산대사의 예화가 있다. 서산대사와 사명대사가 길을 가다 잠시 쉬는데 누렁소와 검은 소가 낮잠 자는 것을 보았다. 슬며시 마음이 동한 사명대사가 서산대사에게 누렁소와 검은 소 중 어느 소가 먼저 일어날지 주역 괘를 뽑아보겠다고 했다. 火자 괘가 나오자 사명대사는 누렁소가 먼저 일어날 것이라 했지만 서산대사는 아니라고 했다. 그때 검은 소가 먼저 일어났다. 사명대사가 서산대사에게, 분명히 火자가 나왔는데 어째서 검은 소가 먼저 일어난 것인지 물었다. 서산대사는, 불은 원래 검은 연기가 먼저 피어오르고 난 다음에 불꽃이 이는 것이라 했다. 사명대사는 스승의 지혜에 탄복했다.

결국은 해석 여부에 따라 결과는 달라진다는 이야기다. 깊은 이치와 이해는 지혜지만 단순한 것은 지식밖에 안 된다는 것, 교육은 기초가 바탕이 되어야 한다는 얘기다.

오늘은 곧 바로 대구로 내려가는 것이 아니고 청남대를 경유하는 코스를 잡았다.

청남대로 들어가기 전 청남대를 안내하는 아가씨가 버스에 올랐는데, '천지인'이라는 피부약을 선전하는 목소리가 산뜻하고 맑았다. 특히 아토피피부에 좋다고 해 속는 셈 치고 만원을 주고 한 개 샀다.

청남대 입구에서부터 본관까지 양옆으로 쭉 늘어선 반송의 자태가 멋있고 기품이 있었다. 정원에는 수령이 백년 되면 나무줄기가 희게 변한다는 백송白松이 있었는데, 보기에도 다른 소나무와는 아주

달랐다. 그 옆엔 금송金松이 노란 솔잎을 달고 하늘 향해 쭉 뻗어 기품을 자랑하고 있었다. 솔잎을 씹어보니 향이 무척 진했다. 귀해서 부르는 게 값이라고 했다.

청남대는 전두환 정권시절 한 달 만에 완공했다는 공사기간 최단 건축물로 기록이 남아있다. 청남대 좌우로 대청댐의 짙푸르고 잔잔한 물결이 햇빛에 반사되어 은빛으로 눈이 부셨다.

집에 돌아와 천지인을 내놓으니 아내가 기함을 했다.

"당신 참 큰일이야, 어디 검증도 안 된 약을 사가지고 와요. 그 약이 그렇게 약이 좋으면 일반 약국에 벌써 나오고도 남았지. 특히 피부약 함부로 쓰다가 큰 화를 당하는 것 들어보지도 못했어요? 피부를 통해 인체에 들어가서 나타나는 부작용이 얼마나 많은지 알기나 해요?"

핀잔이 아니라 아예 어리석기 짝이 없는 철부지로 몰아세웠다. 할 말이 없어 그냥 가만히 듣고만 있었다.

전국특수학교정보화 대회 e스포츠, 워드정보검색 부문에서 우리학교 전국을 휩쓸다

9월 6일 토요일

3년마다 시행되는 감사를 22일부터 4일간에 걸쳐 받아야 한다. 결재가 안 된 부서가 있다고 하여 오후에 학교로 갔다. 초등, 중등 교무가 수고를 하고 있었고 정보부장도 나와 있었다.

그런데 이번 전국특수학교정보화 대회에 e스포츠를 비롯하여 워드 정보검색 부문에서 우리학교가 전국을 휩쓸었다는 미발표 소식을 접하게 되니 너무 반갑고 기분이 좋았다. 한여름 휴가를 통째로 반납하고 학생들을 지도하더니만 기어이 큰일을 해내었다. 교육은 교사들의 열정이 좌우한다는 말을 증명해 보이는 일이 아닌가.

보도자료와 현수막을 미리 준비해두라고 일렀다. 지도교사와 학생은 물론이요, 학교로서도 큰 영광이다.

교장 발령은 연령순이고 시험은 별것 아니라?

9월 8일 월요일

다시 청주로 가기 위해 리무진 버스를 탔다. 대건중 서명수 교감은 디스크가 심해 자가용으로 간다고 했다. 걱정이 많이 되었다.

목요일에 있을 논술고사 준비를 해야만 했다. 다들 교장 발령은 연령순이지 시험은 별것 아니라고 말을 하면서도 12시가 넘도록 방마다 불이 꺼지지 않는 것으로 보아 모두 신경을 쓰고 있는 것이 분명하다. 시험이라면 지긋지긋하고 꿈에서도 두려웠다. 특히 중학교 때는 수학에 기초가 잡혀있질 않아 시험이라면 노이로제에 걸릴 정도였다. 그래도 내 생의 마지막 시험이니 최선을 다 할 생각이다.

새벽1시가 넘도록 논술 초안 마련하다

9월 10일 수요일

어제 신자유주의의 교육정책에 관한 시험 과목이 제시되었다. 앞기에 연수한 팀들의 조언대로 논술의 초안을 미리 마련하느라 자료를 준비했다. 초안을 보고 베끼는 것만 해도 시간이 빠듯하다고 하니 너무 걱정이 되었다. 게다가 모범답안이라는 것이 돌아다녀 모두들 그쪽으로 정신을 빼앗겼다. 어제 저녁은 물론 오늘도 새벽1시가 넘도록 나름대로 논술 초안을 마련하고 잠자리에 든다. 신자유주의의 교육정책은 바로 시장경제 논리라는 것을 연수원에 와서 알게 되었다. 그만큼 뒤떨어진 것 같아 부끄럽지만 더 노력하면 된다는 생각으로 자위한다.

짜깁기지만 정성을 다해 논술시험 치고, 교원대 총장의 식사초대 받다

9월 11일 목요일 맑음

1교시 논술시험. 준비한대로 차근히 써나가야지 생각하니 그리 떨리지가 않았다.

그런데 문제지를 받아보니 준비한 것과 핀트가 완전히 어긋난 문제였다. 당황하니 손도 떨리고 정신이 없었다. 옆자리의 교감도 허둥대기는 마찬가지. 이 책 저 책을 보고 그냥 짜깁기를 했지만 정성을 다해 적어나갔다. 90분이 눈 깜박할 사이에 지나갔다. 시험을 마치고 나오니 피로가 한꺼번에 몰려왔다.

오후에는 8개 반 반장들만 교원대 총장의 식사초대가 있어, 같은 시간인 대구팀 단합모임은 포기했다.

화기애애한 식사자리였다. 모두들 덕담을 나누기에 바빴다. 그 와중에도 재미있는 건배제의 구호를 배워보겠다고 신경을 썼다. 먼저 건배제의로 "우리의 건강과 무궁한 발전을 위하여"라고 하면서 곧바로 "만세, 만세"하고 선창을 하면 뒤따라 "만만세"라고 크게 외치는 것이 마음에 들었다. 해보니 호쾌하거니와 재미도 있었다. 나중에 요긴하게 써먹으려고 마음으로 외워두었다.

식사는 정해진 시간 스케줄에 따라 간결하면서도 절제된 음식이

나왔지만, 나름대로 정을 표시하면서도 따뜻한 격려의 시간이 되었다. 그런 모임문화에 대해 배울 점이 있었다.

해외연수 방문국에 대해 안내받고 대구로 가다

9월12일 금요일 맑음

1, 2교시에 외국어연수관에서 해외연수방문국인 말레시아, 싱가포르의 문화와 역사, 교육제도에 대해 안내받는 시간을 가졌다.

일과를 마치자 곧바로 도시락을 받아 대구로 갈 리무진에 올랐다. 휴게소에서 도시락을 먹고, 추석 앞이라 길이 막힐까봐 서둘러 출발했더니 1시10분에 대구에 도착했다. 너무 서둘렀나? 그 바람에 아내를 30분이나 기다려야 했다.

추석이라고 교직원들이 보내온 선물을 보니 고맙지만 왠지 부담이 된다. 보내는 입장에서도 부담이 많이 되었을 거란 생각이 든다. 나는 아직 한 군데도 보내지 못했다. 추석 지난 뒤에라도 고맙고 신세진 분들을 찾아뵈어야겠다.

점촌 도착

9월13일 맑음

점촌에 도착하니 벌써 동생 내외가 모두 와 기다리고 있었다.

지난 번 방 도배한 것이 참 마음에 들지 않았는데 오늘 보니 처음 봤을 때보다는 조금 나은 것 같다.

저녁식사를 마치고 사촌 일환네와 명애가 와서 한잔하러 나가자고 했지만 피곤해서 사양을 했다.

더 이상 명절이 즐겁지 않을 나이

9월14일 맑음

추석이라 해도 어릴 적에 느꼈던 기다림이나 설렘이 없다. 나이가 든 탓도 있겠다. 당시 어른들이, 명절이 다가오니 좋기는커녕 돈 쓰고 일만 많다더니 이제 그 이유를 알 나이가 되어버렸다.

그래도 오랜만에 형제들 내외와 조카들이 모이니 참 좋다.

"아부지요.
신랑이고 뭐고 다 소용없고
우리가족이 최고에요"

9월22일 월요일 맑음

다시 청주로 가는 날이다. 1주일이 후딱 지나갔다.

오늘은 감사가 시작되는 날이다. 교감 승진 후 처음 받는 감사라 별일 없이 지나가기만 바랐지만 감사가 어찌 수월하기만 할까. 지난 3년간 학사를 비롯한 일체가 대상이기 때문에 지난 한 주는 계원들과 부장들이 퇴근도 못하고 확인 점검 보완을 하느라 수고가 많았다. 특히 초, 중 교무와 연구의 수고가 많았다. 연수 가고 없는 내 역할까지 대행해야 했다.

밤늦게 일하는 선생님들에게 미안한 마음에 수요일과 금요일 저녁을 샀다. 오랜만에 돈쓰고도 기분이 좋다. 그 와중에 정 교무에게 재택과제를 부탁했는데도 싫은 내색 하지 않고 잘 정리해주어 무척 고마웠다.

청주로 떠나올 때, 시집간 딸아이가 출산 이후 자주 머리가 아파서 병원 간다고 했는데 어찌되었는지 내내 걱정이 되었다. 오후에 아내에게 전화를 내니, CT촬영 해보고 이상이 있으면 MRI를 찍는다고 했는데 조금 전 MRI 찍으러 들어갔다는 것이다. 순간 가슴이 철렁 내려앉았다. 나는 딸아이에 비하면 살 만큼 살았으니 내 생명을 바쳐 딸을 구할 수만 있다면 그러겠다는 생각이 들었다. 그러면서도 이것이 바로 부모의 마음인가 싶었다. 속으로는 겁을 잔뜩 먹고 있으면서도 아내에게는 '별일 없을 것'이라고 말했다.

점심을 먹는 둥 마는 둥하고 마지막 시간 이 끝나자마자 다시 전화를 했다. 아무 이상 없다는 아내의 목소리에 긴장이 풀렸다. 딸아이의 목소리가 들려왔다.

"아부지요. 신랑이고 뭐고 다 소용없고 우리가족이 최고에요."

각 지방에서 온
강사들의 언어,
이해하기 어려워

9월23일 화요일 아침엔 흐리고 차차 갬

오후 분임토의 시간에 협력위원이 칭찬을 한다. 나이 60이 넘어도 기분 좋아지는 걸 보니 '칭찬은 고래도 춤추게 한다'는 말이 헛말은 아닌가 보다.

김인영 교감이, 우리 반은 다른 반에 비해 특수교육이라는 공통점이 있어서 그런지 분위기가 아주 원만하다고 했다. 다른 반은 자기 주장을 관철시키려고 막무가내로 밀어붙이기도 하고 분위기도 별로

라는 것이다.

강의시간에, 옛날에는 인생 60이라고 했지만 오늘 날은 당연히 90이란다. 30+30+30에서 처음 30은 중간을 위해있고 중간 30은 마지막을 위해 존재한다고 한다.

또한 저출산의 문제를 두고 미국은 9.6% 한국은 62.9%가 국가책임이라고 답한 설문조사결과가 나왔다고 했다. 국민의식 수준정도를 심각하게 생각해 봐야할 때다. 고물가, 고령화, 사교육비로 인한 결과라고 하기엔 아무래도 심각하다.

'인구변화와 교육과제' 김태헌 교수 강의시간에 사례로 든 '김 교수 부부 이야기'를 듣고 요즘 여성의 파워에 대해 공감을 했다.

"베란다에서 마늘 두 쪽만 갖다 주세요."

슈퍼에 깐 마늘이 많던데 성가시게 통마늘을 고집할까? 하다가 아내가 한 푼이라도 아끼려고 그러겠지 하고 마음을 고쳐먹으니 심부름한다는 마음이 조금 풀리더라는 김 교수.

"마늘 좀 까줘."

마늘만 갖다 주고 가려는데 거부할 수 없는 명령이 또 떨어졌다. 할 수 없이 아무 말도 않고 마늘을 깠단다. 어느 날 또다시 아내의 명령이 떨어졌다.

"여보, 마늘 좀 빨리 갖고 와."

"여기 있어. 깔까?"

마늘을 까고 있을 때, 언제 들어왔는지 고3아들이 물었다.

"아버지, 뭐 하세요?"

"보면 모르니?"

그러자 아들이 슬그머니 아버지 옆에 다가와 앉더란다. 부자가 마늘을 열심히 까고 있는데 아내가 갑자기 소리를 질렀다.

"얘, 너 지금 뭐 하고 있어?"

"보면 몰라요, 마늘 까고 있잖아."

"뭐! 사내새끼가 뭐 할 일이 없어 마늘 까고 있어. 하라는 공부는 안하고."

중간고사가 며칠 남지 않은 아이에게 김 교수의 아내는 단단히 화가 난 모양이었다. 그럼, 난 뭐지……

김 교수는 아무소리도 못하고 혼잣말로 중얼거리기만 했다.

각 지방에서 온 강사들의 언어를 이해하는 데 어려움이 있다. 때론 짜증도 나고 수면제가 될 때도 있다. 느린 충청도 말씨는 좀체 알아듣기 힘들다.

야간강의를 다 듣고 숙소에 돌아오니 부지런한 박 총무에게서 문자가 왔다. 경명여고에서 보내 온 위문품을 가져가란다. 서명수 교장, 언제나 친절한 지규현 교장의 논술자료 등 강사평가 입력에 도움을 받았다.

함덕관 뒤편 숲 새벽산책으로 하루를 열다

9월24일 수요일 흐림

새벽 5시50분경 지규현 교장에게 전화를 내어 함덕관 로비에서 만났다.

몇이서 함덕관 뒤 숲을 지나 캠퍼스 밖으로 나오니 누렇게 익어가는 들녘의 풍요로움이 펼쳐졌다. 가을 냄새 나는 논두렁을 지나 산길로 접어드니 산새소리가 숲의 적막을 뚫고 들려왔다. 저만치 들녘과 농가들이 띄엄띄엄 보이고 어디선가 수탉 울음소리도 들렸다. 오솔길을 오르니 밤밭이 나왔다. 밤나무를 발길로 차고 뒤흔들었더니 밤송이가 떨어져 발로 비벼 알밤을 꺼냈다. 모두 밤 줍기에 빠져 말이 없었다. 양쪽 바지주머니가 밤으로 불룩했다.

숲속 어디선가 구슬프게 뻐꾸기가 울었다. 그런데 나중에야 산비둘기라는 것을 지 교장에게 듣고 알았다. 뻐꾸기는 울음 뒤끝에 여운이 있으면서도 산뜻한 맛이 있는데 가만히 들어보니 뒤끝이 꾸루룩하는 것으로 구분이 되었다. 뒤늦게 아침 산책을 나선 연수생들이 삼삼오오 짝을 지어 논두렁 사이를 오갔다.

돌아오는 길에 학군단을 지나는데 20여 명이 모여 아침체조를 하고 있었다. 옛날 안동교육대학 시절 ROTC생각이 났다.

전 교육국장 장동만 교장이 강의를 왔다. 대구연수단에서 점심식사를 단체로 대접하고 장 교장은 차에 있던 위스키 한 병을 내어왔다.

오후강의가 끝나고, 사대부중 김종배 교장의 저녁초대에 갔더니 뜻밖에도 옛날 안심중에서 함께 근무했던 최남길 교감을 보게 되어 반가웠다.

학교 종합감사 무사히 끝, 건강을 위한 자제 절제 다시 다짐

9월25일 목요일 비

실컷 잤다 생각하며 일어나니 5시30분. 논술고사가 신경 쓰여 책을 한참 뒤적이다 다시 시계를 보니 5시50. 일어나면서 시간을 잘못 보았는지 갑자기 피곤이 몰려 눈이 침침해졌다. 잠시 눈을 감았다가 일어나보니 그새 7시40분이었다. 창밖엔 가을비가 내리고 있었다. 숲으로 떨어지던 빗방울소리가 우두두둑 바람에 날렸다.

승진발령 이후 처음 받는 종합감사가 오늘까지인데 국정감사 준비로 일정이 하루 앞당겨져 어제 무사히 끝났다는 전화를 받았다.

어떤 삶이든 건너야할 강은 있게 마련이다. 이번 교장연수 역시 나에겐 건너야할 강이었다. 무사히 통과의례를 치렀으니 이제 새로운 땅을 딛고 굳건하게 설 차례다.

기분이 좋았다.

교장께 전화가 왔다. 학교의 바쁜 일정 때문에 위문 날짜가 잡히지 않아 걱정이라고 했다. 상관이 없으니 걱정하지 않아도 된다고 하였다. 사실 교생, 학생문화제, 정보화대회, 학생캠프, 신축교사 이사 등 일들이 너무 빡빡하다. 그런 형편에 이곳까지 오는 것은 오히려 부담스럽다. 하지만 매일 각 학교에서 위문을 왔다고 초대를 하는 바람에 참석은 하지만 입장이 곤란하고 난감해 마음이 편치 못하다. '저 사람은 평소 학교에서 어떻게 했기에 위문 오는 사람 하나 없나, 인간관계에 문제가 있는가' 생각할까봐 조금은 괴로웠지만 다행히 대구에서 3개 학교가 못 오는 것으로 통일을 했다니 그나마 위안이 되었다.

내일이 논술고사인데도 처음 1차 때보다는 법석을 떨지 않는다. 성적순대로 발령 나는 것이 아니니 건강이나 잘 챙기라는 말들은 하지만 전라도와 강원도는 그렇지 않은 모양이라 점수에 신경을 바짝 쓰는 눈치다.

강의가 끝나니 동촌중, 덕화중 위문단이 오니 꼭 참석하라는 메시지가 왔다. 참석하라고 몇 번이나 당부를 하여 자리를 함께했다. 동촌중 김승희 선생과 신암중에서 같이 근무한 하성진 선생을 만났다. 모두 다 좋은 기억들이 있기에 반가웠다.

돌아오는 길은 걸어서 왔다. 기숙사의 불은 환했고, 헬스장에서 땀 흘리는 사람들의 모습은 아주 활기찼다. 선선한 가을바람이 부는 언덕 위 오솔길은 캄캄하지만 가로등 불빛으로 별로 무섭지가 않았다. 잔디도 숲도 하늘도 모두 검푸른 빛에 잠겨있었다. 숲속 벤치와 잔디밭 여기저기엔 어깨를 기대고 사랑을 속삭이는 모습도 보였다. 소쩍새 우는 한적한 오솔길까지도 웃고 떠드는 젊은이들의 열기로 가득했다.

몸무게를 줄여야 하는데 오늘도 과식을 했다. 절제가 보통 결심으론 어렵다. 그래도 건강을 위해 자제하고 절제해야겠다고 다시 다짐을 해본다.

'단위학교자율경영체제의 모형을 설명하고 문제점에 대해서 해결방안을 논하라'

9월26일 금요일

1교시 논술고사. '단위학교자율경영체제의 모형을 설명하고 문제점에 대해서 해결방안을 논하라'는 제목이다. 무엇을 묻는지 정확하게 파악해야 되는데 그렇지 못했다. 90분 내에 8절지 앞뒤를 다 메워야 하는데 침착치 못하고 이곳저곳 비슷한 것을 보고 베끼기에도 바빴다. 예나 지금이나 시험은 왜 이렇게 싫은지 모르겠다. 시험 중

제일 자신 있었던 때는 영남대학교 대학원시험을 볼 때였다. 충분히 준비했다고 생각하니 떨리는 것이 없었다.

금요일, 집으로 가는 날이다. 사람들은 기분이 좋으면 말이 많아지게 마련이다. 연수생 모두 어린아이 마냥 마음이 들떠 말과 웃음이 많아진다. 집이란 참 묘한 것이다.

경일대 이남교 총장의 강의를 들으면서 참 두뇌가 비상한 사람이라는 느낌을 받았다. 적재적소를 찌를 줄 아는 사람이다.

한국학교에서 가르칠 교재를 마련하기 위해 만든 자료가 나중 표준 책이 되다시피 하여 교육에도 큰 영향을 끼쳤고 아울러 판권으로 돈도 벌었다는 이야기. 그는 일본 영사까지 지낸 터라 일본어에 능통했는데, 사람의 마음을 끌어들이는 열강을 했다. 그중에서도 재일교포인 그가 '한국인으로서의 자긍심을 가지라'는 말을 했더니 누군가 "당신이 말한 자긍심이란 대체 무얼, 어떤 자긍심을 가지라는 말이냐?"고 되물었다고 했다. 그때는 적절한 대답을 못해 코가 납작해졌는데, 그것을 긍정적으로 받아들였다. 그리고 언젠가는 그 답을 제대로 하리라는 신념으로 고민을 하던 차 우연히 일본 고대사에서 일본인들이 신으로 모시는 그 신은 모두 한반도에서 건너간 고구려, 신라, 백제인이라는 사실을 알았다. 일본인조차 잘 모르고 있던 이 사실을 가지고 한국인의 자존감을 높이는 방법이 없는가 생각한 끝에 사실을 바탕으로 한 역사소설을 쓰기로 작정, 끝내 성공하여 일본에서까지 베스트셀러가 되어 엄청난 돈도 벌고 재일 한국인들의 자존감을 높이는 데 큰 공헌을 했다는 이야기에 감동을 받았다.

마음이란
뜬구름과 같아
수시로 변하니…

9월29일 월요일 비

청주로 떠날 시간이 다가오니 마음이 조급해진다. 비가 와서 그런지 교통체증이 심하다. 우산을 썼지만 홈플러스에 도착해 5분 정도 차를 기다리는 동안 옷이 다 젖었다.

선산휴게소에서 한 낯선 사람이 아는 체 하면서 볼펜을 내밀었다. 제천농협 홍보팀장이라며 명함을 줘서 보니 천마天麻를 홍보하는 영업팀장이었다. 수수하고 순진해 보이는 사람이었다. 또 머리가 아프고 뒷골이 당기는데 좋다는 알약도 주고 5분여동안 천마 선전만하겠다고 하여 그 사람을 태우고 달리는 차속에서 선전을 들었다. TV에 소개되었던 영상물을 보니 신뢰가 갔다. 3박스에 75만원인데 약 30만 원만 받겠다고 하면서 엑기스를 컵에 따라 마셔보란다. 새 박사 윤무부 교수가 중풍이 와서 이 천마를 먹고 큰 효험을 보았다고 했다. 특히 고혈압과 중풍에 좋다는 말에 솔깃했다. 그렇지 않아도 혈압이 자꾸만 높아져서 걱정하던 차였고 나만 먹기도 뭐해서 아내 것과 같이 6박스를 사니 덤으로 1박스를 더 준다고 했다. 일행 중 6사람이 샀다.

홍보하던 사람들이 내린 후 일행들로부터 천마엑기스에 대해 부정적인 이야기를 들으니 60여만 원의 돈과 함께 마음이 찝찝해졌다. 검증도 안된 건강식품을 농협이라는 상표 하나만으로 덜렁 사다니……. 어떤 경우든 먼저 믿고 보는 성격이 문제다. 아니 문제이긴 하지만 그것이 내 장점이요 강점이 될 수도 있다는 생각을 해본다. 반품하려고 제천농협에 전화를 내었더니 직접 공장에서 만든다고 하여 믿고 좋다고 생각하며 먹어야지 하고 말았다.

이렇듯 마음이란 게 이렇게 뜬구름과 같이 수시로 변하니 모든 것은 마음에 있다고 하는가 보다. 마음을 좋게 쓰고 편히 가지면 좋은 결과를 낳겠지 생각해본다.

교육의 양극화에 따른 문제점과 해소방안에 대해 토론하다

10월1일 아주 맑음

눈을 뜨니 훤했다. 연수 와서 이렇게 늦게 일어나기도 처음이고 깨지 않고 푹 자보기도 처음이다. 잠을 자면 보통 2시반에서 3시에 소변보러 가느라 잠깨기가 일쑤인데 간밤엔 그대로 잤다. 저녁운동을 해서 피곤도 했겠지만 가만히 생각해보니 특기적성시간에 배운 수지침 덕택인 것 같다. 전립선 때문에 강의시간에 열심히 듣고 나름대로 따라했다. 잠도 깨울 겸 손바닥 기본방과 손등을 계속적으로 누르고 문질렀더니 참 효과가 있구나 싶었다.

아침안개가 캠퍼스를 감싸고 있어 창문에 이슬이 총총 맺혀있었다. 산책을 가는 팀이 벌써 떠났는지 보이지 않아 헬스장으로 갔다. 운동과 사우나를 마치고 몸무게를 재어보니 71.45Kg. 75.5Kg을 정점으로 오르내리기를 반복했어도 이렇게까지 내려가기는 몇 년을 두고 처음이라 기분이 아주 좋았다. 그렇지 않아도 혈압이 올라가서 걱정했던 터였다.

오전 강의를 다 듣고 나서 대구 팀의 김창원 교감과 차 교장, 채 교장과 함께 이야길 나누다가 지규현 교장이 리더가 되어 인근에 있는 수타리봉으로 등산을 하기로 했다. 오후 토론회 시간에 늦는다는 것을 감안하고, 점심을 먹고 함덕관 앞에서 만나 용감하게 5명이 수타리봉으로 갔다.

청명한 가을햇살이 눈부시게 내리쬐는 들녘이다. 논두렁을 지나 산으로 오르는 길로 접어들었다. 완만한 야산이지만 그런대로 재미가 있는 시골들녘이었다. 교원대학 교수 대여섯 명이 이곳에 전원주택을 지어 산다는 곳을 지나니 한적한 농촌이다. 밤나무 숲을 지나 굽이굽이 산길을 오르는 동안 몇 번이나 토종 다람쥐가 보였다. 지난번 지 교장이 가르쳐준 산비둘기 소리도 들렸다. 밤에 부엉이가 울던데 그건 진짜 부엉이 맞냐고 물으니 소쩍새란다. 시골에서 자란 지 교장은 이곳 등산길도 한눈에 다 꿰고, 시골풍물은 거의 다 알고 있었다. 수타리 정상까지 오르니 땀이 등허리로 배어나왔다. '수타리'라는 이름이 특이해서 궁금했는데 이곳에 여러 번 와 본 지 교장이 이곳 농부에게서 전해들은 '수타리' 전설을 이야기 했다. 옛날 어느 해 홍수로 인해 이곳 산 정상 부분만 남기고 인근 마을이 다 물에 잠겼다. 그때 살아남아 산 정상으로 올라 온 장 닭이 이곳에서 크게 울고 있는 것을 본 주민이 산봉우리 이름을 수타리봉이라 했다는 것이다.

정상에는 간이 운동시설로 철봉과 평행봉, 몸통 돌리기. 팔굽혀펴기가 있었다. 정상부근에서 간이 상수도물을 받아 먹어보니 너무 시원하였다. 가을 햇살이 따가운 들녘으로 내려왔다. 시계는 벌써 5교시 토론회 시간을 20분 남겨두고 있다. 아무리 빠른 걸음을 걸어도 제 시간에 도착하기는 영 글렀다.

늦게 토론장으로 들어서니 모든 연수생들은 진지하게 교수의 주제발표를 경청하고 있다. 교육의 양극화에 따른 문제점과 개선방안에 대한 토론이다. 용어가 너무 극단적이고 과격한 느낌이어서 순화된 보편타당한 우리말 사용이 요구된다는 토론자의 이야기다. '양극화' 대신 '격차'라는 용어가 교육현장에 맞다는 요지에 대해서 교수는 '학문적인 접근측면에서 학자들은 용어를 사용한다'고 했지만 설

득력이 없었다. 내가 생각을 해봐도 자본주의사회의 민주주의 국가에서는 물질적으로는 모든 것들이 똑 같이 평등하지 않는 것처럼 부자가 있으면 가난한 자가 있기 마련이고 교육 또한 이것과 맥락을 같이하기에 양극화 해소는 영원히 해결되지 않는 것이다. 단위학교를 책임경영하는 학교장의 교육적인 해결방안이 요구되는 문제라는 생각이 들었다.

교육이 끝나니 노변중, 정승렬 교감이 자기학교의 위문단이 오니 꼭 참석해달라고 했다. 해외연수를 함께 가게 되는 대건중 서명수 교감도 그쪽엔 사람도 많으니 자기학교 위문단에 함께 하길 바랐다. 휴대폰 배터리가 떨어져 갈아 끼우고 보니 부재중이 3통이나 들어있다. 빨리 오지 않고 뭘 하느냐 기다린다는 메시지다. 정 교감 위문단 차를 타고 한정식집에서 저녁을 먹었다. 한옥으로 지은 집이 품격이 있고 제일 잘 지은 집이다.

문화의 밤 행사 준비를 하느라 어제는 밤9시까지 리허설을 했는데 오늘 마지막을 장식하는 특수교장팀의 만남 수화가 인기가 있었다. 시낭독, 독창, 악기연주 등 모두 다재다능한 재주를 선보였다. 짧은 시간에 이정도의 능력을 유감없이 발휘하다니 교장연수생들의 저력을 보는 시간이었다.

행사를 마치고 김응래 교장 학교의 위문품을 나눠받고 과일과 음료를 먹으면서 정담을 나누었다. 자치회장과 기타연주를 하던 듀엣 남자교장도 참석하여 오랜만에 대학시절로 되돌아가 은은하면서도 은근한 7080 즉석 음악회가 열렸다. 벤치에 모인 교장연수생들은 모두가 한마음이 되어 허밍으로 노래를 부르며 아름다운 가을밤을 즐겼다.

더러는 긴장도 하고
설레기도 하고
감동으로 뭉클하기도 했던 시간들…

10월2일 목요일 매우 맑음

청명한 가을날이란 바로 오늘을 두고 하는 말 같다. 구름 한 점 보이지 않는 맑고 푸르른 창공을 바라보니 한 마리 학이라도 되어 높이 멀리 날고 싶은 충동이 느껴진다.

오늘로써 교원대학에서의 교장자격 기본교육은 끝나는 날이다.

마음이 홀가분해서인지 모두 말이 많아지고 떠들어댔다. 학교에서 학생들이 이렇게 떠들었다면 학생들을 나무라고도 남았을 것이다. 입장 바꿔 우리들이 학생이라면 얼마나 꾸중을 들어야 될까? 학생이나 선생이나 들뜬 기분일 때면 말이 많아지고 떠들어대기 마련인가보다.

“아, 이곳에서 받은 강의가 너무 좋다. 편히 쉴 수 있는 숙소에다가 때 되면 밥 주지, 집에 가기 싫을 정도니 365일 연수나 받으면 좋겠다.”

누군가 너스레를 떨었다.

9월1일 이곳에 도착하기 전 많이들은 말이 있다.

“절대 점수에 신경을 쓰지 말고 마음 편히 연수를 받으십시오. 교장발령도 성적순이 아니니까 건강에 유의하고 즐겁게 행복한 연수생활을 하십시오.”

권 교장뿐만 아니라 이미 교장연수를 마친 현직 교장들의 당부도 누누이 듣고 또 들었다.

하지만 시험을 앞두면 말처럼 편할 수가 없다.

해외 연수단 안내를 받았다. 나는 서명수 교감과 함께 3단이 되었고, 차 교장과 이 교장은 4단에 소속이 되어 같은 날 함께 떠나게 되었다.

5, 6교시 강의가 끝나고 곧바로 리무진에 올랐다.

운보 김기창 화백이 말년을 보낸 ‘운보 정원’을 구경하기로 하였다. 다들 편안하고 기분 좋은 표정이었다.

도청 소재지라고는 해도 청주시가지는 별로 복잡하지 않았다.

얼마를 달리니 전형적인 농촌의 가을 들녘이 나타났다. ‘운보 정원’이라 새겨진 표지석을 따라 한적하고 아늑한 마을길로 들어서니 단정한 기와담장이 나무 사이로 보였다.

주차장이 제법 넓었다. 깔끔하게 손질된 정원 구석구석에는 기묘한 수석들이 자리하고 있어 이채로웠다.

하지만 수석이 거의 외국에서 갖고 온 것들이고 우리나라의 것은 별로 보이지 않았다. 그래서인지 전통 한옥과의 어울림을 다시 생각하게 만들었다.

버드나무, 모과나무, 향나무, 소나무들로 주종을 이루는 분盆들이 많이 있었다. 그 중에서도 모과나무 분과 소나무 분이 일품 중의 일품이었다.

생전의 김기창 화백이 그렸던 대표작을 판화로 만들어 전시 판매를 하고 있었다. 한 점 갖고 싶어도 워낙 고가라고 생각되어 값을 물어보지 못했다.

부인 박래향도 화백인 줄은 고인의 유작을 보고 알았다.

한옥을 짓고 몇 만평이나 되는 부지를 꾸미고 손질하려면 엄청난 비용과 인력이 필요하겠구나 싶었다. 각 지역에서 문화체험을 많이 오는 모양이었다.

정원을 둘러보는 동안 부지런하고 친절한 박진수 교장이 기념이 될 수 있도록 순간순간 사진을 찍어주어 무척 고마웠다.

대구로 떠나기에 앞서 위문 올 때 가져와서 남겨둔 과일과 떡으로 인심을 나누면서 한 달 간의 연수를 마무리했다.

이번 연수가 내 인생에 어떤 무늬로 남게 될지 알 수는 없지만 더러는 긴장하고 더러는 설레기도 하고 감동으로 뭉클하기도 했던 귀한 시간이었다. 또한 내 인생에서 마지막으로 받은 연수인 만큼 아쉬움도 많았고 추억의 무게도 여느 때완 달랐다.

어떤 삶이든 건너야할 강은 있게 마련이다.
이번 교장연수 역시 나에겐 건너야할 강이었다. 무사히 통과의례를 치렀으니 이제 새로운 땅을 딛고 굳건하게 설 차례다.

제6부

길 위에서의 날들

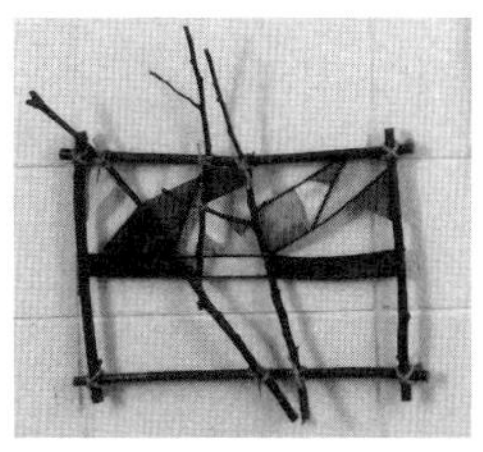

가을하늘은 티 없이 맑고 깨끗하고 높고 푸르렀다. 어깨를 펴고 손을 좌우로 힘껏 펼치면서 심호흡을 했다. 코를 확 뚫고 들어오는 맑은 공기가 정신을 번쩍 들게 만들었다. 어쩌면 내가 찾던 연꽃봉오리도 무지개나 파랑새와 같은 것이란 생각이 들었다. 그러자 엷은 웃음이 전신으로 번지는 느낌이 들었다.

연꽃봉오리 만나러 가야산에 들다

아내가 언제 일어났는지 주방에 불이 환히 켜져 있다. 덜거덕거리는 걸 보니 산행준비를 서두르는 모양이었다.

언젠가 김천 수도암 대웅전 뜰에서 가야산 정상을 쳐다보는데, 봉우리가 흡사 갓 핀 연꽃봉오리를 닮아 깜짝 놀란 적이 있다. 오늘은 친구 K와 S와 함께 그때 먼발치에서 본 연꽃봉오리를 직접 찾아 나서기로 한 날이다.

해인사는 여러 번 다녀왔는데, 그때마다 주변경관이 마음을 사로잡았다. 하지만 절 뒤편 가야산 능선의 험준한 암벽을 넘어본 적은 없었다.

애마 엘란트라를 타고 88고속도로를 달렸다. 어둑한 능선 위로 여

어쩌면 내가 찾던 연꽃봉오리도 무지개나 파랑새와 같은 것이란 생각이 들었다. 그러자 엷은 웃음이 전신으로 번지는 느낌이 들었다.

명이 밝아 왔다. 늦가을 새벽 들녘은 풍요롭고 한가했다.

해인사 자락이 저만치 보이는 입구에서 청국장찌개로 아침식사를 했다. 토속적인 냄새를 오랜만에 맡아서인지 식욕이 돌았다. 밥은 얼마든지 있으니 더 먹으라며 인상 좋은 주인아주머니가 넘치도록 인심을 냈다.

식사를 마친 두 친구가 담배를 피우면서 푸르스름한 연기를 허공에 품어댔다. 담배를 끊은 지 1년이 다되어 간다. 구수하게 여겼던 담배가 이젠 역겹다. 이대로 끊게 될 모양이다. '식후불연食後不煙이면 소화불량消化不良이요 병득즉사病得卽死'라는 친구의 능청에 모두 한바탕 껄껄 웃었다. 그사이 아침 햇살이 가야산 자락에까지 뻗쳐들었다.

차는 홍류동 계곡으로 빨려들듯 오르막 굽은 길을 거침없이 달렸다. 계곡을 좌로 끼고 한동안 오르니 농산정籠山亭이 보였다. 전에도 그랬듯이 맞은편 도로에 잠시 차를 세웠다.

신라 말기의 대문장가요 서예가인 고운 최치원 선생의 둔세지와 유명한 제시석이 절벽 아래에서 모습을 드러냈다. 깎아낸 듯한 절벽 하단부에 가로1m 세로1.5m 정도로 바위에 새긴 초서의 필치가 산천을 휘감은 듯 호쾌했다. 유명한 글씨이며 또한 명필이라 서예첩에 시구詩句와 글씨가 소개되기도 했다. 다시 한 번 음미하면서 고운 할아버지를 생각해보았다.

狂奔疊石 吼重巒

人語難分 咫尺間
常恐是非 聲到耳
故教流水 盡籠山
미친 물 바위 치며 산을 울리어
지척에서 하는 말도 분간 못하네
행여나 세상시비 귀에 들릴까
흐르는 물을 시켜 산을 감쌌네

일찍 도착한 덕에 차를 해인사 앞 주차장에 세워놓고 우측 계곡으로 들어섰다.

평평한 오름길이 시작되는가 싶더니 갑자기 좁고 가팔라졌다. 단풍이 물든 계곡은 화려하고 환상적이었다. 가쁜 숨을 몰아쉬며 중턱쯤 오르니 목적지인 상왕봉, 칠불봉의 이정표가 나타났다. 이정표 위쪽에 마애여래입상이 보였다. 머리나발이 마모된 불상 앞에 서서 잠시 눈 감고 합장을 했다.

뒤에서 따라오던 친구가 뒤쳐지지 않으려고 안간힘을 다해 발걸음을 재촉했다. 나 역시도 숨이 차오르고 앞 사람과의 거리는 좁혀지지 않았다. 이마에 흐르는 땀은 얼굴을 흠뻑 적셨고 속옷도 젖어들었다.

계곡 따라 위쪽으로 나있는 등산로에 서니 계곡의 물소리가 들려왔다. 급경사일수록 물소리는 빠르고 억세져 날숨을 한꺼번에 토하듯 소란스러웠다. 잡목 숲을 벗어나니 정상이 저만치 솟아있는 게 보였다. 정상에는 크고 작은 기암괴석이 병풍처럼 서 있고 그 아래로 거대한 바위들이 장엄하게 받치고 있는 형상을 하고 있었다. 계곡에서 날아온 솔개 몇 마리가 구름 한 점 없는 창공을 유유히 날고 있었다.

정상이 가까워오니 등산객이 붐볐다. 등산로가 비좁아 좁고 가파른 바윗길에선 서로 몸을 맞대고 교행을 해야 했다. 정상을 오르는 마지막 지점에서 바위와 바위를 이어놓은 철제사다리에 올랐다. 현기증이 나서 어지러웠다. 내심 불안했지만 태연한 척 천천히 걸었다. 힘내자, 연꽃봉오리가 바로 코앞에 있지 않는가. 사다리를 다 건너자 불안은 간 곳 없고 이제 곧 불꽃으로 일컬어지는 바로 그 연꽃봉오리를 만날 수 있다는 생각에 묘한 흥분까지 일었다.

드디어 정상.

우람하고 장엄한 모습으로 버티고 있는 상왕봉과 코앞에 마주 보이는 가야산 최정상인 칠불봉이 이웃해 있었다. 이 칠불봉이 바로 멀리서도 불꽃처럼 보이던 그 연꽃봉오리구나 싶어 벅찬 마음으로 이리저리 살펴보았다.

하지만 수도암 대웅전 앞뜰에서 바라다보던 그 신비스러운 연꽃봉우리라고 하기엔 영 실감이 나지 않았다. 이리저리 각도를 달리해 가며 아무리 살펴도 도무지 연꽃은 보이지 않았다. 온몸에서 힘이 쭉 빠지는 느낌이었다.

상왕봉 정상 바위는 제법 넓고 평평했다. 그래서인지 많은 등산객들이 군데군데 모여 앉아 식사를 하거나 풍광을 즐기고 있었다. 하지만 미리 온 등산객들이 많아 우리 일행이 앉아서 쉴 만한 공간은 없었다.

마침 조그만 바위가 병풍처럼 둘러쳐진 곳이 눈에 띄어 자리를 잡고 앉았다. 병풍모양의 바위틈 사이사이로 차가운 바람이 사정없이 불어왔다. 연꽃도 연꽃이 아니고 병풍도 병풍이 아닌가 보다 하며 준비해온 점심거리를 펼쳤다. 서늘한 김밥이었지만 배고프던 차라 순식간에 먹어치우고 따끈한 커피까지 마시니 그제야 몸도 마음도 풀리면서 천하일미가 따로 없구나 싶어졌다.

가을하늘은 티 없이 맑고 깨끗하고 높고 푸르렀다. 어깨를 펴고 손을 좌우로 힘껏 펼치면서 심호흡을 했다. 코를 확 뚫고 들어오는 맑은 공기가 정신을 번쩍 들게 만들었다. 어쩌면 내가 찾던 연꽃봉오리도 무지개나 파랑새와 같은 것이란 생각이 들었다. 그러자 엷은 웃음이 전신으로 번지는 느낌이 들었다.

다시 한 번 정상을 돌아보았다. 시간이 흐를수록 정상의 산바람이 차가웠다. 땀에 젖었던 속옷 때문에 더 으스스 추웠다.

칠불봉에 올라가려고 험한 바윗길을 탔다. 끝없이 펼쳐진 산과 들 사이로 멀리 낙동강 젖줄의 부드러운 곡선이 보였다. 칠불봉 동편 백운동쪽으로 시선을 돌리니 빼어난 가야산 줄기의 계곡 사이로 단풍융단을 깔아놓은 듯 했다. 기암괴석이 조화를 이루는 빼어난 경관

어쩌면 내가 찾던 연꽃봉오리도 무지개나 파랑새와 같은 것이란 생각이 들었다. 그러자 엷은 웃음이 전신으로 번지는 느낌이 들었다.

에 새삼 자연의 경이로움을 실감했다.

칠불봉 정상, 이중환의 택리지擇里志를 읽고 난 후 산 정상에 서면 항상 느끼는 게 많았다. 엄청나게 큰 건물도 성냥곽처럼 가물거렸고, 좁은 공간에서 복작거리며 부대끼고 분주하게 설치다 화내고 헐뜯고 욕하고 멱살잡이했다가 웃고 울고 하는 것이 우습고 하잘것없이 여겨졌다. 그래서 불가에서는 한숨 들이마시고 내쉬는 것이 찰나요 한 평생이라고 하지 않았던가.

하산 길에도 연꽃봉우리에 대한 미련이 남아서 몇 번이나 뒤를 돌아보았다.

한 무리의 하산객들이 바로 옆에서 떠들썩하게 얘기꽃을 피워가며 걷고 있었다. 그 중 다소 억양이 강한 여자목소리가 유난히 크게 들렸다. 고향이 혹 강원도 아니냐고 물으니, 그렇다고 하면서 강릉이라고 했다.

"강릉에서 이 멀리까지 왔습니까?"

"고향은 강릉이지만 남편 직장이 포항이라 여기에 더러 오는데 올 때마다 좋아요."

그러자 뒤따라오던 한 아주머니가 말했다.

"내가 좋으면 남도 좋은 거다."

평범한 그 말이 법문처럼 들렸다. 나에게 좋은 것은 남에게도 다 좋다. 생각을 어떻게 가지느냐에 따라 모든 상황이 달라진다. '시사명視思明'을 염두에 두고 살아야겠다는 생각을 하면서 걸음을 재촉했다.

그러다 문득, 이 또한 산에 오른 공덕으로 얻은 마음이니 과연 칠불봉이 연꽃봉우리가 맞긴 맞나 보다 싶은 생각에 빙그레 웃음이 흘러나왔다.

2005년 10월30일

어쩌면 내가 찾던 연꽃봉오리도 무지개나 파랑새와 같은 것이란 생각이 들었다. 그러자 엷은 웃음이 전신으로 번지는 느낌이 들었다.

청량산清凉山에 올라

대구 교장연수 동기로 구성된 독용산악회의 이번 달 코스는 봉화 청량산이다. 수년 전 한 차례 와 봤던 곳이긴 하지만 새로 생긴 하늘다리가 일품이라는 말을 들은 터라 기대가 되었다.

청명한 가을 날씨가 너무 좋아 기념촬영을 먼저 하고 출발했다. 6명의 회원을 태운 회장 차가 중앙고속도로로 진입해 단풍이 불타는 북쪽을 향해 달렸다. 차창 밖은 잘 익은 벼가 황금들녘을 이루어 눈부셨다. 시리도록 푸른 낙동강 물줄기가 은빛 비늘마냥 반짝이며 산모롱이를 따라 한가롭게 흘렀다. 낙동강 주변은 여름철 농촌체험장도 많이 찾지만 래프팅을 하기에 최적의 조건을 갖춘 곳으로 소문이 나있다. 예전과는 다르게 도로 개발보수작업으로 지형이 조금 변해 있었다.

목적지에 다다랐으나 주차장에 자리가 없어 길옆에 겨우 주차를 해야 했다. 안내판을 보니 한참을 더 올라가야 전에 올라갔던 길 입구와 연결된다.

둘러보니 첩첩 산은 병풍을 세운 듯 높은데, 허름한 식당 앞 간판에 적힌 콩국수, 파전, 동동주가 눈길을 끌었다. 내려와서 보자, 하면서 속으로 점을 찍어두었다.

등산코스는 1부터 5코스까지 있었다. 우리는 왕복 4시간 걸리는 하늘다리의 4코스 길을 택했다.

등산로를 오르니 온통 가을 풀냄새로 가득하고 바람도 상쾌했다. 통나무계단으로 된 가파른 사잇길을 얼마나 올랐는지 숨이 턱에 찼다. 평소 러닝머신에서 많이 뛰어 산행은 문제없다고 생각했는데 오산이었다. 산행과 러닝머신 뛰기는 운동부위와 운동량이 완전히 다른 모양이었다.

좁은 등산로를 오르내리다보면 본의 아니게 다른 등산객과 어깨를 부딪치기도 한다. 오늘도 길이 좁아 자주 어깨가 부딪쳤지만 짜증을 내는 사람이 아무도 없었다. 산을 오르면 마음이 커지고 넓어진다던가? 마음에 여유가 생겨 넉넉해지고 배려하는 마음이 생긴다는 말이 맞나 보다.

한낮이 되니 가을볕이 따가웠다. 마침 나타난 쉼터에 자리를 잡고 앉으니 넓적한 목판에 음각된 퇴계 이황李滉의 시가 눈길을 끌었다.

잠시 땀을 닦고 왔던 길을 되돌아보니 절벽처럼 깎인 돌 사이사이로 바람에 흔들리는 초목들이 역광을 받아 환상적이 색채를 띠고 있었다.

還家환가

李滉이황

遊山何所得유산하소득
如農自有秋여농자유추
歸來舊書室귀래구서실
靜對香烟浮정대향연부
猶堪作山人유감작산인
幸無塵世憂행무진세우

산을 유람하며 무엇을 얻었나
농부에게 가을 수확이 있는 듯하네
전에 있던 서실로 돌아와
조용히 향연을 마주 했네
그래도 산사람 되어서
요행이 속세의 우환을 당하지 말았으면

사색당파에 휩쓸리지 않으려고 산사람으로 살아가는 올곧은 선비 정신 심정을 노래한 것이 아닌가 싶었다.

얼마간 가파른 길을 땀 흘리며 오르다보니 사람이 얼마나 많은지 등산로가 다시 막혔다. 사과를 먹으면서 잠시 쉬기로 했다. 가파른 통나무 계단 등산로 이정표 몇 개가 나란히 보였다. 하늘다리 1.5Km, 아직 갈 길이 멀고 아득하였다.

다시 산을 오르는데 계단이 모두 가파른 수직과도 같아 초보 등산객들을 질리게 했다. 얼마 오르지 않았는데 가쁜 숨소리는 압력밥솥처럼 요란해졌다. 동촌중학 김영도 교감이 숨쉬기를 잘하라며 격려를 했다. 길게 두 번 내쉬고 두 번을 깊게 들이마시는 호흡법이었다. 하지만 숨이 워낙 찬 나는 힘들어 포기하였다.

"작년 교원대학에서 교장 연수받을 때만 해도 최 교감은 가볍게 수타리봉을 오르더니……"

아쉬운 듯 지 교장이 말했다. 내가 도착하자 갖고 온 떡과 과일을 나누어 먹었다. 단풍은 곱게 물들어가고 일행들의 모습은 행복하고 아름다웠다.

다시 통나무 계단을 올랐다. 정상은 바로 눈앞인데 좀체 거리가 좁혀지지 않았다. 등산로에 손잡이 로프가 있어 그나마 다행이었다.

위쪽에서 전라도 특유의 사투리가 왁자지껄 들려왔다. 누군가 육자배기와 창을 하는데 잘 모르는 내가 들어도 보통 소리가 아니었다. 창을 하는 중간 중간 '얼쑤' '조오타' '그렇지'하는 추임새를 보니 우리가락의 멋을 즐길 줄 아는 사람들이었다. 잠시 쉴 겸 소리 한 자락 듣고 다시 걸음을 재촉했다.

올라온 길을 내려다보니 아득히 펼쳐진 풍경이 손에 잡힐 듯했다. 산과 산 사이 좁은 계곡으로 빨려들 듯 움직이는 등산객 줄이 끊이질 않았다. 겹겹이 가물가물한 산, 타는 단풍의 고운 색채가 더 없이 화려하게 어우러졌다. 얼마간 다시 오르니 이정표가 나타났다. 하늘

잠시 땀을 닦고 왔던 길을 되돌아보니 절벽처럼 깎인 돌 사이사이로 바람에 흔들리는 초목들이 역광을 받아 환상적이 색채를 띠고 있었다.

다리 0.5Km란다. 이제 남은 거리 500m, 이 고개에도 시 한 수가 걸려 있어 감상하면서 지친 발걸음을 잠시 쉬어가기로 한다.

書贈淸涼僧正安서증청량승정안

구봉령

淸涼書面丈人峰청량서면장인봉
石室煙霞閉半去석실연하폐반거
乘興擬尋春壑去승흥의심춘학거
一剛流水洛花紅일강유수낙화홍
청량산 서쪽에 장인봉이 있는데
석실의 뿌연 노을 하늘 반쯤 덮였네
흥에 겨워 봄 계곡을 찾아가려 하였더니
한 줄기 강물은 온통 붉은 꽃잎으로 흘러가네

구봉령具鳳齡(1526~1586)은 퇴계 문하에서 수학했으며 기대승奇大升과 쌍벽을 이룰 정도로 훌륭한 문인이다.

등산로는 절벽처럼 가팔랐고 통나무 계단은 끝이 보이지 않았다. 땀에 속옷이 젖어 축축한 지 오래고, 작은 등산가방도 축축했다.

지나던 한 등산객이 '누가 이곳에 하늘다리를 만들어 이렇게 사람을 애먹이냐'고 했다. 내키지 않는 산행에 억지로 따라온 사람임이 분명하다는 생각이 들었다. 일체유심조一切唯心造란 말이 생각났다.

나 역시 힘이 들었지만, 정상 능선에서 산과 산으로 연결된 하늘다리를 상상하며 말없이 따라갔다.

힘들게 오르던 계단 길에서 잠시 땀을 닦고 왔던 길을 되돌아보니 절벽처럼 깎인 돌 사이사이로 바람에 흔들리는 초목들이 역광을 받아 환상적이 색채를 띠고 있었다. 첩첩의 높고 낮은 산들은 붉은 단풍보다 노란 단풍이 많아 온통 노랑과 연녹색의 물감을 부은 듯했다.

안간힘을 다하여 험한 바위를 오르니 등산객들로 만원이 된 하늘다리가 한눈에 드러났다. 채도가 높은 녹색의 둥근 철골구조로 양쪽을 지탱하여 아주 튼튼해 보였다. 옛날 36사단에서 유격훈련 받을 때의 로프로 된 바로 그 현수교 형태였다.

하늘다리는 해발 800m로 선학봉과 자란봉을 연결시키는 길이 90m, 폭 1.2m, 지상 70m로 국내에서 가장 긴 산악현수교량이다. '08년 5월에 완공된 이 다리는 최첨단소재인 PC강연케이블과 복합유리섬유바닥제를 사용했으며 안전을 도모키 위해 100명이 동시에 지날 수 있게 설계되었다고 한다.

하늘다리 입구에서 40여 년 만에 고등학교 같은 반이었던 친구 J교장을 만났다. 학생체험활동에 따라왔다고 했다. 청량산 아래 명호중학교가 첫 발령지였다며 하늘다리 아래를 가리키는 J교장도 이제는 초로의 모습이다. 머리카락이 빠진데다가 옛 모습은 찾을 길 없어 세월의 무상함을 그대로 보여주었다. 머리만 그대로이지 나 또한 세월에 따른 변화는 다르지 않으리라.

잠시 땀을 닦고 왔던 길을 되돌아보니 절벽처럼 깎인 돌 사이사이로 바람에 흔들리는 초목들이 역광을 받아 환상적이 색채를 띠고 있었다.

하늘다리가 끝나갈 지점에 50Cm정도 두께의 투명 플라스틱을 지나다니는 길에 깔아놓아 다리 아래가 훤하게 보였다. 아래로 보이는 풍경들이 아찔하여 어지러움을 느꼈다. 다리를 건너니 이곳에도 목판에 시를 적어놓았다. 그런데 번역이 군데군데 껄끄러워 무슨 말을 하고 있는지 얼른 감이 오지 않아 한참을 들여다보았다. 나이가 들어 더 이상 발전을 보지 못하는 자괴심을 노래한 시 같았다.

讀書人說遊山以
工力盡時元自下
半看雲起因知妙
絶頂高尋勉公等
今見遊山以讀書
淺深得處摠由渠
行到源頭始覺初
老衰中輟愧深余
글 읽기와 산놀이는 비슷하다 하지만
공력이 다 할 때는 으레 내려오고
옅은 구름 앉아보아 기묘함을 알았고
얕고 깊음 아는 것도 모두 이에 있더구나
이제 보니 산놀이는 글 읽기와 같도다.
마루턱 찾을 것을 그대들을 기대하니
근원지에 이르러선 비롯됨을 깨달았네

늙어서 전진 못하는 이 몸 내 깊이 부끄러워라

산 정상에 서면 항상 내려갈 길만이 기다리고 있다. 어떤 이는 '힘들게 올라가서 내려올 걸 뭣 하러 올라가느냐'고 한다. 그러면 어떤 이는 '산길은 우리가 살아가는 인생길과 같은 것이라 답한다.

드디어 청량산 최고봉인 장인봉에 도착했다. 장인봉의 장인丈人은 대장부란 뜻이니 바로 사나이봉이 되겠다. 주세붕周世鵬 선생이 풍기군수로 있을 때 청량산을 유람하면서 유명한 12봉우리의 이름을 지었다고 한다. 그 중에서도 이 장인봉은 원래 대봉大峰이었데, 중국 태산泰山의 장악丈岳을 본 따서 지었다고 한다. 丈人峰이란 글씨는 해동서성海東書聖이라 불리는 신라의 김생金生 스님의 필체를 집자集字해서 새겼다고 적혀 있었다.

정상석 뒷면을 보니 여기에는 조선 중기 성리학자인 주세붕周世鵬 선생의 시가 한 수 새겨져 있다.

登淸凉頂등청량정
청량산 정상에 올라

주세붕

我登淸凉頂아등청량정
兩手擎靑天양수경청천
白日正臨頭백일정임두

잠시 땀을 닦고 왔던 길을 되돌아보니 절벽처럼 깎인 돌 사이사이로 바람에 흔들리는 초목들이 역광을 받아 환상적이 색채를 띠고 있었다.

銀漢流耳邊은한유이변
俯視大瀛海부시대영해
有懷何綿綿유회하면면
更思駕黃鶴갱사가황학
遊向三山嶺유향삼산령
청량산 꼭대기에 올라
두 손으로 푸른 하늘을 떠받치니
햇빛은 머리 위에 비추고
별빛은 귓전에 흐르네.
아래로 구름바다를 굽어보니
감회가 끝이 없구나.
다시 황학을 타고
신선세계로 가고 싶네.

이제 내려가는 길만이 남았다. 길은 더러 통나무에서 시멘트 계단으로 이어지기도 했다. 약간 여유가 있는 곳을 찾아 늦은 점심으로 떡과 감, 술, 과일을 먹었다. 그야말로 꿀맛이 따로 없었다. 한참을 쉬엄쉬엄 내려가다 보니 청량사 기와지붕이 멀리 보였다. 이런 저런 이야기를 나누다 보니 이내 절집 마당에 다다랐다.

안내판을 보니 청량사엔 원효대사가 우물을 파 즐겨 마셨다는 원효정이 있고, 의상대사가 수도를 했다는 의상봉에 의상대라는 명칭도 있었다. 청량사를 중심으로 33개의 암자가 있어 신라시대 불교의 요람임을 알 수가 있었다. 청량사는 문무왕 때 원효대사와 의상대사가 창건, 고봉선사에 의해 중창된 고찰이라고 한다. 본전은 10m 정도의 돌 축대 위에 자리 잡은 유리보전琉璃寶殿이다. 문화재 제47호로 지정된 유리보전은 동방유리광세계를 다스리는 약사여래를 모신 전각이라는 뜻으로, 법당에는 약사여래부처님을 주불로 삼고 좌측에는 지장보살, 우측으로 문수보살을 모셨다. 뒤편 탱화에 붉은색 법의를 걸친 부처와 금빛 찬란한 약사여래불은 지불紙佛이다. 지극정성으로 기원하면 병이 치유되고 소원 성취하는 약사도량이라고 소문 나 있다고 한다.

몇 년 전 이곳에 왔을 때는 기초공사 중이었는데 지금은 예전 모습이 간 곳 없다. 처마나 기둥이 시멘트여서 자로 잰 듯 깔끔하고 정결하여 현대적인 냄새를 풍겼다. 때문에 고찰의 기품이나 고즈넉한 멋스러움은 많이 떨어졌다.

유리보전을 내려오니 5층 석탑이 눈에 들어왔다. 5층탑은 탑신이 길쭉하여 시원스럽고 세련된 여성스러움으로 물 찬 제비 같았다. 기단 정면에 석불이 안치되어있어 전체적인 균형과 조형감이 돋보였다. 탑 앞에 자리를 깔고 부인네 5,6명이 정성으로 절을 하며 기도를 올리고 있었다. 사뭇 경건해 보였다.

산신각 아래쪽에는 4층 계단형식의 장독대가 예술작품처럼 배치되어 가을 햇살을 받아 반짝이고 있었다. 사찰 전체의 분위기를 잡듯 장중해 보이는 새로운 범종루梵鐘樓 누각을 빠져나오면서 오늘의

잠시 땀을 닦고 왔던 길을 되돌아보니 절벽처럼 깎인 돌 사이사이로 바람에 흔들리는 초목들이 역광을 받아 환상적인 색채를 띠고 있었다.

일정을 마무리했다.

산에 오르기 전 간판에 적힌 파전, 동동주를 보고 내려와서 보자고 속으로 점찍었던 집은 까맣게 잊고 송이밥으로 유명하다는 용두식당에 가기로 했다. 식당에 가기 전 다덕약수정에 들렀는데 물맛이 사이다 맛이었다.

종아리가 당겨 며칠 힘들었지만 산이 좋아 산에 오른다는 사람들의 심정을 조금은 알 것도 같았다.

2009년 10월 24일

고불총림古佛叢林 백양사白羊寺를 찾아서

– 서옹 대종사 사리 친견

정월 열나흘 여명의 시각에 8.2회원 부부 10명은 전남 장성군에 있는 백양사로 향했다. 지난해 12월13일에 세수 92세 법랍 72세를 일기로 백양사白羊寺 설선당 염화실에서 결가부좌 상태로 좌탈입망坐脫立亡의 법력을 보이며 열반하신 서옹당西翁堂 상순대종사尙純大宗師의 사리舍利 친견을 하기 위해서다.

눈길 달려 백양사에 닿다

원래는 삼천포에서 섬으로 연결되어 얼마 전에 개통된 연륙교 구경을 겸해 회가 싸고 맛있다고 소문난 삼천포 어시장엘 가려고 했다. 그런데 불심 깊은 이웃집 자비심이 일방적으로 행선지를 백양사

무위진인을 '참사람'으로 해석해 '참사람 결사문'과 '참사람서원'을 주장했는데, 이후 '참사람운동'을 대중결사운동으로 발전시켰으며 참사람수행원을 개원, 남녀노소 누구나 사람의 참모습을 찾도록 인도했다.

로 바꿔버려 처음에는 기분이 좀 언짢았다 하지만 모두들 내색하지 않고 출발했다. 교통편은, 몇 해 전 오대산 월정사로 기도여행 갈 때 함께 갔던 분의 봉고차로 가게 되었다. 기사 분은 옛날과 다름없이 듬직하고 말이 별로 없는 분이라서 모두들 편안해 했다.

차는 차가운 바람을 뚫고 동녘 하늘이 점차 훤해지는 구마고속도로를 소리 없이 질주했다. 영산휴게소에서 간단한 요기를 하고 다시 출발하면서 보니 차창으로 눈발이 간간히 부딪쳤다. 누군가 '일기예보에는 호남지방으로 눈이 내린다고 하는데도 괜찮을지 모르겠다'며 걱정을 했다. 그러자 또 누군가가 '전에 월정사로 떠날 때도 태풍이 북상하고 있었지만 아무 탈 없었는데 이번에도 부처님께서 잘 보살펴 주시겠지' 하여 일행은 유쾌히 웃었다. 사실 우리 일행의 안사람들은 불심이 워낙 깊어서 남자들은 마냥 마음 든든해했다. 진주를 벗어나 함양으로 진입하는데 그곳에는 눈이 제법 많이 와 있었다. 일행들이 차창 밖의 설경을 보고 연방 감탄을 했다. 시간이 지날수록 눈발이 점차 세어지는데도 누구하나 염려하는 이가 없었다. 단풍으로 유명한 내장산과 백양사로 가는 갈림길에서부터 도로가 빙판이 되었는지라 타이어에 체인을 감고 달렸다. 워낙 노련한 기사라 별 걱정 없이 눈 속을 거침없이 달렸다. 계곡 속으로 들어갈수록 눈발이 세어지는데도 온 산에 흰 눈이 쌓여 넉넉하고 포근하기까지 했다.

백양사 입구에서는 차량통행을 금지시켰다. 대형버스가 줄을 이어주차장으로 들어섰지만, 모두 눈을 맞으며 걸어갔다. 눈꽃이 함박 피어 있는 눈길을 따라 10여분 올라가니 오순도순 정답게 이마를 맞대고 있는 절 지붕이 보였다.

조계종 18교구 본사인 백양사는 작지만 아담하고 정결한 기품이 곳곳에 서려 있었다. 일주문 위에 걸린 '古佛叢林 白羊寺'란 힘차고 날렵한 글씨가 우리를 맞이했다. '고불총림'이 뭔지를 몰라 궁금하였지만 아는 사람이 없었다.

여기에서 말하는 총림叢林은, 승속僧俗이 화합하여 한곳에 머무름一處住이 마치 수목이 우거진 숲과 같다는 뜻으로 참선수행 전문도량인 선원禪院과 경전 교육기관인 강원講院, 계율 전문교육기관인 율원律院을 모두 갖춘 사찰을 말한다는 것을 나중에야 알았다. 우리나라에는 모두 5개의 총림이 있는데 해인사, 통도사, 송광사, 수덕사, 백양사가 바로 그곳이다.

백양사가 자리한 내장산은 깎아지른 듯 험준한 석벽과 첩첩의 산봉우리가 기이하고 웅장한 빼어난 산세를 자랑한다. 절 일대에 비자나무 3만여 그루가 밀집하여 춘백양春白羊 추내장秋內藏의 호칭을 얻게 되었고, 천연기념물 제153호로 지정되어 있다.

이 절은 632년(백제 무왕 33) 여환如幻스님이 창건하여 백암사라 했으며, 1034년(고려 덕종3)엔 중연中延스님이 중창하여 정토사라 이름을 바꾸었고, 1350년 각진覺眞국사 복구復丘스님이 다시 중창하였다.

무위진인을 '참사람'으로 해석해 '참사람 결사문'과 '참사람서원'을 주장했는데, 이후 '참사람운동'을 대중결사운동으로 발전시켰으며 참사람수행원을 개원, 남녀노소 누구나 사람의 참모습을 찾도록 인도했다.

절 이름이 왜 하필이면 '흰 양의 절'로 지었을까 이상하게 생각했는데, 절 이름이 백양사로 바뀐 것은 환양喚羊스님 때라고 한다. 이 스님이 백련암에서 아미타경을 설법하는데 수많은 사람이 구름처럼 몰려들었다. 법회가 3일째 되던 날 하얀 양이 내려와 스님의 설법을 들었는데, 7일간 계속된 법회가 끝난 날 밤 스님의 꿈에 설법을 들은 그 흰 양이 나타나 '나는 천상에서 죄를 짓고 양으로 변했는데 이제 스님의 설법을 듣고 다시 환생하여 극락으로 가게 되었다'며 절을 하더란 것이다. 이튿날 보니 백련암 아래에서 흰 양이 죽어 있었다. 이 일을 계기로 1574년(선조7) 절을 중건하면서 이름을 백양사白羊寺라 고쳤다 한다.

일주문 안 좌우에는 강건하면서도 호쾌하고 위엄 있는 사천왕이 악귀와 잡신을 억압하고 정법도량을 수호하는 존엄과 위력을 과시하고 있었다.

경내로 들어서니 오른쪽으로 대웅전이 나타났다. 1917년 송만암 대종사가 5번째 지은 것으로, 장대석으로 다듬은 3단 기단 원형 주춧돌을 놓았으며 기둥은 다섯 칸 모두 아래가 넓은 민흘림 둥근기둥이었다. 내부 천장은 소나무 재료로 내부가 보이지 않게 우물천장을 하였고 정면 5칸 측면 2칸의 팔작지붕으로 되었다. 법당 내부는 4개의 우람한 천장의 용마루가 가로로 걸쳐있고 2개의 아름드리 기둥이 천장을 떠받치는 형상으로 되어 있었다. 법당내부의 단청은 소박하면서도 화려한 색감을 더하며, 높이 2m 정도의 석가모니 본존불이 모셔져 있다. 좌우 협시보살의 알듯 말듯 한 미소가 법당 안으로 퍼졌다.

'참사람이 되라' 대중결사운동으로 발전시켜

한국선禪을 중흥시킨 서옹 대종사는, 백양사 만암스님 문하에 출가하여 오대산 방한암 스님 회상에서 탄허 · 고암 · 월하스님과 함께 禪수행을 지도받았다. 일평생 선 수행으로 이름이 나 있는 향곡스님 · 성철스님 등과는 뜻이 통하는 도반으로 한국선의 전통을 잇는 대표적인 선승이라고 한다. 1962년 불교정화운동이 한창이던 시기에 호남의 본사 중 하나인 대흥사 주지를 맡아 왜색으로 오염된 한국불교의 청정수행의 기풍을 되살리는데 큰 역할을 하였다. 1974년에는 조계종 5대 종정으로 추대되어 종단발전에 전력을 다했고, 1996년 고불총림이 백양사에 복원되자 초대방장으로 추대되어 입적하는 날까지 온힘을 다하였다. 일평생을 임제 선맥의 중흥을 발원하며 무위진인을 '참사람'으로 해석해 '참사람 결사문'과 '참사람서원'을 발표하여 주장했는데, 이후 참사람 운동을 대중결사운동으로 발전시켰으며 참사람수행원을 개원하여 남녀노소 누구나 사람의 참모습을 찾도록 인도하였다.

무위진인을 '참사람'으로 해석해 '참사람 결사문'과 '참사람서원'을 주장했는데, 이후 '참사람운동'을 대중결사운동으로 발전시켰으며 참사람수행원을 개원, 남녀노소 누구나 사람의 참모습을 찾도록 인도했다.

녹음 법문으로 만난 서옹 큰스님

황토색 적삼을 입고 열반에 든 스님의 좌탈입망한 사진은 선정에 든 듯 온화한 미소를 머금고 있어 보는 이로 하여금 감화를 받게 했다. 스님의 스승이었던 만암 큰스님 역시 좌탈입망하였기에 스승과 제자가 연이어 좌탈입망한 기록으로 한국불교사에 남게 되었다.

사리를 모셔놓은 법당 안에는 큰스님이 살아생전 하셨던 법문 녹음테이프를 틀어놓았는데 음성이 하도 쩌렁쩌렁하여 깜짝 놀랄 지경이었다. 스님의 법구는 가로 95cm, 세로 85cm, 높이 95cm 크기의 감龕 속에 앉은 모양 그대로 모시고, 가사와 장삼, 경전을 함께 넣었다고 한다.

사리친견 공양의 공덕

서옹스님의 백양사 전통 다비식 후 습골을 마치고 연화대 1m아래에 묻어 둔 밀봉된 항아리를 열자 정말 믿기지 않을 일이 출현되었다. 항아리 속의 명당수에서 맑고 영롱한 사리舍利 4과顆가 나왔는데 그중 2과는 좁쌀 크기고 나머지 2과는 팥알 정도의 크기다. 이는 상식적으로는 믿을 수 없는 일이나 스님의 깊고 놀라운 수행을 증명하는 실례로 현대과학으로도 설명하기 힘든 신비한 기적이라고 한다. 물론 법구에서도 많은 사리가 수습이 되었다.

원래 사리는 범어(Sanskrit)의 Sarira를 소리 나는 대로 적은 것으로 몸, 신체를 의미한다. 불교에서는 석가모니의 신골身骨을 뜻한다. 사리는 다시 둘로 나뉘는데, 부처님의 몸에서 나온 뼈나 유골을 진신사리眞身舍利라고 한다면, 부처님이 설법한 내용을 기록한 경전이나 부처님의 치아, 손톱, 머리카락, 혹은 옷과 바리때, 지팡이 등은 법신사리法身舍利라고 부른다. 나중에 우리나라에서는 승려의 화장유골까지 넓은 의미에서 사리에 포함시켰다고 한다.

스님이라고 다 사리가 나오는 것이 아니다. 오랫동안 끊임없는 수행과정을 거쳐야만 나올 수 있는 수행의 결정체라고 한다. 사리는 육안으로 볼 수도 없고 만질 수 없고 어떤 물질적 장애도 걸림도 없는 시간과 공간의 제약을 초월한 것으로, 수행의 결과로 인한 엄청난 에너지의 일종이라 설명하기도 한다.

안내하는 스님은 '이것은 마치 형태가 없는 전파가 라디오를 만나면 소리가 되고, TV를 만나면 화면이 되고, 전화기를 만나면 음성이 되는 것과 같다'는 말로 설명을 해주었다. 이 말로 미루어보면 양陽의 성질을 가진 수행의 힘이 삼매의 불로 타오르는 과정에서 음陰의 기운을 찾아 들어가 땅속의 물을 만나는 순간 순식간에 응결되어 명당수 안 사리로 나타났다는 것인 듯하다. 엄청난 수행력이 어떠한

무위진인을 '참사람'으로 해석해 '참사람 결사문'과 '참사람서원'을 주장했는데, 이후 '참사람운동'을 대중결사운동으로 발전시켰으며 참사람수행원을 개원, 남녀노소 누구나 사람의 참모습을 찾도록 인도했다.

힘에도 부서지지 않는 사리로 출현하는 것은, 마치 탄소가 수 억 년 땅속 깊은 곳에서 단단한 다이아몬드로 변하는 것과 같은 이치가 아닐까 생각해 보기도 했다.

오늘 우리 일행이 큰 스님의 사리친견 기회를 얻은 것을 경전에서는 천계天界에 태어나는 귀중한 과보를 얻는 것이라고 했다.

'금광명경金光明經'의 '불사리품佛舍利品'에서 사리는 계 정 혜를 닦아 얻는 바이며 심히 어려운 최상의 복전이 말하고 있다. 반야경般若經에서도 사리는 모두 깊고 깊은 반야바라밀다의 공덕을 닦은 결정체라고 한다.

사리의 종류
서옹 큰스님의 열반송

사리는 진신사리眞身舍利와 쇄신사리碎身舍利로 나누기도 한다. 진신사리는 다시 법신사리法身舍利와 색신사리色身舍利로 분류하는데, 법신사리는 시공을 초월하여 상주하며 무너지지 않는 여래의 가르침과 경전을 말한다. 색신사리는 다비하기 이전의 육신, 또는 육신 전체가 금강불괴의 사리로 변한 것을 말한다. 쇄신사리는 다비를 통해 수습된 사리를 일컫는데, 수습된 곳에 따라 각기 다른 이름으로 부른다. 머리카락은 발사리髮舍利라 하여 흑색을 띠고 뼈에서 나온 사리는 골사리骨舍利라 하여 백색이며 몸에서 출현한 사리는 육사리肉舍利라고 하며 적색이다.

사리의 크기와 모양은 일정치 않아 타원형, 둥근 것, 모난 것, 큰 것, 작은 것 등 여러 형태로 나타나는데 작은 것으로는 좁쌀 크기만 한 것도 있다. 다양하고 영롱한 오색을 가진 색채사리도 나타나는데 녹색, 흑색, 백색, 홍색, 투명한 것들로 여러 가지 색을 띠고 있다.

사리의 특징은 불속에 넣어도 타지 않고 금강석보다도 더 단단하여 부서지지 않는 것도 있다. 때로는 사리가 빛을 발하는 방광현상을 보이기도 하고 사리 수가 늘어나는 분과현상을 나타내기도 하며, 사리를 친견하는 사람과 그 대에 따라 사리의 수량이 늘기도 하고 줄기도 하는 신묘한 현상을 나타낸다고 한다.

사리는 수행과 신앙의 결정체로서 공경과 경배의 대상이 되어왔지만 어떤 고승들은 사리에 대해 너무 집착하는 것을 경계하는 뜻에서 입적을 하면 자신의 사리를 수습치 말라 유언을 남기기도 하는데, 최근 열반에 든 동곡 일타스님도 그 중의 한 분이다.

어찌되었든 일반적으로 사리는 수행과 공덕의 결정체로 세간 사람들은 공양 공경하며 존중하고 찬탄한다. 이렇게 하는 것은 사리를 친견하는 것만으로도 가지가지의 복덕을 받게 되며, 죄업이 소멸되고 소원을 성취한다고 믿기 때문이다.

서옹 큰스님의 사리를 모신 법당 한쪽 벽면에 열반하신 큰 스님을 기리는 글귀와 열반송이 있었다.

무위진인을 '참사람'으로 해석해 '참사람 결사문'과 '참사람서원'을 주장했는데, 이후 '참사람운동'을 대중결사운동으로 발전시켰으며 참사람수행원을 개원, 남녀노소 누구나 사람의 참모습을 찾도록 인도했다.

함박눈 펑펑 내리던 상서로운 그날
선정삼매에 들어 좌탈입망하신 큰 스님은
연화대 고운 불길로 한 송이 연꽃이 되었습니다.

오고감이 없어 자취 또한 남을 리 없지만
참사람 되라 격려하시던 생전의 가르침은
수행과 자비의 결정이 되어 사리로 출현했습니다.

涅槃頌 열반송

雲門日水無人至
猶有殘春半落花
一飛白鶴千年寂
細細松風送紫霞
운문에 해는 긴데 이르는 사람 없고
아직 남은 봄에 꽃은 반쯤 떨어졌네
한 번 백학이 나니 천년동안 고요하고
솔솔 부는 솔바람 붉은 노을을 보내네.

열반송은 그 뜻이 새겨져 있어도 매우 심오하고 깊어서 짧은 나의 식견으로는 헤아리기가 힘들었다.

그러나 서옹 큰스님을 생각하며 함축성 있게 표현한 글에서는 스님의 모습이 선하게 다가오는 것 같았다.

법당 창밖으로 보이는 잿빛하늘에 흰 눈은 소리 없이 난분분 내리는데 북쪽으로부터 불어오는 바람에 구름이 서서히 걷히고 있어 마음이 한결 밝아졌다.

백양사를 뒤로하고 진주로 들어와 늦은 점심을 먹고 대구로 돌아오는 길, 마음이 넉넉함과 여유로움으로 충만한 듯하였다.

2004년 1월14일

무위진인을 '참사람'으로 해석해 '참사람결사문'과 '참사람서원'을 주장했는데, 이후 '참사람운동'을 대중결사운동으로 발전시켰으며 참사람수행원을 개원, 남녀노소 누구나 사람의 참모습을 찾도록 인도했다.

다시 가본
가산산성架山山城

일요일이라 늦잠에서 깨어나 산이라도 갈까하여 K에게 전화를 했다. 기다렸다는 듯이 OK다. 내친김에 S와 함께 가산산성으로 가기로 했다. 가산산성은 완만한 나선형이라서 노약자도 산책하듯 편히 오를 수 있는 곳이다.

차창 밖은 가을빛이 완연했다.

이곳이 처음이 아닌데 길이 좀 특이했다. 핸들을 꺾어 마을 사이로 뚫린 좁은 지름길로 접어드니 두 친구가 약속이나 한 듯 경고했다.

“이 길이 아닌데…….”

“길이야 어디 간들 다 통하는 게 아닌가. 핸들 잡은 사람 마음이네.”

그 말에 두 친구가 안심을 했다. 한동안 등산로를 따라 거슬러 올랐다. 먼발치에 성벽문루가 보이더니 '영남 제1관문'이란 현판이 나타났다. 관문과 성벽을 신축했다더니……. 정문은 폭이 3m 높이가 4m 정도로 우람하지 않았지만 늠름한 기품과 자태가 있다.

멀찌감치 보이는 성문 안 오솔길에 코스모스가 바람결에 하늘거리는 것이 보였다.

길은 며칠 전 내린 빗물이 흥건히 고여 있었다. 고개를 드니 해원정사解圓精舍가 눈앞에 보였다. 성 바깥 임시주차장엔 등산객이 타고 온 차들로 꽉 차있었다. 길바닥에 세워둔 차들도 꼬리에 꼬리를 물고 늘어져 있었다. 주차할 곳을 찾느라 얼마간 시간이 지나자 벌써 등산객이 줄지어 내려왔다. 그러고 보니 우린 참 게으른 등산객이다.

성문 입구다. 안내판을 보니 가산산성에 대한 설명이 적혀있었다.

가산산상架山山城은 사적 216호로 지정된 곳이다. 경북 칠곡군에 있으며 해발 691m의 높이에 600m에 이르는 계곡을 이용해 쌓은 방어성곽으로 내성, 중성, 외성으로 이루어져 있다. 인조 18년(1640년) 경상도 관찰사 이명웅李命雄이 지리적 중요성을 인식하고 조정에 건의하여 외성을 축조하게 되었던 것이다. 그 후 중성은 영조 17년(1741년) 관찰사 정익하鄭益河의 장계에 의해 왕명으로 완성되고, 외성은 숙종 26년(1760년) 관찰사 이세재李世裁가 왕명을 받아 축조되었다. 성 내에 별장別將을 두어 수호케 했으며 인근의 경산, 하양, 신령, 의흥, 의성, 군위 지역에 있는 군영 및 군량창을 이 성에 속하도

산을 다 내려오도록 늦은 가을 햇빛이 따사로웠다. 이런 날만 고대해도 좋겠다는 생각이 들다가 문득 사는 일이 이렇게 따사롭기만 해도 괜찮을까 싶어져 웃었다. 산행이 좋았다. 오늘 하루에게 말해주었다. 고맙다고, 근사한 날이었다고.

록 하고 칠곡도호부라는 산성을 두었다. 내성은 길이가 4,710보(4Km)로 동, 서, 남, 북에는 8개의 암문이 있고 중성은 600보(460m)로 성문루에 위려각을 설치했다. 외성은 약 31Km로 남문 및 암문을 3곳에 설치했고 주 출입구는 외성인 남문이다. 성벽에 가로 2m, 높이2.5m 정도로 밖으로 통할 수 있는 암문은 원형만 남아있다. 암문은 적군이 눈치 채지 못하게 비밀히 드나드는 샛문인데, 성벽 중간중간에 일정한 간격으로 뚫려 있는 것이 보였다.

북쪽방향 대나무 길을 따라 올라갔다.

치키봉으로 오르는 갈림길이 나타났다. 길섶에 나팔모양의 보랏빛 꽃이 시선을 끌었지만 꽃 이름을 몰라 답답했다. 낙엽 쌓인 등산로는 쿠션 같이 느껴졌다. 계곡에서 부는 산바람은 청량했고, 아늑하게 휘돌아가는 나선형 등산로의 정취는 참으로 좋았다. 구절초와 쑥부쟁이가 흐드러지게 피어 수줍게 웅크린 채 앉아있었다. 이따금 철지난 매미소리가 들렸다.

내려오던 한 등산객이 환하게 웃으며 악수를 청했다. 그 뒤를 따르던 여인네도 웃으며 인사를 했다. 본 듯한 얼굴인데 생각이 나지 않아 주춤거리면서 손을 잡았다.

"작년 여름에 동부유럽으로 함께 여행을 갔었지요?"

그때서야 생각이 났다. 이렇게 기억력이 없어서야……. 길을 재촉하여 산모롱이를 따라 돌아가다가 이번엔 휴식을 취하던 대학동기 김순남 부부와 김동명 교장, 김영식 교장 내외도 만났다. 생각지도 않은 사람들을 만나다니 참 넓고도 좁은 게 세상이다.

보랏빛 꽃을 피운 달개비와, 꽃봉오리든 이파리든 뚝 따서 누르면 애기 똥처럼 노란 물이 나오는 애기똥풀을 만났다. 그러고 보니 이곳이 애기똥풀 군락지인 모양이다.

식물의 이름을 정확히 알고 싶어 등산로 주변 수목에 달린 명찰을 보고 자생하는 종류와 이름을 메모지에 적었다.

참오동과 은행나무, 넓적하고 싱싱한 잎사귀를 자랑하는 쪽동백, 늘씬한 키를 자랑하는 메타세콰이어가 시원스러웠다. 조금 더 오르니 엄청나게 높이 자란 아카시아 아래 산죽이 군락을 이루고 있었다. 시골 동네 어귀에서나 볼 수 있던 넉넉하고 점잖은 느티나무, 자작자작 소리를 내며 불탄다는 자작나무는 몸체가 흰빛이다. 둥치가 반질반질하고 매끈한 참나무과의 상수리나무, 산뽕나무, 밤송이가 그대로 달려있는 밤나무, 껍질이 울퉁불퉁하게 더덕더덕 붙어있는 굴참나무, 진달래과의 철쭉, 녹나무과의 생강나무, 물푸레나무, 자작나무과에 속하는 서어나무, 층계를 지어 있는 층층나무, 참나무과의 신갈나무를 살펴가며 익혔다.

침엽수는 대부분 표피가 두껍고 울퉁불퉁하며 갈라져있었다. 보기에도 거칠고 투박한 느낌이다. 반대로 활엽수는 표피가 매끄럽고 윤기가 돌며 거친 면이 없었다.

산속의 냉기가 서늘하여 땀방울이 금방 스러졌다. 등허리는 배낭과 맞닿아 선득했다.

이정표가 보였다. 목적지 가까이 왔나 싶었다. 동문 2.1Km, 치키

산을 다 내려오도록 늦은 가을 햇빛이 따사로웠다. 이런 날만 고대해도 좋겠다는 생각이 들다가 문득 사는 일이 이렇게 따사롭기만 해도 괜찮을까 싶어져 웃었다. 산행이 좋았다. 오늘 하루에게 말해주었다. 고맙다고, 근사한 날이었다고.

봉 2.7Km, 진남문 0.4Km라 적혀있었다. 다시 동문을 향해 발걸음을 재촉했다. 가파른 오르막길을 오르니 숨이 찼다. 그래도 별로 힘든 줄 몰랐다. 평소 학교 인근 무학산에 자주 오르내린 덕인 듯 했다.

비슬산자연휴양림 계곡에서 보았던 단괴석을 이곳에서도 볼 수 있었다. 넓적한 바위 사이에 날렵한 자태로 앉은 소나무도 만났다. 바위와 소나무의 절묘한 배치가 한 폭의 동양화였다. 샛길에 이르자 더욱 가팔라졌다. 소나무 아래 갈비가 수북하게 쌓여있었다. 고향 할아버지 댁에서 지낼 때의 추억이 떠올랐다. 땔감이 귀하던 시절이라 불 소시개로 으뜸이었던 솔갈비는 귀한 대접을 받았다.

숱한 풍상을 겪은 중문이 보였다. 문루 없는 아치형 중문을 지나 내리막길을 따라 걸으니 등산로가 나타났다. 멀리 가산바위의 한쪽 귀퉁이가 보였다. 가산산성 서북쪽 성벽 사이에 위치한 이 가산바위를 일명 가암架巖이라고도 부른다. 쇠사다리를 타고 바위 위에 올라보니 생각 외로 바닥이 넓고 평평했다. 80여 평은 족히 되어보였다. 일상의 스트레스를 말끔히 날려 보냈다.

바위 중간에 자연스럽게 뚫린 구멍이 있었다. 전설에 의하면 신라 고승 도선(827-898)이 산천을 편력하다가 이곳 가산바위에 자리를 잡기 위해 구멍에다 쇠로 만든 소와 말 형상을 묻어서 지기地氣를 눌렀다고 했다.

일찍 도착한 등산객이 바위 여기저기에 모여 앉아 점심을 먹으며 웃음꽃을 피우고 있었다. 가지고 간 김밥이 모자라 옆 등산객에게 배를 주고 김밥을 얻었다. 김치와 함께 김밥을 먹던 K가 밥맛 죽인다며 넉살을 부렸다.

하산할 때는 코스를 바꿔 가산산성 성벽을 따라 걸었다. 갈색성벽에는 얼마 남지 않은 단풍 든 담쟁이 이파리가 마른 줄기에 매달려 있었다.

가을 햇빛이 쏟아지는 나뭇잎 사이로 머루알만한 꼭지윤노리의 열매가 선명한 색을 자랑하고 있었다. 앙증맞고 귀엽다. 그 옆엔 콩알보다 조금 큰 자주색 붉은 열매가 터져 5장 꽃잎처럼 예쁘게 펼쳐져있었다. 오가는 등산객에게 물어봐도 이름을 아는 이가 없었다.

비 오고 난 뒤라 산길은 눅눅하고 습기에 차있었다. 단풍이 든 개옻나무 사이로 뻐꾸기 울음소리가 들렸다.

우리는 하루에도 수없는 사람들과 마주치거나 스친다. 아는 사람을 만나게 되면 반색하고 손을 맞잡기도 한다. 자연도 마찬가지다. 나무든 풀이든 알고 있어야 가치를 인정하고 인정받으며 반색하며 인사도 나눌 수 있다. 이것이 낯선 나무나 꽃을 기억하려 애쓰는 이유다. 물론 이름 모르는 풀꽃과 인사할 수도 있고 예뻐할 수도 있다.

다시 걸음을 옮겼다.

등산로 샛길에 가로세로 2m가 넘어 보이는 깎아지른 듯한 바위가 나타났다. 바위에 글귀가 새겨져 있었다. 중간에 알아보기 힘든 글자가 있어 아쉬웠다.

산을 다 내려오도록 늦은 가을 햇빛이 따사로웠다. 이런 날만 고대해도 좋겠다는 생각이 들다가 문득 사는 일이 이렇게 따사롭기만 해도 괜찮을까 싶어져 웃었다. 산행이 좋았다. 오늘 하루에게 말해주었다. 고맙다고, 근사한 날이었다고.

觀察使 洪相國 祐吉去思碑

관찰사 홍상국 우길거사비

別將 徐僕志 翰永○ 世不忘碑

별장 서복지 한영○ 세불망비

觀察使 洪相國 魏康夏 萬世不忘碑

관찰사 홍상국 위강하 만세불망비

인품과 덕망을 기리는 불망비였다.

산행을 하다보면 이런 글귀를 자주 접하게 된다. 이 모두가 그 당시 사람의 인품과 덕망을 나타내고 후세들에게 인정을 받으려는 것이 아닐까? 인정을 받는다는 것은 예나 지금이나 중요한 모양이다. 옛날에도 지금처럼 인정받으려는 사람이 많았음을 알게 해주는 단서이기도 하다. 인정받으려는 욕구가 사람의 본성이니 누가 탓하겠는가.

산을 다 내려오도록 늦은 가을 햇빛이 따사로웠다. 이런 날만 고대해도 좋겠다는 생각이 들다가 문득 사는 일이 이렇게 따사롭기만 해도 괜찮을까 싶어져 웃었다. 산행이 좋았다. 오늘 하루에게 말해주었다. 고맙다고, 근사한 날이었다고.

2005년 9월25일

금강기행金剛記行

두고 온 산하山河

허리 잘린 조국
반세기를 훌쩍 넘어
숨 가쁘게 달려오는 동안
南과 北
자유롭게 오간 이 누구였나

통일전망대에서
두고 온 산하를 향해

그리운 이 소리쳐 불러보면
금방이라도 들릴 듯
잡힐 듯
가깝고도 먼 지척에서
실향민의 소리 없는 통곡을 듣는다
절규보다 더 아픈 가슴을 본다

감질나는 틈새관광
금강산 구선봉이 눈앞에 있네
DMZ를 순식간에 지나
휴전선 거쳐 북측 출입사무소에 도착
숨죽여 기다렸다
왜 그랬을까,
누구도 시킨 사람 없는데
왜 숨죽여야 했을까

검푸른 파도 넘실대는 해금강을 끼고
남과 북으로 휘달리는
태백산맥 정수리 빛나는 그 곳,
동서 40Km 남북 60Km
웅장하고 화려한 산, 산, 산
신비함과 아름다움 간직한

이름만 불러도 가슴 설레는
금강산 1만2천 봉

해발 1638m 비로봉을 정점으로
동으로 강건하고 굳센 외금강外金剛
내강외유를 새기고
서로 부드럽고 유순한 내금강內金剛
내유외강 어루만진다.

철따라 이름 달리하는 금강金剛 사계 四季
봄에는 금강산金剛山
여름은 봉래산蓬萊山
가을엔 풍악산楓嶽山
겨울에는 개골산皆骨山

개골산의 대명사 설봉산雪峰山은
속살 시원하게 드러내면서도
부끄럼도 수줍음도 잊고
당당하고 의연하니
기품 있구나.

솔잎 향 가득한

온천장 유리창 너머
시리도록 파란 하늘과 맞닿은 능선
집선봉, 강선봉, 소반덕, 채하봉, 세존봉…
아스라한 비로봉을 향해
줄지어 춤추듯 달린다.

선녀가 내려오고 모여 든다는
집선봉集仙峰 강선봉降仙峰 이웃하여
어깨 나란히 하고,
옆자리 소반덕은 새색시처럼 얌전하다.

수행자 몸에 영롱한 빛을 발했다는 채하봉彩霞峰 아래
비스듬한 톱니능선
사선으로 이어지는 위풍당당 세존봉世尊峰
듬직하게 주변을 감싸 안은
비로봉의 자비로움이여

이제 참맛을 알게 하는 금강문을 지나
아스라이 비로봉 저 아래
구름사이 편안하게 앉은 상팔담上八潭
아물거리며 내려다보이는 계곡바닥
여덟 곳 선녀탕은 옥색 빛을 더해가니

'나무꾼과 선녀'의 대화가
계곡을 휘돌아 바람결에 들려온다.

아득한 천길 만길 낭떠러지
물보라로 내리꽂히는 심연深淵
구룡폭포 아홉 마리 용들은
승천의 때 기다리며
옥색 얼음 속에서
긴긴 겨울잠에 빠진다.

잠 덜 깬 해금강
먼동이 틀 무렵
할퀴듯 불어오는 바닷바람은
넘실대는 파도를 몰고 와
도도히 서있는 암벽에 때려 포말을 이룬다.
수평선 너머 밝아오는 여명은
황금빛 태양을 토하고
병술년丙戌年 새해 벽두 북녘 땅에서
해맞이하는 벅찬 감격 속에
올 한해 꿈과 소망과 통일의 염원을
눈부시게 떠오르는 태양에 담는다.

하늘을 찌르는
늘씬한 키 미인송 숲을 지나
일백여섯 구비 구비 돌고 돌아
만물상 오르는 길 중턱,
돌계단 모서리 한 귀퉁이
누군가 새겨놓은 또렷한 두 글자
'통일'

펼쳐지는 절경은 한 폭 산수화
하늘에서 내려온 삼신선三神仙
우뚝한 삼선봉三仙峰 되어
만물상을 호령하며 호위한다.
괴기한 귀면암을 지나
칠층암 돌계단에서 가쁜 호흡 고르고
하늘 위 벼랑 끝 천선대를 지나니
저 멀리 망양대가 어서 오라 손짓하네.

망양대로 오르는 하늘 문 들어서니
몰아치는 칼바람에 체감온도 영하20도
거칠게 내뿜는 입김 허공 속에 흔적 없다.
끝없이 펼쳐지는 푸른 동해
장엄하고 웅대한 천태만상 일만 조각상

구름사이로 다정하게 얘기 한다.

잠시 잠깐 머물다 신선 마음 배우고
만물상 내려오는 길
신계천 건너 미완성된
복원불사復元佛事한 신계사
부처님 참배 못하고 그냥 내려오는 길.

아려오는 불자 마음 헤아려주듯
신계사 대웅전 앞뜰에서
말없이 양손 흔들어주던 노스님
불심의 향기로 은은하게 퍼진다.

봉우리가 붓끝을 닮았다는 문필봉文筆峰
신계사를 감싸 안은 건너편 가파른 산속
산삼이 많이 난다는
하관음봉下觀音峰, 중관음봉中觀音峰, 상관음봉上觀音峰
산 속 여기저기 심마니의 외침
심봤다, 나무관세음보살
귓전에 들리 듯 하구나.

금강산호텔 별관 봉래동

소리 없이 깊어가는 마지막 밤
하나 둘 꺼지는 객실등
현관 로비 소파에 기대앉아
생전 처음 해보는 북측사람과의 대화
어느덧 한겨레 한핏줄로 다가온다.

돌아오는 날
북측 출입국관리사무소에서
잘 있으라 잘 가시라 다시 만나요
목메어 소리칩니다.
가슴으로 애절하게 파고드는
북한가요 '다시 만납시다'
몇 번이고 되풀이되는
'다시 만나요'
깊이를 알 수 없는 애잔함이
텅 빈 가슴으로 번지네.
남으로 떠나려는 이의 눈에
그리운 산하가 밟히면서
'통일'의 의미가
벅찬 열망으로 다가온다

내 나라로 가는 복잡한 절차

칼바람이 온 몸을 움츠리게 했다. '대한大寒이 소한小寒 집에 놀러 갔다가 얼어 죽었다'는 옛말이 맞는 것 같다.

통일부 주관으로 중등교사 600여 명이 연수 차 금강산으로 떠나는 날이다.

계절에 따라 봄에는 금강산金剛山, 여름은 봉래산蓬萊山, 가을은 풍악산楓嶽山, 겨울에는 개골산皆骨山 또는 눈이 쌓였다고 설봉산雪峰山이라 불렀다. 어릴 적엔 금강산이란 이름만 들어도 아름다움을 상상해 보며 가슴 설렜던 산이 아닌가.

대구를 떠난 버스는 중앙고속도로에 오르자 고속 질주를 했다. 차창에 얼음이 끼어 겨울 풍경을 바라보는 것은 글렀다. 차 유리창을 입김으로 호호 불고 닦아봤지만 금방 하얗게 성에가 낄 정도였다.

휴게소에서 수 년 전 함께 근무하며 정을 나누었던 선생님들을 만났다. 수학여행 같은 즐거움을 맛보았다.

오후 1시 속초시 설악산 설악동으로 갔다. 주변의 산세는 험준했고 능선이 병풍처럼 펼쳐져 있었다. 복우제 터널을 지나니 해변 가 철조망에 '접근금지'라 적힌 팻말이 있었다. 촘촘한 철조망 사이마다 돌멩이를 끼워놓은 것을 보니 삼엄한 경계근무가 느껴졌다. 반세기가 훌쩍 넘도록 분단된 조국의 허리가 그대로이기에 이산가족의 아

일행 중 누군가가 카메라 배터리가 소모되어 작동이 되는지 점검하기 위해 셔터를 누른다는 것이 공교롭게도 렌즈가 출입국 쪽을 향했고, 하필 그때 이를 본 북한 경비원에게 잡히는 신세가 되었다.

픔은 가늠하기조차 어렵다.

2시20분, 집결지인 통일전망대에 도착했다. 가깝고도 멀기만 하던 북녘 땅이다. '금강산 구경을 한 번이라도 하고 죽으면 소원이 없겠다' 했다던 누군가의 말이 떠오른다. 금강산이 있는 땅을 밟는 기분은 어떨까. 소리치면 금방이라도 대답할 듯, 손 내밀면 눈앞에 바로 잡힐 듯 가깝고도 먼 거리건만 반세기가 넘도록 그 누가 이 땅을 마음대로 드나들 수 있었단 말인가. 이제야 틈새 관광으로나마 금강산 길이 열렸으니, 금상산 관광길에 올랐다는 사실만으로도 가슴이 뛰었다.

남측 출입국관리사무소에서 함께 온 교사가 실랑이를 하였다. 신분증을 소지하지 않았다고 했다. 일행 중 한 사람이 소리를 질렀다.

"신분증 챙기라고 그렇게 말했는데 그걸 잊어버려?"

가만히 있을 수 없었다. 영웅심리가 발동하여 처음 본 교사의 신원보증을 섰다. 한 명은 되지 않아 5명이나 서야 했다. 출입국관리사무실 직원이 걱정되는지 혼잣말을 했다.

"보증은 함부로 서는 게 아닌데……."

자식에게 가훈이라 생각하고 '보증서지 말고 증권하지 말라'고 말하던 내가 아닌가. 증권은 내가 이미 비싼 공부를 했기 때문이고, 보증 역시 내가 혼이 난 일이 있었다. 하지만 대한민국 신용 1위라는 교사인 터라 서슴없이 신원보증인이 되어주었다.

버스 14대로 온 일행 600여 명은 28인승 현대아산 미니버스 22

대에 다시 분승하여 탔다. 현대아산 직원으로부터 유의할 사항을 들었다. 사진촬영과 흡연은 지정된 장소에서 할 것, 달러나 카드 외 현금사용은 불가, 쓰레기 처리 문제, 소변 아무데서나 보지 말고 침 함부로 뱉지 않기, 나뭇가지를 꺾는다거나 자연을 훼손하는 행위는 위약금을 내야하고, 망원경과 서적의 소지 문제와 배터리 충전기 사용 및 관리 문제, 출입신고서에 낙서금지 등이었다. 막연히 예상만 했던 북한사회와 답답하고 숨 막히는 북한주민들의 생활까지 짐작하게 했다.

드디어
휴전선 거쳐
북으로 들어가다

검푸른 파도가 일렁이는 동해를 바로 옆에 끼고 동부전선 최전방 민간인 통제구역으로 들어서면서부터 이어지는 철책과 위장된 참호와 망루 등을 통해 분단된 조국의 한 맺힌 근대역사 현장을 목격했다. 그래도 일행을 태운 22대의 미니버스가 줄지어 달리는 풍경은 장관이었다.

남방한계선의 비무장지대인 DMZ를 통과하여 휴전선을 거쳐 북으로 들어갔다. 순간적으로, 혹여 사건이라도 터져 돌아가지 못하면 어쩌나하는 염려와 함께 섬뜩하고 미묘한 감정이 교차되기도 했다. 하

일행 중 누군가가 카메라 배터리가 소모되어 작동이 되는지 점검하기 위해 셔터를 누른다는 것이 공교롭게도 렌즈가 출입국 쪽을 향했고, 하필 그때 이를 본 북한 경비원에게 잡히는 신세가 되었다.

지만 이내 설부른 감정들을 잠재워버리고, 차창 밖으로 펼쳐지는 풍경을 하나라도 놓치지 않으려고 성에 낀 유리창을 연신 닦았다. 수년 전 통일 전망대에서 보았던 해금강 자락이 얌전히 뻗어있었다. 해발 180m 나지막한 새색시 구선봉이 수줍게 우릴 맞이했다. 그런데 나무 한 그루 없이 붉은 마사토와 바위로 이뤄져있었다. 뜻밖이었다. 금강산은 나무로 울창할 줄 알았다. 썰렁한 바위산이 몰아치는 바람과 함께 차갑게 느껴졌다. 구선봉을 축소시킬 수 있다면 정원에 두고 싶었다.

북측 출입사무소로 들어서니 스피커에서 우리나라에도 잘 알려진 '반갑습니다'와 편곡된 우리민요 '노들강변'이 반복해서 흘러나왔다. 영화나 TV에서 보았던 북한 병사를 난생 처음 만났다. 체격이 깡마르고 왜소했다. 퇴색된 군복, 까칠하고 검게 탄 표정 없는 병사였다. 우리 국군 병사들의 모습과 절로 비교가 되었다.

북측 출입사무소는 임시 대형 막사처럼 흰 천으로 꾸며져 있었다. 동해선 철길은, 바다를 끼고 해금강이 바라다 보이는 삼일포를 거쳐 온정리 관광도로와 금강산 해수욕장을 지나 고성읍 현대농장을 끼고 북으로 원산까지 이어진다고 했다.

2002년 9월 온 국민의 관심 속에 동해안 북부 비무장지대에서 동해선 공사가 시작된 지 3년4개월이 지났다. 이 동해선은 1937년에 개통되었지만 분단으로 인해 60년 동안 운행이 되지 않은 비운의 철도다. 동해선 도로 및 철도 복원공사의 완공이 눈앞에 다가왔다.

언제쯤이면 열차를 이용한 금강산 관광이 가능할까? 매스컴에선, 이 철도가 해상교통을 대신한 남북교역의 대체 수단으로 한반도종단 철도로 동북아 육상물류 거점으로 발돋움하는데 큰 기여를 할 것으로 기대한다고 했다. 동해선이 민족의 뜨거운 피와 따뜻한 정을 다시 흐르게 하여 공동번영의 역사가 길이 이어지길 빌어본다.

출입국 심사는 해외 출입할 때와 똑 같이 이뤄졌다. 그런데 군인 복장을 한 출입심사관의 모자가 너무 크고 덩그렇게 보였다. 특히 여자가 쓴 모자는 흡사 갓 쓰고 자전거를 탄 사람처럼 어울리지 않았다. 출입수속은 거의 오후 4시가 넘어서 끝이 났다. 신원보증 받은 팀이 제일 늦게 수속을 마쳐 기다려야 했다.

구선봉 아랫자락에 있는 그리 크지 않은 호수 '감호'에 얼음이 꽁꽁 얼었다. 그 위를 병사 5명이 뭐라고 얘기하면서 줄지어 걸어가다 미끄럼을 탔다.

낡은 군 막사 한 귀퉁이에 염소 몇 마리와 소 2마리를 나무기둥에 매어놓은 것이 가물가물 보인다. 식량난이 겹치는 북한인지라 자체 해결을 위한 사육의 현장인 듯 했다.

짧은 겨울 해가 모습을 감추려하고 있었다. 차창 밖으로 포장이 잘 된 도로와 깔끔한 녹색 철책이 이어지고 높은 가로등이 보였다. 삭기 직전의 작달막한 전봇대, 나무기둥 두 개를 맞대어 이은 전봇대가 제법 많았다. 또 다른 곳에는 태국이나 동구권에서 보던 시멘트 사각기둥 전신주가 쓰러질 듯 왜소하고 초라한 모습으로 서 있었

일행 중 누군가가 카메라 배터리가 소모되어 작동이 되는지 점검하기 위해 셔터를 누른다는 것이 공교롭게도 렌즈가 출입국 쪽을 향했고, 하필 그 때 이를 본 북한 경비원에게 잡히는 신세가 되었다.

다.

우리가 투숙할 금강산 호텔로 가는 도중에 제법 넓은 고성평야가 나타났다. 밭작물로 콩이나 옥수수가 대부분이고 가끔 논도 보였다. 남한의 벼는 한포기가 벌어지면 한줌으로 못 움켜잡을 정도다. 하지만 차창으로 보이는 이곳 농토는 육안으로 봐도 비옥하지 않았다. 병충해 방제를 위해 논두렁이나 제방 군데군데 불을 놓아 피어오르는 연기는 해질녘 농촌의 운치를 더해주었다. 창밖에는 200m정도 거리를 두고 빨간 깃발을 든 인민군이 부동자세로 서 있었는데, 사진 촬영하는 사람을 찾아내는 역할까지 맡고 있다고 했다.

창고 형태의 지붕이 긴 슬레이트 단층집은 학교 건물이라 했다. 얼핏 보기에도 우리의 60년대 모습 그대로였다. 가옥의 외형은 규격화되고 획일적인 단층집이었다. 슬레이트나 기와지붕에 흰 벽, 창문 2개 정도의 작은 집들이 모인 마을, 그런데 어디를 보아도 사람은 보이지 않았다. 그래도 그 썰렁하고 퇴락한 마을에 저녁연기가 몇 군데 모락모락 피어오르는 것을 보니 왠지 반갑고도 짠했다.

산은 민둥산이었다. 지게를 지고 나무 해오는 사람이 들판에 지나는 걸 보니 연료 상황을 짐작할 것 같았다.

마을 정면에는 웃음을 띤 김일성의 대형 포스터가 걸려 있었다. 작은 마을까지도 주체화나 선전구호의 붉은 글씨를 새겨 넣은 주체탑이 세워져 있었다.

“우리 북에서는 우리식대로 합네다”

온정각에 도착했다.

금강산호텔에 도착하기까지 10시간 넘게 왔다. 호텔 별관의 숙소는 객실 수가 얼마 되지 않는 3층짜리 조그만 건물이었다. 봉래동, 풍악동 등 숙소 이름을 금강산 사계에 따라 붙여놓았다. 나는 동료 교사 C와 함께 여름 금강산인 봉래동 204호를 배정받았다.

저녁식사는 한식뷔페였다. 한꺼번에 600여 명이 식당에 들어서니 좀 복잡하긴 했지만, 깔끔하고 담백한 음식을 맛있게 먹었다. 이곳에서는 조미료를 전혀 사용치 않는다고 했다. 남한이나 외국의 뷔페는 푸짐하기 이를 데 없는데 이곳의 뷔페는 조촐하면서 남지도 모자라지도 않았다.

식사를 마치고 식당 면세점 구경을 갔다. 양주코너와 건강보조식품코너를 구경했다. 북한에서 재배 생산되는 상품으로 각종 술, 산나물, 버섯, 인삼, 꿀 등이 있었다. 결재는 달러와 전자카드만 사용 가능했다. 돈을 낸 만큼 충전식 전자카드에 금액이 입력되어 물건을 사고 남은 금액은 돌아갈 때 환불해준다고 했다. 부모님께 드릴 장뇌산삼 3뿌리를 샀다. 국제기준환율이 매일 시세에 따라 달라지지만 북한에서는 이를 무시하고 1달러를 1,020원으로 고정시켜놓고 계산했다.

“우리 북에서는 우리식대로 합네다.”

일행 중 누군가가 카메라 배터리가 소모되어 작동이 되는지 점검하기 위해 셔터를 누른다는 것이 공교롭게도 렌즈가 출입국 쪽을 향했고, 하필 그때 이를 본 북한 경비원에게 잡히는 신세가 되었다.

강하게 항의하니 북측 점원이 당연하다는 듯이 말했다. 따질 수도 없었다.

숙소로 오는 길에 "우리식대로 잘 살자"란 구호가 적힌 것을 보았다. 면세점 점원의 말이 생각나 저절로 웃음이 나왔다. 주체의식을 살리자는 의도일 것이다. 북한사회의 고립과 폐쇄 정도를 알기에 충분했다.

시간여유가 있어 북한에서 직영을 한다는 금강산호텔 본관 구경에 나섰다. 현관 로비에 들어서니 'HAPPY NEW YEAR, 현대아산 임직원 일동'이란 현수막이 큼직하게 나붙어 있고 로비 전면 벽에는 '백두산 천지' 그림이 조명 속에서 장엄하고 화려함을 드러내고 있었다.

검정치마에 흰 저고리를 단아하게 입은 북한 아가씨의 모습이 산뜻하고 아름다웠다.

1층 로비 한쪽에서는 금강산 가무 예술단의 공연이 있었고, 다른 한쪽 로비에는 음악을 들으면서 차나 술을 마시도록 열린 공간으로 꾸며져 있었다. 귀에 익은 우리 가요와 80년대에 히트했던 팝송이 흘러나왔다. 금강산 깊숙한 곳에서 익숙한 음악을 들으니 우리나라 도심에 있는 것 같은 착각이 들었다. 그런데 악단에 맞춰 노래하던 가수가 북한 가수가 아니라 동남아계 가수들이라 하여 놀랐다.

2층 계단 위로 올라가니 TV에서 보았던 대로 금강산 산수를 그린 대형 유화가 전체 벽면을 장식하고 있었다. 귀빈들이 북한방문 시이 그림을 배경으로 사진 촬영을 많이 한다고 들었다. 우리 일행도 그림 앞에서 포즈를 취하며 기념촬영을 했다.

2층 전체는 누구나 드나들며 술과 차를 마시면서 접대원들이 부르는 북한가요를 즐기는 곳이었다. 포장마차 형태로 꾸며놓고 '포장마차'라고 써 붙여 놓았다. 하지만 종업원을 상대로 사진촬영은 절대 금지라고 했다.

일행 중 다른 팀들이 벌써 자리 잡고 앉아 취기어린 목소리로 호기를 부리고 있었다. 우리가 앉은 테이블에는 이웃 S학교 교사들도 합석했는데, 북한 술 '오가피주'와 '머루주'를 시키고 안주로는 '꼬치'를 먹었다. 금강산의 겨울밤은 깊어만 갔다.

남한의 사람살이
북한의 사람살이

봉래동 숙소로 가는 짧은 거리에도 밤바람이 싸늘하여 온몸이 떨렸다.

밤이 이슥해져서야 숙소 현관에 들어서니 안내원이 웃으며 맞아주었다. 안내원은 2명이었는데 나이가 42세, 35세라 했다. 한 명이면 될 것 같은데 굳이 두 명을 안내원으로 배치한 것은 서로의 언행을 감시하고 경계하기 위함이란 생각이 들었다. 북한주민과 얼굴을 마주 대하고 말을 건네자니 좀 머쓱하기도 했지만 말실수를 하여 문

일행 중 누군가가 카메라 배터리가 소모되어 작동이 되는지 점검하기 위해 셔터를 누른다는 것이 공교롭게도 렌즈가 출입국 쪽을 향했고, 하필 그때 이를 본 북한 경비원에게 잡히는 신세가 되었다.

제가 생길까 은근히 걱정도 되었다. 하지만 시간이 지나 대화가 자연스럽게 무르익으니 걱정도 사라졌다.

이번 관광객 모두는 중학교 교사들이며 올해 1차로 통일교육 연수차 이곳까지 왔다고 하니, 단일팀이면서도 대규모 인원에 내심 놀라는 눈치였다. 대화는 주로 교육에 관한 것이었다. 남한의 방과후교육과 특기적성교육 이야기를 하는데, 나이 든 안내원 한사람이 "우리도 그런 것 있습네다."하며 묻지도 않은 말을 덧붙였다. 북한도 남한 못지않게 자식에 대한 교육열은 대단했다. 남한 부모들의 교육열의로 사교육비가 많이 든다는 말을 했다.

"방과 후 학습목표치에 도달치 못한 학생들은 집에 가지 않고 개별학습을 교사로부터 받습네다."

그들은 따로 돈이 들지 않는다고 자랑스럽게 말했다. 우리나라 80년대의 나머지 공부를 말하는 것이었다. 그는 '시험을 쳐서 목표치에 도달 못하면 학년 진급을 하지 못한다'고 했다. 남한에서는 유급제도가 없어 한 해가 지나면 자동적으로 다음 학년에 올라간다고 하자 안내원은 이해가 되지 않는 듯 갸우뚱했다. 뭔가 교육제도가 잘못됐다는 듯 저희들 끼리 마주보며 말없이 피식 웃기만 했다.

평소 난 교육제도가 학력 인플레이를 조장하는 것 같아 안타까움을 가지고 있었다. 싱가포르와 같이 중학을 졸업하면서 개인의 능력에 따라 학문연구 코스와 개인의 특기와 적성에 맞는 직업교육 코스로 나누어 교육을 하는 것이 바람직하다고 생각했다.

C교사는 특수교육을 맡고 있다 하니 '특수교육'이란 용어 자체를

잘 모르고 있었다. 국가 복지정책의 일환으로 장애를 가진 학생들에게도 교육의 기회균등 차원에서 많은 예산이 투입되어 교육이 이루어진다고 설명했다.

“북한에서는 장애학생들에게 교육적인 서비스 지원을 어떻게 합니까?”

“우리도 그런 교육을 시켜주는 곳이 있디요.”

그 말에 긍정도 부정도 하지 않았다. 특수교육이란 자체가 없는 것 같았다.

남한에서는 국토방위의 의무로 군 복무를 필수적으로 해야 하는데 북한에서는 어떤지를 물어보았다. 안내원은, 북한의 군 복무는 5년인데 강제로 군에 가야 하는 것은 없다고 힘주어 말했다. 5년은 너무 길지 않냐 했더니, 보통은 5년인데 국가에서 필요한 인재는 2,3년으로 단축한다고 했다. 그러면서 자기가 군에 가고 싶으면 가고 가기 싫으면 안 가지 강제 조항은 없다고 거듭 말했다. 남한에서는 국방의 의무를 필하지 않으면 자기 권리주장을 하지도 못하고 사회에서도 제약을 받기 때문에 군복무가 필수라면서, ‘군복무를 하지 않으면 사나이로서 사회에서 인간구실하기가 어렵다’고 했더니 별 대꾸가 없었다. 어물쩍하게 대답을 회피하는 것 같아 보였다. 알고 보니 남한이나 북한이나 군복무를 하지 않으면 정상적인 사회인으로 활동하지 못하게 되어 있음은 똑 같았다.

일행 중 누군가가 카메라 배터리가 소모되어 작동이 되는지 점검하기 위해 셔터를 누른다는 것이 공교롭게도 렌즈가 출입국 쪽을 향했고, 하필 그 때 이를 본 북한 경비원에게 잡히는 신세가 되었다.

남한에서는 한때 아이를 너무 많이 낳아서 '둘만 낳아 잘 기르자' '아들 딸 구별 말고 하나만 낳아 잘 기르자' '잘 키운 딸 하나 열 아들 안 부럽다' 등의 표어가 나붙었던 적이 있었지만 지금은 저 출산이 사회적인 문제로 되어 아기 많이 낳기를 국가에서 권장하고 있다는 얘기도 했다. 북한에서는 네 번째 자녀부터 국가에서 보조금이 나온다고 했다.

남한의 평균수명이 남자 80세, 여자는 80세가 훨씬 넘어 고령화 사회로 진입했다고 하니, 아무 말도 없이 그저 놀라는 표정이었다. 젊은 안내원이 말했다.

"남한에서는 여자도 호주가 될 수 있다면서요? 북에는 상상도 못할 일이디요."

"이혼을 하게 될 경우에 남은 자식들의 문제와 여성들의 권익보호 차원에서 법으로 그렇게 통과되었을 뿐이지 아직까지 변한 사항도 없고 앞으로 어떻게 될는지도 모르니 시기상조가 아닌가 합니다." 했더니 모두 '허허허' 하고 웃었다. 그 웃음 속에는 이념과 사상을 떠나 남자들끼리만 통하는 마음이 있었다.

그들도 결혼식 때는 부모, 형제, 동무(친구)들에게 경제적인 도움을 많이 받는다는 것, 제사도 지내고, 장남의 권위가 아직 살아 있으며, 남자 여자의 할 일은 따로 있다는 보수적인 사고가 그대로 남아 있었다.

북한에서 가장 선호하고 인기 있는 직업이 뭐냐고 물어보니 '개인의 능력에 따라 국가에서 배치해주니 그런 건 없다'고 했다. 듣고 싶은 대답을 못들은 터라 질문을 바꾸었다. '북한 가정에서는 자식들에게 장차 어떤 직업을 가지면 좋겠다고 주로 이야기하는지' 물었다. 이 역시 구체적인 대답은 회피하면서 '가장 좋아하고 하고 싶은 것을 하라고 한다'는 말만 했다. 거주 이전의 자유나 직장 선택에 대해 '모든 것은 국가가 알아서 적재적소에 배치 시켜준다'는 말로 대신했다.

이야기를 하는 도중에 두 번이나 정전이 되었다. 언젠가 우리 정부에 전력공급을 요청한 것에 대한 기사를 본 게 생각났다.

이야기가 밤늦게까지 이어지다보니 자정을 넘겨버렸다. C와 함께 올 때 가져온 소주와 과자를 건네주고 헤어졌다.

북한에서 맞은 첫 아침

얼마를 잤는지 잠결에 '으악'하는 고함소리에 놀라 벌떡 일어났다. 옆에 자던 C가 화장실 불을 켜고 있었다. 왜 그러느냐고 해도 한 손으로 이마를 짚은 채 대답이 없었다. 지독한 흉몽을 꿨나 하다가 다시 잠이 들었다. 어디선가 개 짖는 소리에 잠이 깼다. 참 오랜만에 들어보는 개 짖는 소리에 마치 고향집에라도 온 것 같은 착각에 빠

일행 중 누군가가 카메라 배터리가 소모되어 작동이 되는지 점검하기 위해 셔터를 누른다는 것이 공교롭게도 렌즈가 출입국 쪽을 향했고, 하필 그때 이를 본 북한 경비원에게 잡히는 신세가 되었다.

졌다.

날이 밝아오고 있었다. 먼저 일어난 C선생에게 자다가 왜 그랬냐고 물었다. 멋쩍게 웃으며 '많이 놀랐지요' 했다. 이제까지 살면서 꿈을 꿔도 그렇게 생생한 꿈은 처음이라고 했다. 꿈에 아내가 세탁기에 손을 다쳤었는데 그 비명소리가 얼마나 생생하던지 꿈결에 다급하게 일어나 쫒아나가다가 화장실 문지방에 발가락을 찧어 손톱만큼이나 찢어져 피가 났다면서 상처 난 발가락을 내보여, 둘이서 소리내어 웃고 말았다.

부랴부랴 씻고 금강산호텔 식당으로 가니 벌써 식사를 마친 일행들이 나오고 있었다.

입이 깔깔해서 죽을 좀 먹으려고 했더니 접대원이 다 떨어졌다고만 할 뿐 더 갖다 놓지는 않았다. 음식은 떨어지면 그만이고, 미안하다는 말 한 마디 없는 것도 '우리식대로 한다'던 그 '우리식'인가? 하고 일행 중 누군가가 비꼬듯이 말을 했다. 손님을 위한 배려나 질적인 서비스는 개선할 여지가 많아 보였다.

1월6일 아침 날씨는 맑고 쾌청했다.

무공해 금강산의 알싸한 겨울공기가 무척 상쾌했다. 오늘은 구룡폭포에 오른다. 식사를 마치고 이내 소형버스에 탑승해야 하는데, 버스가 22대나 되니 타야할 버스가 어느 위치에 있는지 알 수가 없었다. 안내원에게 물어서 허둥지둥 버스에 올랐다. 승차에 늦은 것도 화장실 사용 때문이었다. 600여 명이 해결하려니 사용할 공간이 좁아 무작정 차례를 기다려야만 했다. 특히 남자보다 여자들이 더 곤욕을 치르는 것 같았다.

안내원은 현대아산 소속의 남한 아가씨들이고 현지 금강산 등산 안내는 북측 사람들이었다.

구룡폭포, 신계사 복원불사 현장을 보다

우리를 태운 버스는 완만한 계곡의 숲속 길을 10여 분이나 거침없이 올라갔다.

숲 양쪽으로 하늘을 향해 늘씬하게 쭉쭉 뻗은 '미인송' 또는 '금강송'이라고 불리는 소나무들이 힘찬 기상을 풍겨 멋져 보였다. 하지만 이내 안내원이 가리키는 창밖으로 여기저기 소나무들이 껍질이 벗겨진 채 말라 죽었거나 보기 흉한 모습으로 서 있는 것이 보여 너무 아까웠다. 누군가 '재선충이 이곳까지 북상했네' 하고 말했다. 이 말을 들은 안내원이 재선충이 아니고 솔잎혹파리 피해라고 했다. 병들어가는 산림이 너무 안타까웠다.

조금 더 버스로 올라가니 안내원이, 지난 해 2004년 11월20일에 법장스님(조계종 총무원장으로 작년에 입적)과 사대부중이 참석하여 대웅보전大雄寶殿 낙성식을 봉행했다는 신계사를 가리켰다. 유점사,

일행 중 누군가가 카메라 배터리가 소모되어 작동이 되는지 점검하기 위해 셔터를 누른다는 것이 공교롭게도 렌즈가 출입국 쪽을 향했고, 하필 그때 이를 본 북한 경비원에게 잡히는 신세가 되었다.

신계사, 장안사, 표훈사는 금강산 4대 사찰이며 신계사는 외금강의 가장 큰 사찰이라고 했다.

신계사는 1500년(서기519년)된 고찰로 보운普雲대사가 창건하였다. 신계사를 지을 때 보운스님이 물고기 떼가 놀고 있는 계곡을 보고 '부처님 도량은 가장 청정한 법계인데 어찌 물고기가 있어 냄새를 진동케 하는가' 하며 방편으로 주문을 써 물고기들을 바다로 몰아내었다. 그 후 계곡물이 바다에까지 이르러도 고기 떼가 들어오지 않아서 절 이름이 새로운 계곡의 신계新溪에서 신령스러운 계곡 신계神溪로 바뀌었다고 한다.

역사적으로 보면 문무대왕과 김유신이 왕실의 기도를 올린 기념으로 대웅전을 중건했고, 서경천도를 주장했던 묘청도 신계사를 중창했다. 조선시대에 율곡, 정철, 겸재, 정선, 김삿갓 등의 인연 이야기가 있으며 고종 이후 왕실의 원당 역할을 하기도 했다. 또한 효봉스님 등 근대 불교계 큰스님들의 수행처이기도 했다.

원래 21동에 이르는 전각을 소유했던 신계사는 1951년 전쟁의 참화로 폐허가 되었고 금강산 3대 고탑古塔 중 하나인 3층 석탑과 그 양 옆의 보리수 2그루, 만세루 돌기둥만 남아 반세기가 넘도록 지켜왔다고 한다.

복원된 신계사 대웅보전과 부속건물들은 아직 단청이 되어있지 않고 요사채나 나머지 건물들을 복원 중이었다. 규모는 별로 크지 않았지만 아담하면서도 운치가 느껴지는 사찰이었다.

신계사 복원불사는 남북 평화통일을 기원하고 민족의 영산이며 불교성지라 할 수 있는 금강산의 고찰을 복원하는 것은 단절된 우리의 역사와 문화재를 복원하는 민족사적 의미도 크다 할 수 있다.

'나무꾼과 선녀'의 무대 상팔담에 오르다

신계사를 지나면서 도로 안 숲속에 군 막사가 보였다. 이곳에서도 자체보급용으로 키우는 염소와 단층 건물의 작고 엉성한 온천장이 보였다.

버스는 목란다리를 지나 목란관 주차장에서 우리 일행을 내려주어 등산로 길을 따라 올라갔다. 계곡사이의 개울을 건너는 양지다리, 금수다리, 만경다리를 지나는데 다리 밑으로 흐르던 물이 모두 얼어서 희디흰 담요가 깔린 듯 했다.

계곡으로 빨려들 듯 나있는 등반길을 한참을 오르니 첩첩산중의 절경이 머리 위로 펼쳐지고 금강문이 나타났다. 금강문이라야 별로 크지 않은 세 사람이 동시에 통과할 정도의 좁은 돌문이다. 문 옆 바위에 '금강문을 지나야 참 맛을 알 수 있다'라고 바위에 새겨놓은 문구는 김일성이 말했다던가?

금강문을 지나 흔들다리를 건넜다. 일행이 모두 건너서 그런지 출

일행 중 누군가가 카메라 배터리가 소모되어 작동이 되는지 점검하기 위해 셔터를 누른다는 것이 공교롭게도 렌즈가 출입국 쪽을 향했고, 하필 그때 이를 본 북한 경비원에게 잡히는 신세가 되었다.

렁거린다고 해야 맞을 것 같다. 흔들다리를 건너자 경사가 더욱 가팔라 호흡이 거칠어졌다. 일행과 뒤쳐지면 따라가기 힘든다는 생각에 허리도 못 펴고 땅바닥만 보면서 올라갔다. 산행은 이런 것이 아닌데……. 그러다 잠시 걸음을 멈췄다. 하늘을 찌를 듯한 봉우리를 한 번 쳐다보고 올라온 길도 돌아보았다. 우리 일행이 길게 꼬리를 잇고 있었다. 평소 산행 때는 항상 여유를 부리라는 말을 했지만 오늘은 어쩔 도리가 없었다. 열심히 오르고 또 올랐다.

제법 넓고 편편한 '무대바위'가 개울에 가로로 걸쳐져있었다.

다시 급경사가 진 등산로를 오르니 옥류계곡의 옥류담이 나왔다. 비룡폭포의 물이 얼어붙은 채 계곡바위에 엉겨 붙어있어 그대로도 장관이었다. 그 위쪽으로 연주담이 나타났다. 에메랄드빛 투명한 얼음에 넋을 잃었다. 위쪽을 바라보니 기암절벽의 절경에 탄성이 절로 나왔다. 비로봉 정상의 녹지 않은 눈이 햇빛에 반사되어 눈부셨다.

관폭정觀瀑亭에 올라서 보니 구룡폭포의 얼음줄기가 계곡을 타고 하늘로 승천하려는 9마리의 용들이 서로 엉켜 용트림하듯 했다. 세찬 물보라를 튀기며 오색 무지개를 만드는 시원한 물줄기의 장관은 아니었지만 얼음줄기도 그에 못잖은 장관이었다.

관폭정에서 내려와 상팔담으로 오르는 계곡의 다리를 건넜다. 상팔담 등산로는 너무 가파르고 급경사여서 오르기를 포기하고 그냥 내려가는 일행들이 많았다. 하지만 오기 힘든 이곳까지 와서 그냥 내려간다는 것이 말이 되는가. 자신감과 용기를 가지고 올랐다. 오를

수록 힘들고 60도 각도의 쇠사다리를 몇 번인가 거듭 올라서 숨이 찼지만 눈 아래 정경은 아찔한 스릴을 만끽하기에 충분했다.

숨을 고르며 상팔담 정상에 올랐다. 눈앞에는 절경이 펼쳐졌다. 상팔담의 전설은 어릴 적 초등학교 시절로 되돌아가게 했다. 국어시간에 배웠던 '나무꾼과 선녀'의 무대가 바로 이 상팔담이 아니던가. 까마득한 상팔담 절벽 아래 가물가물 보이는 계곡사이로 굽이쳐 흐르던 물은 비록 얼어붙었지만 시야에 들어오는 선명한 8개의 둥근 선녀탕은 연푸른빛을 뿜어냈다. 아득히 내려다보이는 상팔담 계곡 어디선가 '나무꾼과 선녀'의 정겨운 대화가 바람결에 들려오는 듯하여 몇 번이나 계곡을 내려다봤다.

상팔담에서 내려오는 길 좌측 멀리, 전문 산악인들도 오르기 힘들어 보이는 암벽에 음각의 붉은 글씨로 '조선의 영광 민족의 자랑 김정일'이라 새겨져 있어 명산의 장쾌함을 감했다. 일행들이 이구동성으로 '바위에 새긴 글자가 자연경관을 다 파괴한다'고 하는 걸 보면 나만의 생각은 아닌 듯했다. 나뭇가지 하나도 꺾지 못하게 하는 규제와는 너무나 다른 아이러니가 아닌가.

얼마만큼 내려오다가 맞은편에 보이는 세존봉이 능선에서 발길을 멈췄다. 크고 작은 사선의 톱니능선은 일정한 방향으로 힘차게 하늘을 찌르고 있었다. 그 형상이 아주 기묘해서 일행들은 카메라에 담기 바빴다. 세존봉 위로 채하봉 능선이 줄달음치고, 그 곁에 월출봉과 일출봉이 이웃했다.

일행 중 누군가가 카메라 배터리가 소모되어 작동이 되는지 점검하기 위해 셔터를 누른다는 것이 공교롭게도 렌즈가 출입국 쪽을 향했고, 하필 그때 이를 본 북한 경비원에게 잡히는 신세가 되었다.

"이렇게 내려갈 것을 뭐 하러 힘들게 올라왔어."

누군가가 하는 말 속엔, 시간이 촉박해서 아름다운 자연을 맘껏 즐기지 못한 아쉬움이 있었다.

솔향 그윽한 온천과 교예단 공연

먼저 하산하는 대로 목란관에서 점심식사를 한 후 버스를 타고 내려오면 된다고 했다. 항상 동행하는 C교사와 식사를 하고 나니 벌써 다른 일행들은 내려가고 남은 사람들이 별로 없었다. 일찍 내려왔으면 신계사에 들렀을 텐데 통일부에서 주선한 연수시간이 임박해서 그냥 올 수밖에 없었다.

신계사 대웅전 앞뜰에서 버스에 오르는 우리를 향해 스님 한 분이 양팔을 벌려 흔들어주던 모습이 눈에 선하였다. 신심이 두터운 불자인 C교사가 왠지 가슴이 찡하다고 했다.

산행이 무리였던지 온몸이 쑤셨다. 몸살이 날까 걱정되어 온정리에 있는 온천장으로 갔다. 미리 온 일행들이 보였다. 뜨끈한 온천물에 몸을 담그니 특유의 향긋한 솔잎향이 코끝을 스쳤다. 온천수는 늘 40도 이상을 유지해 따로 끓이지 않는다고 했다. 느긋하게 탕 속에 몸을 담근 채 창밖으로 아스라이 보이는 금강산을 감상하는 색다른 즐거움이 있었다. 금강산 능선 좌측으로 신선들이 모여들고 하늘에서 내린다는 집선봉과 강선봉이 바로 이웃하고 있고 그 옆엔 소반덕이 얌전하게 붙어있었다. 박빈 거사라는 수행자가 온 몸에서 영롱한 빛을 발했다 해서 붙여진 채하봉과 그 능선 아래로 길게 이어진 씩씩하고 힘찬 톱니모양의 세존봉까지 이웃해 있었다. 북쪽 최고봉인 1,638m의 비로봉이 1만2천봉을 감싸며 자비롭게 내려다보았다.

오후 3시에는 북한에서 최고로 자랑하는 금강산 교예단의 공연을 관람했다. 교예단은 모란봉 단원으로 평양과 금강산에서만 공연하는 북한 최고 단원이다. 인민배우(장관예우), 공훈배우(차관예우)로 북한에서는 특급대우를 받는다고 했다. 민첩하고 유연한 몸동작과 손놀림이 신기에 가까웠다. 특히 공중곡예는 기계처럼 한 치의 오차도 허용치 않음에 탄성을 질렀다. 관객도 장단을 맞추고 박수로 환호했다. 그러다 산행이 피곤했던지 온천욕을 하고 난 뒤라 깜박 졸다가 터져 나오는 박수소리에 잠을 깨었다. 그네타기 고난도 연기에 실수가 이어져 관객들이 힘찬 격려의 박수를 보냈지만 결국 실패했다. 연기를 한 사람이 혹독한 훈련으로 혼나지나 않을까 은근히 걱정이 되었다.

“같은 동족끼리는 싸우지 않습네다”

일행 중 누군가가 카메라 배터리가 소모되어 작동이 되는지 점검하기 위해 셔터를 누른다는 것이 공교롭게도 렌즈가 출입국 쪽을 향했고, 하필 그때 이를 본 북한 경비원에게 잡히는 신세가 되었다.

공연 후 저녁식사는 한식이었다. 푸짐한 남한 뷔페에 비하면 반찬 가지 수가 많이 적지만 조촐하면서도 입맛에 딱 들어맞았다. 특히 구수한 누룽지숭늉은 어린 시절 다투고 배고팠던 때를 생각나게 했다.

봉래동 별관에 돌아오니 어제 근무하던 안내원이 웃으면서 우리를 맞아줬다. 방에서 짐을 정리하다 남아있는 비스킷과 과자를 들고 나왔다. 안내원에게 주려고 로비로 나갔더니 다른 방 일행과 이야기를 나누는 중이었다. 내미는 과자를 사양하지 않고 웃으면서 받았다.

남한에서는 부부간에도 여자들이 남자보다 기세가 높고 권리가 더 있다던데 어떠냐고 물었고, 전날 술을 거나하게 먹고 한밤중에 소란을 피우던 관광객에게 왜 그랬냐고도 물었다.

그런데 북한에서는 여자들이 술은 거의 마시지 않아서, 관광을 온 남한 여성들이 술을 잘 먹는 것에 대해 이해가 가지 않는 모양이었다.

조상에 대한 제사는 사망한 날 사망제, 생일날에는 생일제, 추석 명절은 똑 같다고 했다. 하지만 망자亡者가 돌아간 날 제사를 지내는 것과 생일제가 달랐다.

결혼은 주로 부모들이 나서서 중매결혼으로 이루어지나 간혹 연애결혼도 있다고 했다. 가정사에 대해서는 부부간에 상의는 하지만 결정권은 남편에게 있으며 절대적이라고 하는 것을 보니 아직까지 북한 사회는 보수적이며 남존여비 사상이 짙게 남아 있는 것 같았다.

안내원과의 대화 중 혹시 꼬투리 잡히는 일이 발생하여 억류되지 않을까 내심 조심하며 사상과 이념에 관한 정치이야기는 의도적으로 피했다. 하지만 이야기 도중에 안내원은 의기양양하게 힘주어 말했다.

"같은 동족끼리는 싸우지 않습네다. 비록 경제력은 약해도 군사력은 막강하디요."

안내원은 6.25를 남측이 북침을 했다고 배웠던 전후 세대들이 아닌가. 대화를 바꾸려고 온천장에서 바라보았던 금강산 능선의 산봉우리를 큰 소리로 줄줄 외우면서 금강산 제1봉인 비로봉이 1,638m 라고 했더니 안내원이 놀란 표정을 했다. 조선민주주의인민공화국 송도원무역회사에서 발행한 금강산 안내지도를 갖다 주며 내일 만물상에 오를 때 보라고 했다.

북한 관광 마지막 날

1월7일. 관광 마지막 날이다.

새벽 5시20분에 모닝콜이 왔다. 북녘 땅 해금강에서 해맞이 하려고 배낭을 챙겼다. 봉래동 안내원과는 작별 인사를 했다. 다시 올는지 모르지만 죽기 전 또 만나자고 했다. 악수를 청했더니 "잘 가시라요." 하면서 손에 힘을 주었다.

일행 중 누군가가 카메라 배터리가 소모되어 작동이 되는지 점검하기 위해 셔터를 누른다는 것이 공교롭게도 렌즈가 출입국 쪽을 향했고, 하필 그 때 이를 본 북한 경비원에게 잡히는 신세가 되었다.

해금강 해맞이를 하고 돌아와 아침 식사를 했다. 오늘은 삼일포와 만물상 중 한 군데만 선택해 관광을 한다. 안내원이 불편한 사람과 등반에 자신 없는 사람들은 삼일포 가기를 권했다. 삼일포는 마치 한 폭의 펼쳐놓은 그림 같은 북한 최고의 휴양지라고 했다. 옛날 어느 왕이 잠시 쉬어가려다가 경치가 좋아서 3일을 즐기고 갔다 하여 삼일포라 한다고 안내원이 일러주었다.

감개무량한 해금강 해돋이

C교사와 함께 만물상 코스를 선택했다.

귀가 시리도록 얼얼했다. 주변이 컴컴하기만 한데 어둠 속에 버스가 출발했다. 우리가 탄 금강별 21호 버스는 줄지어 달리는 버스들 중 마지막 꼬리였다.

이동할 때 항상 늦고 출발할 때도 항상 늦는 사람이 있다며 불평하는 사람이 있었다. 단체 활동을 해야 하니 어쩔 수 없이 감수해야 할 일이다. 그래도 한 번 트집을 보이는 건 잘 했다면서 함께 웃었다.

해금강 바닷가 좁은 주차장에 내리니 사정없이 불어오는 해풍 때문에 숨쉬기가 거북했다. 5분 정도 걸어 해변에 도착하니 어두운 수평선 너머로 여명이 밝아왔다. 철썩이는 파도는 바위에 부딪치며 하얀 포말을 남기고 스러지기를 반복했다. 동쪽바다 끝 수평선은 시시각각으로 빛을 더해가더니 마침내 붉은 태양은 쑤욱 밀어 올렸다. 감개가 무량했다. 병술년 새해 벽두에 검푸른 해금강의 넘실대는 수평선 너머로 눈부시게 떠오르는 붉은 아침 해에게 넋을 빼앗겼다는 말이 더 옳을 듯하다. 경건한 마음으로 소망을 빌었다. 모두들 해돋이 광경을 카메라에 담으려고 정신이 없었다.

70년대 초반 우리의 농촌과 닮은 북한

고성평야의 땅은 척박해서 농사가 형편이 없었다.

그 해 벼농사를 알려면 벼 포기를 보면 알 수 있다. 벼줄기가 10여 개 이상으로 불어나야 평년작이라고 볼 수 있는데 이곳의 벼 포기는 대여섯 개 정도였다.

도로는 관광도로와 일반인이 다니는 도로로 구별이 되어 있었다. 교통수단은 주로 자전거여서 자동차는 보기가 힘들었다. 관광버스가 멀리 보이면 길을 걷다가도 주민들이 얼른 나무 뒤로 몸을 숨겼다.

북한에서는 사람이 죽으면 화장과 매장을 함께 한다고 했다. 그렇다면 양지바른 곳에는 산소가 분명 보일 것인데 아무리 눈여겨보아

일행 중 누군가가 카메라 배터리가 소모되어 작동이 되는지 점검하기 위해 셔터를 누른다는 것이 공교롭게도 렌즈가 출입국 쪽을 향했고, 하필 그때 이를 본 북한 경비원에게 잡히는 신세가 되었다.

도 보이지 않았다.

밝은 색상의 옷을 입은 사람은 찾아보기가 힘들었다. 어른들은 물론이고 썰매를 지치는 아이들이 입은 옷까지도 우중충한 검정 계통의 옷을 입고 있었다.

개울가 언덕위로 사람 키 정도 높이의 담장이 있어 마을 모습이 보이지 않았다. 지나는 관광객 등 외부에서 보지 못하도록 긴 담장을 설치했음을 알 수 있었다. 담장 중간의 몇 군데는 사람이 개울둑으로 드나들 수 있게 조그만 틈을 내어놓았다.

단편적이나마 북한 주민의 실상을 보니 우리나라 70년대 초반의 농촌을 연상케 했다. 마을 주체탑에는 미제침략자를 소멸하라는 붉은색으로 쓴 구호가 있었다.

만물상이란 이름의 신비한 동양화 혹은 조각 전시장

숲속 길을 벗어난 버스는 점차 오르막길로 접어들기 시작하는데 길이 더 험하고 가팔랐다. 금강산은 산 속 깊숙이 들어가면 갈수록 산세의 웅장함과 신비한 아름다움에 절로 감탄이 나왔다. 만물상 가는 길은 산 전체가 바위덩어리에 둘러싸여 있었다. 금강산 전체가 기기묘묘한 갖가지 형상으로 첩첩이 쌓이고 싸인 장엄한 바윗덩어리라고 보면 될 것 같았다.

현대에서 제작한 대형버스도 많이 있는데 왜 우리가 탄 버스는 이렇게 조그마한 미니버스인가 궁금했는데, 만물상 오르는 길에서 그 궁금증이 저절로 풀렸다. 만물상이 자리 잡은 1,263m인 오봉산의 반을 차로 올라야 했다. 길이 너무 험하고 106군데나 지그재그로 돌아 오르기 때문에 산길 급커브를 돌지 못하는 대형버스는 위험하기 때문이었다. 22대의 작은 버스가 험준한 산길을 줄지어 오르는 광경도 볼만했다. 주차장에서 내리니 타이어 고무 타는 냄새가 코를 찔렀다. 굽이굽이 돌아 오르는 길이 얼마나 가파르고 험했는지 알고도 남았다.

고개 들어 만물상을 바라보니 계곡 사이사이로 흐르는 물줄기는 흰 솜덩이처럼 얼어붙어 있고 골짜기 층 절벽 바위틈으로 뻗은 소나무군群들은 한 폭의 멋진 그림이었다. 갖가지 형상의 크고 작은 바위들이 우람한 몸체를 자랑하는 바위산에 얹혀 아름다움의 극치를 더했다. 펼쳐 보이는 풍광은 산수화에서나 볼 수 있는 한 폭의 동양화 그 자체였다.

계곡의 바람은, 옷깃을 여미는 것만으로 견디기에는 세찬 칼바람이었다. 바위 세 개가 가파르게 줄을 서있는 모습이 눈에 들어왔다. 하늘에서 금방 내려온 신선처럼 보인다고 이름을 삼선봉이라 했는데 만물상을 호위하듯 높이 솟아있었다. 귀면암은 삼선봉과 조화를 이

일행 중 누군가가 카메라 배터리가 소모되어 작동이 되는지 점검하기 위해 셔터를 누른다는 것이 공교롭게도 렌즈가 출입국 쪽을 향했고, 하필 그때 이를 본 북한 경비원에게 잡히는 신세가 되었다.

루는데, 우뚝 솟은 바위 끝부분이 흡사 귀신처럼 생겼다 하여 '귀면' 이라고 불렀다. 신비롭기만 한 만물상을 눈여겨보노라니 갖가지 봉우리 이름이 왜 붙었는지 절로 알 수 있었다.

귀면암을 지나 오봉산 망양대로 오르는 등산로 돌계단 틈사이로 발라놓은 시멘트 위에 누군가가 '2004. 9'라고 새겨놓았다. 얼마를 더 오르니 돌계단 한 귀퉁이에 '통일'이라는 글자도 새겨져 있었다. 그것을 보니 남북의 평화적 통일을 북한주민도 얼마나 갈망하고 있는지 알 수 있었다.

이곳에서도 세존봉이 가물가물하게 보였다. 세존봉 사선의 불규칙한 톱니바위가 얼마나 빼어난지 그 자태에 매료되어 카메라 초점을 맞췄다. 암벽 너른 바위에 새겨진 수많은 사람들의 크고 작은 이름들을 보니 예나 지금이나 인간에게는 감추지 못할 명예욕이 있음을 인정할 수밖에 없었다. 사람이 죽으면 이름을 남긴다는 말이 괜히 생긴 게 아니다.

어제 구룡폭포에 오를 때도, 멀리서도 한 눈에 바라 볼 수 있을 만큼 큼직한 김일성, 김정일 부자의 이름이나 북을 찬양하는 선전문구가 새겨진 붉은 글씨를 볼 수 있었다. 그렇게 함부로 바위에 새겨진 글자들로 인한 자연경관의 훼손으로 눈살 찌푸리게 하더니 오늘도 별반 다를 게 없었다. 이를 보고 후세 사람들은 과연 어떤 시각으로 평가할 것인지 궁금했다.

이곳 바위에 새겨진 붉은 글자들을 배경으로 사진촬영은 허용되나 글자를 손으로 만지거나 그 바위에 걸터앉는 것은 절대 허용되지 않는다니, 개인숭배가 차원을 넘어 신격화 하고 있는 것 같았다.

깎아지른 기암절벽 까마득한 천선대와 동해바다와 함께 만물상을 한눈에 바라다 볼 수 있는 망양대로 가는 이정표가 나타났다. 오르는 중간 중간 일행들은 가쁜 호흡을 고르기도 하고 기념촬영을 하기도 했다.

머리끝으로 바라다 보이는 쇠사다리가 걸려 있는 그 곳이 하늘문이란다. 아래에서 올려다보니 양쪽 큰 바위 사이에 하늘로 통과하는 문이 뚫려있었다. 올라가보니 오르내리는 쇠사다리 2개가 있어 통행에 불편은 없었다.

하늘문으로 올라서는 순간 앞이 탁 트여서 동해의 푸르른 바다가 구름사이로 보이고, 이제까지 올라왔던 곳이 눈 아래로 펼쳐졌다. 밑에서 쳐다볼 때와는 전혀 다른 느낌의 절경이었다. 하늘문을 통과할 때 얼마나 좋았으면 다들 탄성을 질렀다. 오봉산의 차가운 겨울바람은 인정사정없이 세차게 몰아쳤지만 어느 누구도 춥다고 불평 한마디 하지 않았다. 하늘문이 있는 등성이 바위에는 많은 사람들이 쉴 수 있는 공간이 없어서 한 줄로 차례를 지켜 질서 있게 이동했다.

망양대에 올라보니 끝없이 펼쳐지는 천하절경 만물상이 우릴 반겼다. 모두들 갖가지 형태의 조각 군상들에 환호를 했다. 크고 작은 돌 바위 하나라도 물체의 형태가 아닌 게 없어 보는 이의 상상에 따

일행 중 누군가가 카메라 배터리가 소모되어 작동이 되는지 점검하기 위해 셔터를 누른다는 것이 공교롭게도 렌즈가 출입국 쪽을 향했고, 하필 그 때 이를 본 북한 경비원에게 잡히는 신세가 되었다.

라 그야말로 천태만상이었다.

중간쯤 내려왔을 때 쇠사다리에서 기다리고 있던 북측 안내원이 계곡 속의 기암괴석 꼭대기를 가리켰다. 그 위에 곰 두 마리와 산돼지가 보였다. 곰 한 마리가 바위 꼭대기에서 아래를 향해 내려다보는 산돼지에게 어서 내려가라면서 엉덩이를 밀고 있고, 그 바로 아래에는 여유를 가지고 유유히 바위 절벽 아래로 거꾸로 내려오는 장면을 연출하고 있는 게 아닌가. 자연의 기묘함에 거듭거듭 감탄을 할 수밖에 없었다.

천선대가 있는 위쪽 산봉우리가 1,229m의 상등봉이다. 상등봉 능선을 따라 쭉 내려오다 보니 상관음봉, 중관음봉, 하관음봉으로 이어졌다. 이 관음봉 골짜기에는 예로부터 산삼이 많았다고 한다. 그래서 심마니들이 산삼을 발견하고 산 속 여기저기에서 "심봤다"고 외치면서 '관세음보살' 명호를 함께 외쳤다고 한다. 그래서 지금까지도 관음봉이라 한다고 했다.

다시 만나요,
다시 만나요

만물상에서 내려오니 점심식사 시간이 되었다.

금강산 비경 못지않게 이름난 옥류관 냉면을 먹기로 했다. 평양에 있는 옥류관의 본점으로 지난해 9월초에 문을 열었다고 한다. 평양 옥류관에서 조리사와 접대원들이 파견되어 맛을 그대로 전해준다고 하기에 갔더니 사전에 예약이 되지 않아 먹지 못했다. 대신 온정각에서 한식을 먹고 오후 1시35분에 남측출입사무소로 향하는 금강별 21호 버스에 몸을 싣고 떠났다.

현대아산 직원 일동이 차가운 바람 속에서도 떠나는 우리들에게 양손을 흔들며 배웅해주었다. 차갑게 얼어붙은 동토의 땅 온정각에 남은 현대아산 직원들의 모습을, 아물아물 멀어질 때까지 지켜보자니 마음 한구석에서 뭔가 모를 허전함과 아쉬움과 동족애의 찡함 같은 것이 밀물처럼 밀려왔다.

현대아산 안내원이, 바깥을 내다보는 건 관계가 없지만 사진 촬영은 하지 말라고 다시 당부를 했다. 전에 어떤 관광객이, 감시하는 사람이 없으니 괜찮을 것이라 생각하고 몰래 사진을 촬영했는데 어떻게 그 사실을 알았는지 북측에서 몇 호 버스의 촬영한 사람을 찾아내라고 윽박질렀다고 했다. 만약 발각이 되면 재수 없게 억류를 당하거나 카메라를 압수당한다고 겁주었다. 안내원이 웃으면서 말을 했지만 듣기엔 참 씁쓰레했다.

오후 1시50분경에 북측출입관리사무소에 도착했다.

그런데 수속을 다 끝내고도 떠날 수가 없었다. 일행 중 한 사람이, 배터리가 소모되어 아슬아슬할 정도가 되었던 카메라가 작동이 되는

일행 중 누군가가 카메라 배터리가 소모되어 작동이 되는지 점검하기 위해 셔터를 누른다는 것이 공교롭게도 렌즈가 출입국 쪽을 향했고, 하필 그때 이를 본 북한 경비원에게 잡히는 신세가 되었다.

지 점검하기 위해 셔터를 눌러보았다. 그런데 공교롭게도 렌즈가 출입국 쪽을 향해 있었던 모양이었다. 하필 그때 북한 경비원이 이 모습을 보게 되어 카메라 주인이 경비원에게 잡히는 신세가 되었다. 의도적인 행동이 아니니까 괜찮겠지 했는데도 출발할 기미가 보이지 않았다.

북측 출입국관리소 스피커에선 북측 가요 '다시 만납시다'가 애절하게 마음을 흔들었다. 지겹도록 기다린 뒤에야 22대의 버스가 서서히 움직이기 시작했다.

안녕히 다시 만나요, 잘 있거라 다시 만나요.

따뜻한 남쪽나라 대한민국, 남으로 떠나는 우리들의 귓전에 스피커의 애절한 소리가 떠나지 않았다.

2006년 1월 5일

꿈에 그리던 민족의 영산靈山 백두산

-내몽고 · 연길 · 백두산

만 4년 만에 삼육회원들과 함께 다시 여행을 하게 되었다.

대구공항 로비에서 오랜만에 만난 일행들은 '여행하는 동안 긍정적으로 생각하고 서로 배려하고, 건강관리 하면서 순간순간을 즐기자는 약속을 했다.

4년 전
북경 안내를 맡았던 가이드
다시 만나다

오전 9시 공항에 모여 오후 1시20분에 출발하는 긴 기다림 끝에 대구 북경 직항 중국국제항공사 AIR CHINA B-265편에 올라 후끈

간간히 뿌리던 비가 한순간에 물러가고 하늘이 쾌청했다. 둘레 14km인 천지는 고요하고 잔잔했다. 16개 봉우리마다 피어오르는 목화송이 같은 뭉게구름이 신비감을 더했다.

달아오른 활주로를 박차고 대구하늘을 날아올랐다. 연푸름과 녹색이 잘 어울리는 들판과 주황색 선명한 황톳길의 조화가 아름다운 한 폭의 그림 같았다.

북경까지는 약 1200Km며 2시간이 걸린다는 기내 안내방송과 함께 기내식으로 늦은 점심이 나왔다. 배가 고프고 목이 말라 식사 외에도 커피, 주스, 오렌지를 시켰다.

북경공항에 도착하니 우리를 안내해줄 체구가 작고 가냘픈 남자 가이드가 기다리고 있었다.

"전에 그 가이드네."

그를 본 순간 일행 모두가 이구동성으로 외쳤다. 2002년도 북경에서 만나 우리 일행을 안내해줬던 바로 그 가이드였다. 참 좋은 인연이란 생각에 마음이 편안했다.

북경에선 2008년 올림픽을 대비하여 규모가 더 큰 국제공항을 건설 중이라고 했다. 시가지 도로는 순환식 고속도로 형태로 교통체증 심하지 않았고 신호등이 거의 없었다. 도로의 형태는 바둑판식으로 속도 80~100Km를 허용하고 있었다.

여권을 잘 간수하라는 가이드의 첫마디가 긴장하게 만들었다. 여권을 분실하면 이곳에서 짧게는 1개월, 길게는 1년을 기다려야 한다나. 특히 우리나라 여권은 불법위조해서 적어도 3백만 원 이상으로 거래된다고 했다.

북경 코리아타운에는 2만5천 명 정도의 한국인이 거주하고 있다. 2002년 북경에 왔을 당시엔 거리에 국산 승용차가 별로 눈에 띄지 않았는데 그사이 엄청나게 늘어났다. 뿐만 아니라 북경시내 택시는 2008년까지 현대 소나타로 전부 바뀐다고 하니 왠지 으쓱해지는 기분이다. 이를 위해 현대자동차가 받아놓은 예약이 현재 25만 대로 장차 60만 대를 생산목표로 잡고 있다고 한다. 기존 택시의 칸막이는 강도를 방지하기 위해 설치했으나 외국인들에게 이미지가 좋지 않아 점차 없애는 중이라고 했다. 에어컨은 LG가 판매량 1위를 달리고 있는데 선불을 주고 기다린다고 한다. 핸드폰은 삼성 애니콜이 중국 현지 선호도 1위로 2억 명이 사용해 세계 1위를 자랑하고 있다.

간단한 생활용어인 '쎄쎄'(감사합니다) '니 하우머'(안녕하십니까?) 新聞을 '보지', 서커스를 '자지'라 한다고 해 한동안 버스 안이 웃음바다가 되었다.

내몽고 행 비행기를 기다리며 부국해저세계 수족관 관람

내몽고로 떠나는 비행기가 저녁 늦게 있어 남은 시간을 활용해 북경 시내 관광을 시작했다. 세계 3대 아쿠아리움으로 북경과 우리나

간간히 뿌리던 비가 한순간에 물러가고 하늘이 쾌청했다. 둘레 14km인 천지는 고요하고 잔잔했다. 16개 봉우리마다 피어오르는 목화송이 같은 뭉게구름이 신비감을 더했다.

라 부산, 호주의 시드니를 든다고 한다. 그중 하나인 부국해저세계富國海底世界수족관을 관람했다. 특이한 것은 바닥 폭이 60Cm 정도로 컨베이어 벨트 형식으로 움직이며 돌고 있어 제자리에 가만히 서서 구경을 할 수 있도록 되어있었다. 신기하고 희귀한 바다어류들이 시선을 끄는데 짧은 시간에 다 보자니 욕심은 생기고 마음만 바빴다.

이어 북경 제1의 신기神技를 자랑하는 서커스를 보기 위해 조양극장으로 갔다. 거리엔 온통 팝콘냄새가 진동을 했다. 매연도 상상 못할 만큼 심각한데 열기와 땀과 팝콘냄새가 범벅이 되어 숨쉬기조차 힘들었다. 그런데 거리를 매운 관광객들 대부분이 한국 사람들이었다.

중국 현지인들이 한국을 생각하는 이미지는, 1위가 한류의 붐을 이루고 있는 영화와 드라마고 월드컵 축구가 2위, 노래 부르는 것이 3위라고 하였다. 중국에서도 한류열풍은 대륙을 휩쓸다시피 하는 모양이었다. 특히 한국 드라마와 탤런트의 인기는 대단했다. 또 중국인들이 라면과 김치에도 맛을 들여 기호식품으로 정착되는 중이라고 했다.

서서히 어둠이 깔리기 시작하자 빌딩 숲이 퇴근인파들로 북적거리기 시작하여 6시40분쯤 되니 북경시내 곳곳에 차량이 정체되었다. 차량 급증과 환경오염, 내몽고 사막에서 불어오는 황사로 인해 북경은 좋게 말해 안개 낀 도시처럼 보였다. 버스에 탄 사람들은 지쳐서

인지 대부분 표정 없이 멍하니 창밖을 보거나 아예 눈을 감은 채 흔들리고 있었다.

중국 대륙의 동쪽은 평야지대로 도시가 발달되고 서쪽은 농촌과 사막고원지대다. 동쪽과 서쪽에 사는 인민들의 거주지는 빈민척도의 기준이 된다고 한다. 중국에서도 빈부 차가 극심해 사회적인 문제가 되고 있다. 따라서 이곳도 우리의 새마을 정신을 배우려고 한다.

우리나라에선 1리터에 1300원 정도인 휘발유가 이곳에선 650원 정도였다. 이곳의 모든 판매전략은 '부자를 상대로 하라'는 말이 있을 정도로 중국엔 세계적인 부자가 많단다. 이곳의 APT는 골조인 뼈대만을 세워놓고 나머지는 입주자가 취향에 맞는 구조로 꾸미게 되어있다고 했다. 따라서 땅은 국가소유로 개인에게 임대를 주는 형태라고 한다.

중국에는 '죽을 때까지 다 못하고 죽는 세 가지'가 있단 말이 있다. 첫째는 죽을 때까지 중국 전역을 다 가보지 못하고, 둘째는 중국요리를 종류대로 다 먹어 보지 못하고, 셋째는 갖가지 문자를 다 익히지 못한다는 것이다.

북경국제공항 로비에는 LG, 삼성 TV가 당당하게 자리 잡고 있었다. 저녁은 '설악산 한정식'을 하는 교민의 식당에서 먹었다. 뭐니 뭐니 해도 우리는 된장과 김치가 있어야 진수성찬이 된다.

공항 실내상점에서 크고 먹음직해 보이는 복숭아가 눈에 띄어 사 먹으려고 값을 물어보니 우리 돈으로 1개에 4천 원이라고 하여 놀랐다.

간간히 뿌리던 비가 한순간에 물러가고 하늘이 쾌청했다. 둘레 14km인 천지는 고요하고 잔잔했다. 16개 봉우리마다 피어오르는 목화송이 같은 뭉게구름이 신비감을 더했다.

북경에서 밤비행기를 타고 출발해 내몽고인 호화호특에 도착하니 자정이 조금 넘었다. BIN YVE HOTEL에 투숙했다.

끝없는 초원의 나라 호화호특

끝없는 초원의 나라 호화호특呼和浩特 시가지에 차량이 엉키면서 각종 자동차들의 요란한 경적소리에 잠이 깼다. 추적추적 비가 내리고 있었다. 도로는 왕복 6차선으로 자전거 전용도로가 따로 있었다. 출근시간이라 해도 차량정체도 없고 우리나라에 비하면 한적했다. 하지만 차선과 신호를 무시하고 서로 경적을 울려대는 바람에 이맛살을 찌푸리게 했다.

아침식사는 쌀과 조로 죽을 쑨 것이었는데 나름대로 식욕을 돋우었다. 하지만 향채는 입맛에 영 맞지 않았다.

습도가 낮아서인지 한여름인데도 가을 마냥 선선했다. 높은 빌딩숲이 없는 고요하고 한적한 도시였다. 주민은 한족이 92%로 대다수를 차지하고 나머지가 조선족이라고 한다. 과장이 심한 민족답게 인구 많은 것을 빗대어 '중국인이 동시에 점프를 하면 지진이 일어나고, 동시에 침을 뱉으면 바다가 된다'는 농담이 있단다.

해발 1000m의 호화호특은 내몽고의 성도城都로 끝없는 대초원이 펼쳐져있어 '푸른 도시'라는 뜻을 가지고 있다. 그러나 사진이나 영상물에서 보는 것과는 딴판이었다. 폭신하고 부드러운 잔디가 끝없이 펼쳐진 푸르른 초원을 상상하며 기대했는데 척박한 땅에 듬성듬성 나있는 풀들을 보고 실망감이 컸다.

중국 북부의 변방성으로 중국에서 가장 먼저 성을 형성한 민족자치구로 3개 자치족으로 구성되었으며 인구가 2,178만 명에 이른다. 지금은 중국의 것이 되어버린 징기스칸의 땅 내몽고자치구는 북쪽으로 몽골, 러시아와 접하고 있다. 몽고족은 13세기부터 역사무대에 등장하여 자원에 못지않은 풍부한 문화유산을 남겼다. 지금은 성장해 대외에 개방하여 중국 북부변방의 경제를 가속화하는 개방지로 새롭게 등장했고, 풍부한 자원과 문화유산 덕택에 관광지로도 매우 유명하다.

인산산맥 남쪽 기슭에 위치한 호화호특은 남동쪽으로 황하강의 지류인 대해하大海河가 흐른다. 지금의 호화호특이라고 불리는 지역이 예전에는 두 지역으로 나뉘어져 있었다. 구성久城으로 불리는 곳은 명대明代에 완성되어 '푸른도시'의 후허하오터로 불리다가 뒤에 귀화성歸化城이 되었고, 새로운 성은 청대에 축성하여 쑤이위안성이라고 불렀다. 이후 두 성을 합한 구이쑤이는 청나라의 몽골 지배 시 거점이 되었고 일본군이 점령하였을 때는 후화厚和라 불렀다. 경포선 철도 개통 이래 구성을 중심으로 상업이 번창하였고, 공산정권 성립 후에야 지금의 호화호특이라는 이름으로 개칭되었으며 1952년에 내

간간히 뿌리던 비가 한순간에 물러가고 하늘이 쾌청했다. 둘레 14km인 천지는 고요하고 잔잔했다. 16개 봉우리마다 피어오르는 목화송이 같은 뭉게구름이 신비감을 더했다.

몽고 정치 경제의 중심을 이루어 몽고대학을 비롯한 교육기관, 축산관계 연구소 등이 설치되었다. 또 겨울이 길고 여름은 짧은데, 여름에도 서늘해 여행객들에게는 호화호특이 좋은 피서지가 된다. 왕소군묘, 오탑사 등의 명승고적이 있다.

중국인이라고 하면 먼저 더럽다는 인상을 가진 경우가 많은데, 그 이유를 기후와 지형에 따른 문화적 차이에서 찾을 수 있었다. 중국의 북방지방은 겨울이 길고 기온이 낮아 엄청나게 춥고 따라서 물이 귀하다. 게다가 석회질이 많은 토양이라 식수도 부족하고 물이 나쁘다보니 목욕물로도 적합하지 않은 까닭에 그런 오명을 쓴 것 같다. 오죽하면 '태어나서 죽을 때까지 3번 목욕을 한다'는 말이 있을까. 이는 태어날 때와 결혼 할 때, 죽을 때 각각 한 번씩 한다는 말이다.

이곳에도 88올림픽과 월드컵으로 인해 한국이 많이 알려진 상태였다.

백두산으로 가는 길목,
연길에 발 디디다

연길延吉에 도착한 것이 어젯밤. 이곳은 연변조선족자치구의 주도州都며 한국의 숨결이 살아 숨 쉬는 곳이다.

연길은 2000년 넘는 오랜 역사를 지녔지만 본격적인 개발이 시작된 것은 불과 100여 년 전이다.

연변延邊은 길림성 동부에 위치하여 러시아, 한반도와 국경을 접하고 있다. 면적 4만3천474㎢, 인구가 11개 민족 219만5천여 명이 거주하고 있는데 그 중 40%가 조선족으로 중국 최대의 조선족 거주지역이다. 이전에는 북간도로 부르던 곳이었다.

연변은 조선 말기부터 한국인이 이주하여 개척하기 시작하였다. 이후 1952년 자치구가 설립되고 1955년에 자치주로 승격되었는데 연길延吉, 도문圖們, 돈화敦化, 화룡和龍, 용정龍井, 훈춘琿春 등 6개 시市와 왕청汪淸, 안도安圖 등 2개의 현으로 구성되어있다.

조선 말기 우리민족이 이주하면서부터 연변은 한반도와 역사를 같이 했다. 일제강점기에는 독립운동가들이 이곳을 근거지로 활약을 했는데 지금도 이 일대에 청산리 항일전승지, 봉오동鳳梧洞 항일전승지, 일송정一松亭 등의 유적지가 있다.

연변은 옷차림, 가옥, 길거리를 둘러봐도 전혀 낯설지가 않았다. 흡사 우리나라에 있는 듯한 느낌이었다. 중국정부의 소수민족 우대정책에 따라 연변자치주 내의 정부기관이나 신문 광고 등에는 조선족의 문자를 우선적으로 쓴다. 길거리의 간판도 한글이 크게 적혀있고 그 아래에 한문이 조그마하게 적혀있었다.

연길은 면적 390㎢이며 주변 지역에서 생산된 농산물 집산지다. 1909년 간도협약 이후 교역주로 개방되자 많은 한국인이 이주하여 주변지역을 개척하였다. 인구 56만 명 중 72%가 조선족이며 초등학교부터 고등학교까지 우리말을 배우는 교육과정이 따로 있고 대학입

간간히 뿌리던 비가 한순간에 물러가고 하늘이 쾌청했다. 둘레 14km인 천지는 고요하고 잔잔했다. 16개 봉우리마다 피어오르는 목화송이 같은 뭉게구름이 신비감을 더했다.

학도 우리말과 글이 시험과목으로 되어있다. 또한 한국어 방송국과 신문사가 있고 의과대학은 연변대학 내에 있다.

생전에 공덕을 많이 쌓아야 볼 수 있다는 백두산 천지를 향해

백두산은 250년 전 활동을 멈춘 사화산으로, 우리나라 산 중에서 가장 높다는 상징적인 면도 있지만 단군신화가 깃든 민족의 영산靈山이다. 중국 동부로 뻗어있는 최고산맥인 동시에 당시 화산활동으로 부식토가 산 정상에 하얗게 쌓여 붙여진 이름 즉 '흰머리 산'이다. 중국 청나라 때 백두산을 장백산신長白山神으로 봉한 이후에 장백산이라는 이름으로 현재까지 불리고 있다.

꿈에 그리던 해발 2,670m의 성산聖山 백두산으로 향하는 날. 날씨가 변화무쌍하여 연중 눈, 비 오는 날이 200여일에 달하니 백두산 정상에 올라도 천지를 보기는 쉽지 않다고 했다. 천지를 보려고 3번이나 올라도 날씨 때문에 못보고 내려온 사람들이 부지기수라고 했다.

일행이 탄 버스가 관광객 대기소에 주차했다. 가이드는 생전에 공덕을 많이 쌓아야 천지를 볼 수 있다며 농담했다. 특별히 나쁜 짓을 하거나 남의 험담을 하진 않았으니 괜찮겠지 하면서 희망을 가지고 올라갔다.

'장백산'이라 적힌 커다란 아치형 현판이 입구임을 알려주었다. 한글현판이 보이는 곳에 관광객들이 북적였다. 그만큼 한국인들이 많았다. 중국에서는 백두산을 '바이토우샨', 장백산을 '창바이샨'이라고 부른다고 했다.

고산지대라 쾌적한 초가을 날씨를 연상케 했다. 관광객들은 대부분 중국인과 한국인들이고 간혹 일본인과 다른 외국인들이 눈에 띄었다. 다들 관광전용버스로 갈아타기 전 기념사진 촬영에 정신이 없었다. 특별 제작된 버스유리창 전면을 통해 한눈에 내다볼 수 있도록 좌석 뒤편을 약간 높게 제작하여 앞이 잘 보였다.

원시림이 우거진 오르막 도로는 차 2대가 겨우 교행 할 수 있을 정도로 좁았다. 앙증맞고 예쁜 야생화들이 저마다의 개성을 뽐내고 있었다. 햇빛은 눈이 부셨고 울창하게 펼쳐진 원시림은 부드러운 청록의 양탄자 같았다. 그 광경에 홀린 듯 넋을 잃었다.

달리던 버스는 지프가 대기하고 있는 곳에서 멈췄다. 지프 10대에 각각 6명씩 나누어 타고 산허리를 돌고 돌며 달리기 시작했다. 지프 기사는 가파른 나선형도로를 익숙한 솜씨로 곡예 하듯 운전했다. 아슬아슬한 지형에 마음 졸여서인지 아내의 표정이 굳어갔다. 반대편

간간히 뿌리던 비가 한순간에 물러가고 하늘이 쾌청했다. 둘레 14km인 천지는 고요하고 잔잔했다. 16개 봉우리마다 피어오르는 목화송이 같은 뭉게구름이 신비감을 더했다.

도로에는 이미 천지를 보고 하산하는 관광객들의 지프 대열이 장관을 이루었다. 뒤돌아보니 원시림이 아득히 가물거렸다. 몇 번인가 구름이 겹겹이 몰려오더니 얄궂게도 비를 뿌리다가 그치기를 반복했다.

완만한 고원을 향해 오르는가 싶더니 정상 50여m를 앞두고 내려야 했다.

변화무쌍한 기후변화를 보이는 백두정상에서 천지와 마주하다

백두산은 나무 한 그루 풀 한 포기 자라지 않는 척박한 마사토였다.

“하루 열두 번이 아니라 백두 번도 더 변화무쌍한 기후변화를 보이는 곳이 백두산이랍니다.”

한동안 말이 없던 가이드가 입을 열었다.

정상으로 오르는 길은 바람이 세찼다.

작은 나무가 드문드문 보일뿐 식물 분포도 전혀 달라졌다. 길섶의 소박하고도 아름다운 야생화들이 관광객들을 반겨 맞고 있었다. 구름이 몰려와 금방 가랑비를 뿌리다가도 태양이 구름 사이를 뚫으며 찬란하게 빛났다.

해발 2천7백m를 오르자니 숨이 찼다. 히말라야를 등반하는 산사람들이 생각났다. 마음은 벌써 정상에 올랐는데 몸은 말을 듣지 않았다. ‘한 살이라도 젊을 때 여행 해야지’ 하는 생각이 절로 들었다. 하산하는 관광객을 태우기 위해 50여 대의 지프가 대기하고 있는 것이 보였다.

길은 풀조차 자라지 않은 굵은 모래땅이었다. 40도 경사로를 오르면서 눈앞에 펼쳐질 천지의 성스러움을 상상하니 가슴이 쿵쾅거렸다. 앞서 간 일행은 벌써 정상에서 천지를 배경으로 사진 찍기에 바빴다. 젖 먹던 힘을 다해 한 걸음 한 걸음 나아가 마침내 꿈에 그리던 백두의 정상에 도착했다.

아, 꿈에 그리던 이곳 백두천지.

겨레의 숨결이 살아있는 민족의 영산靈山이요, 성산聖山이 바로 이곳이던가! 아침부터 찌푸렸던 하늘과 간간히 뿌리던 비가 한순간에 물러가고 천지를 한눈에 훤히 내려다 볼 수 있도록 하늘이 쾌청했다. 둘레 14km인 천지가 고요하고 잔잔했다. 16개 봉우리마다 피어오르는 목화송이 같은 뭉게구름이 신비감을 더했다. 바람 한줄기가 선뜩하니 볼을 스쳤다.

민족의 정기가 서리고 단군신화가 살아 숨 쉬는 이곳, 발아래 펼쳐진 엄숙하고 장엄한 천지의 위용 앞에 감격으로 가슴이 떨렸다. 마주보이는 북한 영역의 장군봉이 구름에 가려 희미하게 보일 듯 말

간간히 뿌리던 비가 한순간에 물러가고 하늘이 쾌청했다. 둘레 14km인 천지는 고요하고 잔잔했다. 16개 봉우리마다 피어오르는 목화송이 같은 뭉게구름이 신비감을 더했다.

듯 했다. 깎아지른 벼랑길, 낭떠러지의 속살이 푸르다 못해 검푸르다.

천지는 62%가 지하수로 대단히 차갑고, 11월에 얼어붙었다 6월이 되어야 녹는데 식수로 사용할 만큼 수질이 깨끗하다고 한다. 천지의 수면 높이 해발 2,200m, 전체 면적 10㎢, 호수 주위 길이 13㎞, 평균수심 204m인 천지가 압록강, 두만강, 송화강의 발원지다. 이 지역은 경치가 아름다울 뿐만 아니라 산 자체가 천연식물원으로 동북 호랑이를 비롯한 희귀동식물들이 자란다고 했다. 백두산의 전체 면적 중 1/3은 중국 영토고, 2/3는 북한 영토다.

백두산의 최고봉은 장군봉으로 2006년 8.14일자 매일신문 기사에 따르면, 대구과학대 측지정보과 교수팀이 8월9일 백두산 일대의 측량을 실시했다. 중국정부가 표시한 장백산은 표석지점 높이가 2640m다. 북한영역 백두산 최고봉인 장군봉 높이가 2744m 보다 104m 낮은 것으로 확인되었다. GPS를 이용해 백두산 천지의 특정지점 거리와 높이를 정밀 측량한 것은 이번이 처음이라 했다.

한편 백두산 최고봉인 장군봉을 비롯하여 천지둘레 면적 등 모두 표준기준을 쓰고 있어 인정받는 통일된 측량이 시급한 것으로 보도되었다. 장군봉을 두고 남한은 해발 2,744m, 북한은 2,750m, 중국은 2,749m로 제각기 다르고 천지의 지름도 350m~200m 가량 차이를 보인다고 했다.

천지에서 만난 무수한 진주알과 무지개

천지의 심연 위로 한줄기 광풍이 휘몰아쳐 환상적이었다. 바람이 언제 어디서 구름을 몰고 와 심술을 부릴지 알 수 없었다.

어렵게 정상을 오른 관광객들은 쾌청한 날씨가 변덕부리기 전에 천지를 배경으로 사진을 찍느라 바빴다. 촬영하기 가장 좋은 장소는 현지인이 자리 잡고 비켜주질 않는다고 가이드가 귀띔을 했다. 천지를 360도 촬영할 카메라가 없어 1팀당 만원을 주고 촬영을 했다. 우리 부부는 중국 사진기사가 주문하는 포즈로 부랴부랴 촬영을 마쳤다.

디카로 몇 장면을 찍다보니 또 제법 굵은 빗방울이 떨어졌다. 비닐 우의를 꺼내려는데 그새 소나기로 변해 쏟아졌다. 빗소리는 비닐 우의를 두드리며 큰소리를 냈다. 순식간에 구름에 가려 검푸르던 낭떠러지도 백두의 당당하던 위용도 천지도 순식간에 흔적 없이 사라졌다. 빗줄기가 거세지는가 싶더니 우박까지 동반하여 귓가를 때렸다. 귓불과 볼이 얼얼하도록 추웠다. 눈앞에 강렬한 빛이 터지더니 이어 우르르 쿵쾅 천둥소리가 요란했다. 뇌성벽력이다. 정류장 쪽으로 낙뢰 떨어지는 소리가 고막을 찢었다. 아내가 우뢰에 몸을 움츠리며 우산을 건네주고는 어쩔 줄 몰라 했다. 그러면서도 빗줄기 속으로 떨어지는 우박을 신기한 듯 손바닥에 받았다.

간간히 뿌리던 비가 한순간에 물러가고 하늘이 쾌청했다. 둘레 14km인 천지는 고요하고 잔잔했다. 16개 봉우리마다 피어오르는 목화송이 같은 뭉게구름이 신비감을 더했다.

"이것 봐요, 진주알 같지요. 한 알씩 꿰어 목걸이하면 좋을 걸……."

그 와중에도 동화속의 주인공이 된 기분이 되었다. 또다시 우르르 쾅쾅 요란한 천둥소리가 나자 바로 앞에서 내려가던 덩치 큰 K교장이 자기 아내를 잡고 몸을 움츠렸다.

"관세음보살을 찾을 것이지."

그 말에 모두들 웃었다. K교장보다 허우대가 더 큰 B교장도 천둥소리에 기절하는 줄 알았다고 해서 일행이 오랜만에 한바탕 크게 웃었다.

관광객들은 천둥치는 소리를 신호삼아 저마다 삼삼오오 짝을 지어 하산을 서둘렀다. 우산과 비옷을 준비 못한 사람은 속수무책이었다. 한 중국 관광객 남자는 아예 윗옷을 벗은 채 알몸으로 비를 맞았다. 천둥과 번개는 그치지 않고 연속으로 번쩍거리고 뇌성을 토해대며 세상을 들었다 놓는 것 같았다.

백두정상의 마사토가 쏟아지는 소낙비에 깎여 순식간에 황톳물이 내려왔다. 침식풍화작용에 의해 골이 패이고 깎이는 변화를 뚜렷하게 보게 된 순간이었다. 백두산의 고도가 해마다 조금씩 깎여 점차 낮아진다는 말을 입증이라도 해 보이는 듯했다. 신발과 양말이 젖어 축축했다.

세찬 빗줄기가 순식간에 가늘어져 가랑비로 변했다. 먼저 내려간

관광객들은 빨리 하산하려고 서둘러 지프에 올랐다. 바람결에 흩뿌리는 가랑비가 얼굴을 적셔 차가우면서도 시원했다.

구름 자욱한 백두정상을 몇 번이고 뒤돌아보며 지프에 올랐다. 지프는 올라올 때와는 달리 수월하게 내려갔다.

차창으로 펼쳐지는 아득한 백두자락을 보니 언제 또 올지 모른다는 생각에 만감이 교차했다. 내려가면서 보니 갈지之자 모양의 도로가 구름 낀 사이로도 또렷하게 보였다. 몇 구비를 돌았는지 동쪽 모퉁이에서 눈부신 햇살이 쏟아지더니 좌측 숲에서부터 엄청난 크기의 무지개가 반원으로 걸쳐졌다. 그 아름다움과 크기에 모두 탄성을 질렀다. '무지개를 보면 가슴이 뛴다'는 워즈워드의 시가 절로 떠올랐다.

장백폭포의 기상에 전율하다

구름이 점차 엷어지더니 백두산 아래로 햇살이 떨어졌다.

일행은 다시 버스를 갈아타고 장백폭포로 향했다. 가는 길옆에 장백산 대우호텔大宇飯店이 산뜻한 모습으로 반겨주었다. 원시림이 거의 끝나는 지점에서 버스로 15분가량 다시 산을 올랐다. 경사는 가팔랐고 몸은 물에 젖은 솜처럼 무거웠다.

간간히 뿌리던 비가 한순간에 물러가고 하늘이 쾌청했다. 둘레 14km인 천지는 고요하고 잔잔했다. 16개 봉우리마다 피어오르는 목화송이 같은 뭉게구름이 신비감을 더했다.

제법 널찍한 계곡에 물이 흐르는데 자세히 보니 김이 모락모락 났다. 말로만 듣던 온천수였다. 장백폭포를 500여m 앞둔 곳쯤에 다다르자 섭씨 85도나 되는 유황온천수에다 계란을 삶아 팔고 있었다. 먹어보니, 보통 계란을 삶으면 흰자가 먼저 익고 노른자가 나중에 익는데 이곳에선 반대로 노른자가 먼저 익고 흰자가 덜 익은 반숙이었다. 그래서인지 더 특이하고 맛도 달랐다.

그런데 현지인에게는 15위안에 팔고 관광객에는 120위안으로 왕바가지를 씌웠다.

오르막길을 올라가다 보니 조금 전 우리가 올랐던 백두산 정상이 보였다. 백두 정상에서 멀리 장백폭포를 봤을 때는 아직 얼음이 얼어 있었다. 그런데 가까이에서 보니 얼음덩이가 아니라 폭포줄기가 떨어지면서 생겨난 물보라였다.

천지에서 흘러내린 물이 폭포가 되어 이어지는 유일한 곳이 바로 이곳 장백폭포다. 천지가 진동하듯 우렁차면서도 시원하게 내리꽂는 형상이 용이 하늘로 승천하는 것과 같아 비룡폭포라고도 불렀다고 했다. 장쾌한 폭포의 물줄기가 쏟아내는 굉음을 들으며 오감을 열어놓으니 온몸에 전율이 일었다.

기념촬영을 하고도 발걸음이 떨어지지 않아 머뭇거리면서도 잠시 무상에 잠겼다. 옛 고구려인들의 도도한 기상이 생생하게 느껴지는 듯도 했다. 험준한 산세, 차디찬 한파가 몰아치는 극한 환경에서도 굴하지 않고 피는 야생화의 끈질긴 생명력에서 우리 민족의 숨결과

자존심을 보는 듯도 했다.

촉촉이 내리던 빗방울이 다시 굵어지기 시작했다. 바위틈은 물론 길목 여기저기에 군락을 이루며 피어있는 야생화가 잘 가라 인사라도 하는 듯 빗방울에 한들거렸다. 내려오면서도 아쉬움에 몇 번이나 뒤돌아서서 백두산 정상을 다시보곤 했다.

노천탕도 즐겨보고
실내 탕에서
국제 때밀이로 등극하다

화려하지 크지도 않은 온천탕이 나타났다. 시설과 규모는 동네 목욕탕 정도였지만 물맛은 그만이었다. 뜨거운 온천물에 피곤한 몸을 맡겼다.

온천욕을 즐기는 손님들은 거의 중국인과 우리나라 관광객이었다. 노천탕을 즐기는 중국인들 틈에 끼어보았다. 그들의 언어를 모르는 탓에 어투가 더 특이하게 들렸다. 게다가 크고 투박한 음성은 마치 싸움이라도 하는 것 같았다. 하지만 나 역시도 목소리 크고 투박한 경상도 사람 아닌가. 잠시 찌푸렸던 이마를 펴고 느긋하게 노천탕을 즐기기로 했다.

노천탕은 5평 정도 돼 보였다. 빗줄기가 점차 가늘어졌다. 몸은

간간히 뿌리던 비가 한순간에 물러가고 하늘이 쾌청했다. 둘레 14km인 천지는 고요하고 잔잔했다. 16개 봉우리마다 피어오르는 목화송이 같은 뭉게구름이 신비감을 더했다.

노천탕에 담그고 고개를 젖혀 얼굴은 빗방울로 적셨다. 비 맞으며 온천욕 즐기는 맛을 어디에 비하랴. 지긋이 눈감고 온천욕을 즐기는 다른 사람들의 표정도 행복해보였다.

한참 노천탕을 즐긴 후 실내에 있는 탕으로 갔다. 세신사洗身師 정신이 발동했다. 함께 간 태섭과 윤현의 등을 밀어 준 뒤 대구 성서에서 온 한 관광객의 등도 밀었다.

한쪽 구석에서 물 퍼붓기만 반복하는 한 중국 노인이 눈에 띄었다. 그의 자리에 샴푸 껍데기가 소복이 쌓여있었다. 마음대로 쓸 수는 있지만 가져가지 못하는 공짜 샴푸 앞에서 터무니없는 욕심을 부리는 그 노인에게 연민이 일었다. 등을 밀어주려고 몸짓언어로 의사소통을 했다. 노인의 등을 정성껏 밀고 비누거품으로 완벽하게 마무리를 했다. 노인은 무표정으로 일관했다. 언어장벽이야 있지만 고맙다는 인사 정도야 몸짓언어로도 얼마든지 가능할 텐데…….

지켜보던 태섭과 윤현이 싱긋 웃으며 말했다.

"자네 국제 때밀이가 다 됐네."

중국인들의 이상한 판매법과 한국인의 현명한 쇼핑법

온천장에서 나오니 날씨가 흐려지다 다시 갰다. 산등성이로 저녁

햇살이 비쳤다.

다시 내려오는 버스에 올랐다. 가이드가 '오늘 저녁은 산천어로 하겠다'며 너스레를 떨었다. 그러자 누군가 '김일성이 즐겨 먹던 것인데'하고 응수했다.

"가이드가 산천어 회를 산다는데 저도 조금 보태지요."

중앙관광 사장 말에 박수로 고마움을 표했다.

양식장에서 막 잡아낸 산천어는 뜰채 든 손이 흔들거릴 정도로 힘이 넘쳤다. 1급수 찬물에서만 서식하는 송어과 어종이라는데 송어와 흡사했다. 김일성이 즐겨 먹었다고 해서 잔뜩 기대를 했는데, 기대만큼은 아니었으나 연하면서도 부드럽고 상큼한 향이 은은했다.

산천어 횟집에서 백두산에서만 난다는 특산품 두견화차를 구입했다. 이도백하二道白河에서는 장뇌삼 1뿌리에 1만원이라고 하는데 그 돈이면 2뿌리가 적정선이고 3뿌리면 싸게 사는 것이라고 먼저 다녀왔던 사람들에게 들은 터라 느긋하게 값이 떨어지길 기다렸다. 듣던 대로 이상한 현상이 벌어졌다. 1뿌리 만원 하던 장뇌삼이 차가 떠날 무렵이 되자 갑자기 10뿌리에 만원이라고 외쳤다. 그래도 꿈쩍하지 않으니 나중엔 15뿌리 주겠다고 고래고래 소리를 질렀다. 어이가 없었다. 중국에서 물건을 살 때면, 깎고 또 깎아서 아주 저렴하게 샀다 싶어도 돌아서면 더 깎아야 하는 물건이 아닐까 의구심이 들어 내내 찜찜했다.

동남아시아에서도 물건 값을 깎고 또 깎는 것이 '한국사람 쇼핑법'

간간히 뿌리던 비가 한순간에 물러가고 하늘이 쾌청했다. 둘레 14km인 천지는 고요하고 잔잔했다. 16개 봉우리마다 피어오르는 목화송이 같은 뭉게구름이 신비감을 더했다.

으로 통한다니 결코 유쾌한 일은 아니다

포장마차와
맥주와 꼬치와 함께 흐르는
이도백하의 밤

저녁에 이도백하二道白河로 돌아와 신달호텔에 투숙을 했다.

백두산에서 흘러내린 물이 송화강으로 유입되어 지류를 형성한 곳이 이도백하다.

지태섭 교장이 언제 샀는지 장뇌삼 2뿌리를 건네주어 조금씩 음미하며 씹어보았다. 수삼보다 조금 질기면서 인삼 특유의 향은 별로 없었다. 두견화차는 백두산 특산으로 5종류의 차 맛 중에서 으뜸이라고 하더니 과연 차의 뒷맛과 향이 오랫동안 입안에서 가시질 않았다.

저녁식사를 마치고 조선족 가이드 김미영씨와 함께 우리의 소도시보다도 더 작은 이도백하의 밤거리로 나갔다. 치안유지가 미비한 곳이라 개인행동은 금기사항이었다. 작은 읍 정도 크기의 이도백하는 전기사정이 나빠 가로등이 희미하게 졸고 있는 듯했지만, 밤거리는 여행객들의 열정으로 후끈거렸다. 과일 파는 가게와, 음식과 술을 파는 포장마차들이 줄지어 불을 밝혔다.

가이드 김미영씨가 술을 대접한다고 하여 적당한 포장마차를 골라 긴 나무의자에 앉았다. 맥주와 꼬지를 시켰다. 술 한 잔이 들어가니 흥이 생겼다. '치따이츠'(지태섭의 중국식 발음)가 명령을 하듯 날 보고 말했다.

"한곡 불러라."

'바람 부는 날'을 불렀다.

손뼉을 치고 장단을 맞추니 현지인들의 시선이 한꺼번에 쏠렸다. 가이드가 곤란한 듯 '여기에선 큰소리로 노래 부르거나 흥에 겨워 장단을 맞추며 놀지 않는다'면서 조용하게 놀아주길 바랐다. 현지인들이 못마땅한 듯 자꾸만 힐끔거리며 쳐다보는 통에 기가 죽었지만 이왕 시작한 곡이라 신나게 마저 부르고나니 조금 머쓱했다.

밤이 깊어갈수록 포장마차가 즐비한 거리는 여행객들로 흥청거렸다. 바로 옆 마차에 젊은이 한패가 모여 있었다. 말씨를 들어보니 서울에서 온 청년들이었다. 입맛이 없어 남기게 된 꼬지들을 주니 반갑게 받아주어 고마웠다.

중국은 여성천하라고 해도 과언이 아닐 정도로 사회나 가정문화가 바뀌고 있다. 남성들은 월급은 봉투째로 아내에게 바쳐야 하고 빨래나 밥은 기본으로 도맡아야 하며 식은 밥은 대부분 남편이 처리한다고 했다. 또한 여자가 남자 따귀를 치는 일이 다반사라고 했다. 그것이 여권신장의 단면이라니 씁쓰레함을 금할 길 없었다.

간간히 뿌리던 비가 한순간에 물러가고 하늘이 쾌청했다. 둘레 14km인 천지는 고요하고 잔잔했다. 16개 봉우리마다 피어오르는 목화송이 같은 뭉게구름이 신비감을 더했다.

용정龍井과 윤동주 그리고 일송정, 해란강

8월 11일 금요일, 버스는 늘씬한 키를 자랑하는 미인송美人松(금강송) 숲길을 벗어나 쾌적한 이도백하의 아침을 달렸다. 이곳에 세계적으로도 희귀한 '세계 3대 미인송' 중 하나가 자생하고 있다기에 얼마나 잘 생겼나 싶었는데, 과연 줄기가 붉고 모양이 아주 미끈하게 잘 생긴 것이 군락을 이루고 있으니 더욱 보기가 좋았다. 소나무 종류 중 하나인 미인송은 아름다움과 희귀성 때문에 세계적으로도 특별히 보호를 하는 식물이라고 했다.

아내는 한 여름인데도 차창 밖에서 불어오는 바람이 차갑다고 얼굴을 찌푸렸다.

도로는 비포장인데다 차 2대가 겨우 지나갈 수 있을 정도였다. 이곳에서 생산되는 양봉 꿀 판매하는 곳이 군데군데 보였다. 가축으로는 닭과 오리를 주로 사육한다는데 소와 당나귀들도 보였다. 가옥은 지붕형태에 따라 맛배지붕은 중국인, 팔작지붕은 조선족이 거주한다고 했다. 조선족 가옥은 한눈에도 청결해 보였다. 조선족은 주로 벼농사를 지으며 그 외에도 옥수수와 콩 등의 작물을 재배한다고 했다. 그래서인지 논이 많은 곳은 조선족들이 살고 있다고 보면 틀림없다고 했다.

붉은색 바탕에 금박으로 '福'이란 글자가 눈에 많이 뛰었다. 특히 '福'자를 거꾸로 붙여 놓은 것이 있는데 하늘에서 복이 떨어진다는 뜻도 있고, 화가 복으로 뒤집어진다는 고사 때문에 '福'을 주로 거꾸로 붙인다고 했다.

상점 간판에 이상한 문자가 보였다. 나무꼬지에 산적을 꿴 모양인데 '고기구이 꿴'자라고 했다.

장백산 유람관광휴게소에 도착을 하니 2m 정도의 간판에 '혁명전사는 영원불멸하라'라고 적힌 붉은 글씨가 눈에 확 띄었다. 왠지 섬뜩했다.

한나라이면서도 중국을 거쳐 백두산엘 올라, 분단조국의 아픔을 생생하게 맛보긴 했지만 조선족의 우월감을 유감없이 발휘하여 뿌듯하기도 했고 우리민족이란 자긍심도 더 높아졌다. 생전 백두정상을 한 번이라도 가보는 것이 소원이었는데 이번에 삼육회 일행으로 참여하게 된 것이 참으로 다행이란 생각이 들었다.

드디어 용정이다.

TV드라마 등에서 용정이 등장하는 것을 보기는 했지만 실제 용정땅을 밟아보니 형언하기 힘든 감정에 사로잡혔다. 최신 건물과 빌딩은 없지만 아담하고 살기 좋아 보이는 지역으로 들이 넓었다. 농업의 기계화는 아직 꿈같은 이야기고, 밭농사로는 옥수수를 재배하는데 주로 사료로 쓰인다고 했다.

간간히 뿌리던 비가 한순간에 물러가고 하늘이 쾌청했다. 둘레 14km인 천지는 고요하고 잔잔했다. 16개 봉우리마다 피어오르는 목화송이 같은 뭉게구름이 신비감을 더했다.

달리는 버스 안에서 가이드가 창밖을 가리켰다. 그리 높지 않은 산 위, 소나무 한 그루와 함께 서있는 정자, 우리 가곡 '선구자'에 나오는 일송정이라고 했다. 60년대엔 산 위에 호랑이처럼 기품 있는 소나무 한 그루가 있었는데 그곳에 지금의 정자를 지어 이름을 일송정이라 했다. 당시엔 조선족들이 이곳에서 모여 회의도 하고 단합을 다지기도 했단다. 하지만 이 지역을 장악한 일본인들에게 일송정은 눈엣가시처럼 보였으리라. 그리하여 정자 옆의 소나무를 죽였고, 지금의 소나무는 그 이후 다시 심은 것이라고 했다. 선인들과 독립투사들의 아우성이 일렁거리는 듯 했다. 가곡 속의 일송정은 그렇게 멀리서 스치듯 보고 지나갔다.

용정 시내에 들어와선 '서시'로 유명한 민족시인 윤동주가 다녔던 용정제일중학교(구 대성중학교)로 갔다.

건물은 신관과 구관으로 나뉘어져 있었는데, 구관 앞에 '서시'가 새겨진 시비가 세워져 있었다. 구관 2층은 기념전시관으로 꾸며져 있었다. 사진, 화보, 책자 등이 전시돼 있어 당시 윤동주 시인의 모습을 볼 수 있었다. 사진자료를 보다가 재야운동가였던 문익환 목사와 정일권 전 총리도 같은 학교 출신임을 알게 되었다. 이 학교의 조선족 학생들을 위해 장학기금 모금을 하고 있기에 방명록에 이름 석자를 적고 적지만 만원을 봉투에 넣었다.

"윤동주 시집이라도 한 권 사지 그래요."

기념관을 나오자 아내가 말을 건넸다. 다시 2층으로 올라가 시집을 사서 펼쳐들고 '서시'를 읽어 보았다. 신 국장이, 벤치에 앉아 윤동주 시비를 배경으로 시집 읽는 장면을 촬영해 달라고 부탁을 해 찍어주었다.

용정 시내를 벗어나기 직전 강폭이 별로 넓지 않은 한 다리를 지나는데, 가이드가 이곳이 바로 해란강海蘭江이라고 알려줬다.

가곡 선구자의 노랫말에서 항일정신을 북돋우던 그 해란강을 이곳에선 '어머니 강'이라고도 부른다. 우리 민족이 간도지방에서 처음으로 자리 잡은 곳이 이 해란강을 젖줄로 하는 용정들판이었다. 해란강 물줄기를 끌어들여 벼농사를 처음 시작한 것이다. 그러니 이곳은 고향을 떠나 낯선 이국땅에 온 조선족 1세들이 피눈물 흘리며 갖은 고난과 역경을 참았던 역사의 현장이다. 여러 소수 민족들에 비해 교육열이나 생활력이 비교조차 할 수 없을 정도로 우월하고 윤택한 생활을 한다고 가이드가 소개해 주었다.

누가 선창을 했는지 몰라도 10팀의 부부들은 버스 속에서 가곡 '선구자'를 합창하였다. 낯선 이국땅, 겨울이 지독하게 춥고 길다는 이곳 광야에 몰아치는 광풍을 온몸으로 맞서 이겨내어 삶의 터전을 일군 조선족 1세대와 독립운동 하던 선구자들 생각에 가슴이 오래도록 찡하였다.

간간히 뿌리던 비가 한순간에 물러가고 하늘이 쾌청했다. 둘레 14km인 천지는 고요하고 잔잔했다. 16개 봉우리마다 피어오르는 목화송이 같은 뭉게구름이 신비감을 더했다.

두만강이 흐르는 철도요충지 도문을 향해

용정을 떠나 두만강이 흐르는 도문을 향해 버스는 달리고 또 달렸다. 조-중 국경지역, 말로만 듣던 북녘 땅이 바로 코앞에 펼쳐졌다. 넓고 넓은 들녘에는 곡식들이 푸르름을 한껏 뽐내고 있었다.

하지만 북녘 땅은 왜 그리 빈티가 날까. 퇴색되고 획일적인 형태의 낡은 가옥이 가끔 보였다. 볼품없고 을씨년스러워 보이는 이곳에도 사람이 살고 있다니 마음이 짠해졌다. 야산과 들녘은 끝없이 이어져 있었다. 하지만 눈앞에 보이는 북녘의 산은 나무 한그루 보이지 않는 민둥산이었다. 아직 땔감을 나무에 의존하기 때문이란다.

사방에 펼쳐진 녹색물결은 바람에 일렁이며 따가운 한여름의 더위를 식혀주었다.

도문은 길림성 동부의 중요한 철도요충지로 길림시, 장춘, 하얼빈, 단동강, 심양, 북경 등지로 가는 여객열차가 이곳에서 출발한다. 또한 이곳이 최근은 월북자들이 생사를 달리하는 가슴 아픈 역사의 장소가 되고 있기도 하다. 운 좋게 탈북에 성공한 북한 주민은 행복의 보금자리를 마련했지만 그렇지 못한 탈북자들은 짐승들 마냥 코를 꿰어 줄줄이 엮어 이동시키면서 '탈북을 하면 이런 꼴이 된다'는 시범을 보인다고 하니 너무나 아찔한 일이 아닌가.

두만강 유역은 강우량이 적고 일대 신림의 대부분이 성숙림이었다. 또 연안에 넓은 초원이 발달하여 목축이 성하고 유역변경식 수력발전소가 설치되어 있다.

차는 따가운 햇볕이 내리쬐고 먼지가 폴폴 나는 조그만 광장에 멈추었다. 두만강을 보게 된다는 설렘으로 긴장이 되어서인지 잠시 숨이 멎는 것 같았다. 내리자마자 잡상인들이 기다렸다는 듯 우르르 모여들었다. 그들은 옥수수와 과자를 좀 사라고 졸랐다. 용의가 불결하여 쳐다보기도 어려울 정도였다. 못 본 척하면서 제방 둑 계단을 잽싸게 올랐다.

기대했던 도도히 흐르는 두만강 푸른 물은 온데간데없고 흙탕물만 흘러갈 뿐이었다. 저만치 관광객들을 태울 길이 20m 남짓한 대나무 뗏목 수십 대만 강가에 묶여 있었다. 상상했던 도도하게 흘러가는 두만강과 거리가 너무나 먼 탓인지, 제일 넓은 강폭이 40여m 정도에 불과한 강의 모습은 그야말로 초라하여 실망감을 감출 수가 없었다.

우리 일행은 빛바래고 허름한 구명조끼를 입고 부부끼리 한조가 되어 대나무 뗏목에 올랐다. 1인당 요금은 우리 돈으로 5천 원이었다. 햇빛을 가려줄 큼직한 양산 아래 두 사람이 앉을 의자가 2개 붙어 있고 뒤에선 뱃사공이 노를 젓도록 된 구조였다.

가이드는, 두만강 건너편 풀숲에 북한 군인이 숨어 있다가 뗏목을 탄 관광객들에게 구걸한다는 말을 전해주면서 1달러 정도면 충분하

간간히 뿌리던 비가 한순간에 물러가고 하늘이 쾌청했다. 둘레 14km인 천지는 고요하고 잔잔했다. 16개 봉우리마다 피어오르는 목화송이 같은 뭉게구름이 신비감을 더했다.

다고 했다. 전에 이곳에 와 봤던 윤 선배가 담배를 달라 애원하더라고 귀띔을 해주어서 미리 담배를 한 갑 사갖고 왔지만 기다렸던 북한군은 아무리 찾아보아도 인기척이 없었다. 1달러 지폐를 돌돌 말아 작은 돌과 함께 비닐에 싸서 던져주려고 준비를 한 아내도 북한군이 끝내 보이지 않자 실망의 빛이 역력했다. 가이드가, 요즘은 관광객들이 돈을 던져 주는 사람들이 별로 없어서인지 잘 나타나지 않는 것이라고 설명했다. 이제 이런 동정심조차도 점차 메말라가는 것인가.

뗏목에서 내려 다시 강둑 위를 걸었다. 두만강의 메마른 강변을 적시고 흘러가는 흙탕물을 배경으로 사진을 찍으려니 누군가 황급히 달려왔다.

"여보세요, 돈을 내고 사진을 찍으시라요."

"아니, 사진만 찍으려는데 왜 그러세요?"

"여기 옆에 있는 것이 보이지 않아요?"

사진을 촬영하려고 한 곳은 중국과 북한의 경계를 표시한 경계석과 약간의 안내를 목적으로 설치된 조형물이 있었다. 바로 그 조형물을 자기들이 설치한 것이라고 1천 원을 내라는 것이었다. 강냉이 튀밥이 3봉지에 천원이라면서 달려와 사라고 애걸하던 남루하고 꾀죄죄한 여인네들이었다.

화장실 가려고 주변에 있는 공동화장실을 향하여 걸어가는데 가까워질수록 고약한 인분냄새가 코를 찔렀다. 화장실은 허리 높이 정도로 블록을 쌓아 옆만 살짝 가린 구조였다.

무심히 흐르는 두만강을 바로 앞에 두고 강 건너편을 바라다보았다. 이곳의 나지막한 야산 역시 나무 한그루 보이지 않았다. 화전에서 생산된 농작물에 대해서는 세금을 바치지 않아도 되니 산 윗부분까지 밭을 만든 흔적이 곳곳마다 또렷이 보여 중국 쪽의 산과는 대조적이었다.

최근에는 이곳도 인구가 줄어드는 현상을 보이는데 그 이유 중 하나는 이곳 처녀들이 한국으로 시집을 가기 때문이라는 것이다. 이렇게 자꾸 인구가 감소되면 자치정부가 없어지게 될 우려가 생기는 것이 문제라고 했다.

그런데 연변에서 한국으로 시집을 와 행복한 가정을 꾸려야할 터인데 그렇지 못하고 결혼에 실패를 하는 경우가 많아 문제가 되고 있다. 실패의 이유로는 경제수준이 높은 한국으로 시집을 가면 보다 잘 살 것이라 기대했지만 연변과 별 차이 없는 생활수준에 실망하여 염증을 내는 경우, 언어와 문화의 차이에서 나타나는 문제점, 불화를 잘 견디지 못하거나 결혼의 목적이 서로 다를 경우 주로 결혼에 실패를 하는 것으로 알려져 있다.

다음 코스로 곰 사육장을 견학하였다. 사육장 규모는 대단지로 수백 마리의 곰들을 사육을 하고 있었는데, 곰들을 백두산에 방목하다시피 하여 기르다가 필요할 때 잡아들여 웅담을 채취하고 다시 방목

간간히 뿌리던 비가 한순간에 물러가고 하늘이 쾌청했다. 둘레 14km인 천지는 고요하고 잔잔했다. 16개 봉우리마다 피어오르는 목화송이 같은 뭉게구름이 신비감을 더했다.

사육한다고 했다. 하지만 그 말은 믿거나 말거나일 것이다. 동물에 대한 가혹행위라는 시각도 있지만 나는 웅담이 사람에게 좋은 것이 틀림없음을 경험으로 잘 알고 있다. 크게 교통사고를 당한 적이 있다. 치료과정 중에 몹시 피곤함을 호소했지만 별다른 방법이 없었다. 어느 날 같은 병실의 장기 입원환자였던 분이 퇴원 후 안부 전화가 왔다. 그때 피곤함에 대한 이야기를 했더니 그 분이 성냥 알갱이 크기로 떼어낸 웅담 여섯 알 정도를 갖다 주었다. 그때 먹어보고 웅담이 좋다는 것을 알았기에 지방간에도 좋을 것 같아서 서슴지 않고 웅담 분말을 샀다.

이곳은 자동차가 많지 않아서 그런지 몰라도 운전자 천국이었다. 사고만 나지 않으면 된다는 생각을 가지고 음주운전도 가능하고 우리나라 같이 엄격하고 까다로운 교통법규도 없었다.

다시 북경으로 가 일정을 마무리하다

연길 비행장을 떠나 다시 북경에 도착했다.

저녁으로 불고기를 먹고 7시가 되어 발 마사지를 받았다. 수차례 해외여행을 다니면서 여러 번 마사지를 받아봤지만 어깨, 팔, 목, 다리까지 곁들인 이곳의 마사지가 최고 수준이었다. 얼마나 시원하던지 나중에는 그만 코까지 골며 잠이 들었다.

11시가 넘어 5성호텔인 삼근국제반점森根國際飯店에 체크인 했다.

내일이면 일정을 마무리하고 귀국해야 한다.

아내가 짐정리를 하는 내내 '당신은 쓸데없는 욕심이 많아 큰 일'이라면서 잔소리 겸 걱정을 했다. 내가 우겨서 참깨를 통관규정보다 더 많은 23kg이나 샀기 때문이었다. 가방에 짐이 다 들어가지 못해 손에 들고 가야할 뿐만 아니라 세관에 걸리면 어떻게 하느냐며 걱정이 늘어졌다. 나 역시 말은 하지 않았지만 운반이 걱정되었다. 참깨를 사고 난 뒤부터 잔소리를 해대었기 때문에 약간 짜증이 난 상태라 아내가 어떤 말을 건네도 한동안은 대꾸조차 하지 않는 옹졸함을 보였다. 아내는 언제나 정확하고 경우에 없는 일은 하지 않는 사람인 것을 아는 터라 말없이 잔소리를 참았다.

새벽 5시 반에 모닝콜이 들어와 6시에 호텔을 떠나 비행장으로 갔다.

북경 시내는 먼지와 안개가 범벅이 되어 불빛이 흐릿해 100m 밖이 분간되지 않을 만큼 대기오염이 심각했다. 공사장으로 향하는 인부들은 무리를 지어 바삐 걸었지만 그들에겐 표정이 없었다. 달리는 버스 속에서도 북경의 새벽은 오염된 공기 때문에 숨이 목까지 차오르고 답답했다.

그런 어둡고 침침한 북경의 새벽거리에서 눈이 번쩍 뜨이는 것이 있었다. 주유소에 설치한 '북경현대北京現代' 간판이 바로 그것이다.

간간히 뿌리던 비가 한순간에 물러가고 하늘이 쾌청했다. 둘레 14km인 천지는 고요하고 잔잔했다. 16개 봉우리마다 피어오르는 목화송이 같은 뭉게구름이 신비감을 더했다.

그리고 우리나라 승용차인 소나타와 아반떼를 엘란트라로 이름을 바꿔 당당히 누비고 있다는 사실이었다. 뭔가 반갑고 뿌듯한 자부심과 자랑스러움이 가슴 가득 차올랐다.

출국수속을 하는 로비에서 외국인 여자 2명의 행동이 눈에 거슬렸다. 두 여인은 출국 수속을 하려고 줄지어선 제일 앞으로 가서 차례를 지키지 않고 제멋대로 끼어들기 하여 수속하려다가 공항 여직원에게 발각되어 제지를 당하니까 실랑이를 벌이다가 결국엔 창피를 당했다. 외국인이 다른 나라에서 질서를 무시하는 행위는 자신의 나라 이미지를 추락시킴은 물론 그 나라를 무시하는 마음에서 비롯된 게 아닌가 생각되었다.

몇 해 전 중국에 왔을 때 예고 없이 비행 출발시간이 한없이 지연되어 속수무책이었던 적이 있었는데, 오늘도 조금은 지연 된다. 그래도 지금은 2008년 올림픽을 앞두고 국제공항으로서의 이미지가 점차 개선되어 가고 있음을 느낄 수 있었다.

중국여행에서 두 번이나 만나게 된 가이드가 떠나는 우리 일행을 향해 손을 흔들었다. 우리도 세 번째 인연을 기원하듯 손을 흔들었다.

* 2006. 8. 29일자 매일신문 5면에 아리랑 2호가 685km 지점에서 위성카메라로 찍은 천지의 모습이 공개되었다. 여행의 여운이 채 가시기도 전에 다시 백두산 천지를 지면에서 보게 되니 감회가 새로웠다.

2006년 8월 7일

최성환 수필집
다시 누군가의 등을 밀어주고 싶다

2016년 5월 1일 인쇄
2016년 5월 5일 발행

지은이 / 최성환
펴낸이 / 손희경
펴낸곳 / 책마을
등록제 342-2007-00005호

주소 / 서울시 중구 마른내로6길 32 2층
(인현동2가 189-24)
전화 (02) 2272-9113
FAX (02) 2263-9725
E-mail / moonin02@hanmail.net

값 12,000원

ISBN 978-89-93329-28-5